D0993040

Iran
Les mots du silence

Jean-Daniel Lafond
Fred A. Reed

Iran
Les mots du silence

Les 400 coups

Nous remercions le Conseil des Arts du Canada de l'aide accordée à notre programme de publication, et la SODEC pour son appui financier en vertu du Programme d'aide aux entreprises du livre et de l'édition spécialisée.

Nous reconnaissons l'aide financière du gouvernement du Canada par l'entremise du Programme d'aide au développement de l'industrie de l'édition (PADIÉ) pour nos activités d'édition.

Gouvernement du Québec – Programme de crédits d'impôt pour l'édition de livres – Gestion SODEC

Iran. Les mots du silence a été publié sous la direction de Jean Pichette.

Photos de la couverture et des pages intérieures :
extraits du film *Salam Iran. Une lettre persane,* de Jean-Daniel Lafond, production InformAction

Révision : Michel Therrien
Correction d'épreuves : Sylvie Roche
Maquette de la couverture et composition typographique : Nicolas Calvé

© 2006, Jean-Daniel Lafond, Fred A.Reed et les éditions Les 400 coups, Montréal (Québec) Canada

Dépôt légal – 4ᵉ trimestre 2006
Bibliothèque et Archives nationales du Québec
Bibliothèque et Archives Canada

ISBN-10 : 2-89540-308-2
ISBN-13 : 978-2-89540-308-1

Diffusion au Canada
Diffusion Dimedia Inc.

Diffusion en Europe
Le Seuil

Toute reproduction, même partielle, de cet ouvrage est interdite. Une copie ou reproduction par quelque procédé que ce soit, photographie, microfilm, bande magnétique, disque ou autre, constitue une contrefaçon passible des peines prévues par la loi du 11 mars 1957 sur la protection des droits d'auteur.

Tous droits réservés

Imprimé au Canada sur les presses de l'imprimerie Gauvin.

Catalogage avant publication de Bibliothèque et Archives Canada

Reed, Fred A., 1939-

    Iran : les mots du silence
    Comprend des réf. bibliogr.
    ISBN-13 : 978-2-89540-308-1
    ISBN-10 : 2-89540-308-2

1. Iran – Politique et gouvernement – 1997-   . 2. Iran – Histoire – 1979 (Révolution).
3. Iran – Histoire – 1979-1997. I. Lafond, Jean-Daniel, 1944-   . II. Titre.

DS318.9.R43 2006   955.05'44   C2006-941696-6

Celui qui s'attache à l'obscurité a peur de la vague.
Le tourbillon de l'eau l'effraie.
Et s'il veut partager notre voyage,
il doit s'aventurer bien au-delà du sable rassurant du rivage.

Hafiz, Divan *(1368).*

La peur de la vague

« Celui qui s'attache à l'obscurité a peur de la vague. Le tourbillon de l'eau l'effraie. » C'est dans ces mots d'Hafiz que s'achève mon film *Salam Iran, une lettre persane*[1], tandis que le soleil couchant embrase le ciel de Chiraz, au-dessus du tombeau du grand poète persan.

Assis sur le flanc de la montagne qui domine la ville, je retaisais en accéléré le voyage qui m'avait mené de Montréal au cœur de l'Iran d'aujourd'hui. C'était alors mon deuxième séjour dans la République islamique. Je terminais un mois de tournage qui m'avait conduit, avec mon équipe, de Téhéran à Chiraz, en passant par Arak et Khorramabad. Je préparais ce film depuis quatre ans. Mais, en réalité, mes premiers voyages en Iran commencèrent 15 ans plus tôt, sans jamais quitter Montréal. Je les dois aux récits de Fred Reed, à son amitié, à sa passion pour l'Orient et à son attachement si particulier à l'islam et à la culture persane.

En 1979, j'avais été marqué par la Révolution iranienne et par son projet politique, fondé sur le constitutionnalisme et la morale religieuse. La République islamique se présentait alors comme un modèle de développement pour les pays musulmans du Tiers-Monde. J'ai dû déchanter assez vite en constatant les difficultés de fonctionnement d'un tel projet fondé essentiellement sur le charisme de l'imam Khomeyni, la soumission du

---

1. *Salam Iran, une lettre persane*, un film de Jean-Daniel Lafond (collaboration à la recherche et assistant à la réalisation : Fred A. Reed), production : InformAction et Télé-Québec (2002).

peuple et le culte du martyre. À partir de 1989, les successeurs de Khomeyni allaient accentuer la plongée du pays dans les ténèbres de la violence, de l'oppression et de l'écrasement des libertés. Une véritable caste se formait autour du président Rafsandjani, s'emparait du pouvoir et confirmait ainsi le déclin et l'échec de la Révolution. Mais Fred Reed ne lâchait pas l'Iran, même si l'Iran avait lâché la Révolution. Ému, il me fit le récit des obsèques de Khomeyni auxquelles il assista dans la chaleur extrême du mois de juin 1989, au milieu d'une marée humaine. Fred, malgré ses réserves, a gardé un attachement très particulier à celui qu'il nomme « feu l'imam », avec une nuance d'affection dans la voix. De mon côté, j'ai toujours gardé mes distances devant les figures héroïques qui occupent tout l'espace d'une révolution, en rejetant dans l'ombre — et parfois même en éliminant de façon plus radicale — les autres forces en présence, les autres personnalités déterminantes et représentatives des courants composites et complémentaires qui portent les grands bouleversements sociaux. La visite du Musée de la Révolution à Téhéran, comme celle du Musée de la Révolution à Cuba, témoigne de la recomposition de l'histoire au service de la pensée unique des régimes vainqueurs et pour la gloire de la figure emblématique du héros, qu'il soit le Guide suprême Khomeyni ou le Lider maximo Fidel Castro.

À Téhéran, le Musée de la Révolution, situé dans une ancienne brasserie à l'ouest de la ville, propose une vision on ne peut plus « officielle » de l'histoire. On y trouve un exposé linéaire des grands événements qui ont conduit à la chute du chah et à son remplacement par le régime des mollahs. À en croire les images et les reconstitutions édifiantes, la Révolution se concentre en une seule figure, celle de l'imam Khomeyni agissant en parfaite symbiose avec le peuple. Or, l'histoire fut tout autre. Les exclus de ce tableau sont nombreux, en particulier trois des grandes personnalités du mouvement : le docteur Chariati, l'ayatollah Taleqani, ainsi que l'ayatollah Montazeri, aujourd'hui chef spirituel de l'opposition. Nous savons que, lors des grandes manifestations de 1978-1979, la foule brandissait des affiches qui les représentaient. Et pourtant, dans ce musée, pas la moindre trace, seul le portrait de l'imam Khomeyni est visible sur les photos des grands mouvements de foule. Pourquoi ces oubliés de l'Histoire officielle ?

Fred retourna en Iran. Il me raconta, au retour, la construction de l'immense mausolée autour du tombeau de l'imam Khomeyni, érigé aux portes du désert, au sud de Téhéran, à côté du vaste cimetière de Behecht-é Zahra, où reposent les milliers de martyrs de la guerre Iran-Irak. Il y retourna une autre fois, et ce fut le récit indigné de l'ascension politique du président Rafsandjani, suivie de l'enrichissement des affairistes du clan des pétrodollars[2]. Puis Fred dénonça, dans ses articles[2], la violence redoublée, la chasse aux intellectuels, l'emprisonnement des dissidents et les meurtres. Malgré cela, il retournait à Téhéran, chaque fois avec la même conviction : l'idéal que la Révolution avait semé ne pouvait pas disparaître ainsi. Tel est peut-être le prix extrême de la liberté.

Un jour de 1997, Fred est revenu à Montréal, enthousiaste, prêt à pourfendre mon irano-pessimisme. Il me raconta, sur un ton victorieux, qu'un vent nouveau d'espoir venait de se lever sur Téhéran : à la surprise générale, Mohammad Khatami avait été élu président sous l'étiquette de la Réforme. Fred ne tenait plus en place, il me parlait alors d'une *autre révolution*, d'une *seconde révolution*, d'une *révolution tranquille*, conduite par un mouvement pacifiste : le Mouvement de la Réforme. Je lui répondais en prenant à ma charge la formule d'Hérodote : « Pour moi, je ne refuse pas de croire ce qu'on raconte... et je n'y crois pas trop non plus[3]. » Alors, il me répondit en forme de provocation : « Viens voir toi-même. » Nous sommes partis pour l'Iran. Nous y sommes restés un mois. J'étais convaincu que j'avais un film à faire. J'ai commencé à capter des images, seul, discrètement, avec ma caméra numérique. Un an plus tard, en 2001, je revenais avec mon équipe pour tourner *Salam Iran, une lettre persane*. Le film est sorti en 2002 à Montréal, et circule sous le manteau en Iran. En janvier et février 2004, je suis retourné à Téhéran avec Fred Reed pour entreprendre ces conversations, persuadé, à l'instar de Montesquieu, qu'« il y a de certaines vérités qu'il ne suffit pas de persuader, mais qu'il faut encore faire sentir[4] ».

Jean-Daniel Lafond

---

2. *La Presse*, Montréal, 1990-1996.

3. Hérodote, *Histoires* (vers 450 av. J.-C.).

4. Montesquieu, *Lettres persanes* (1721).

La peur de l'autre

C'ÉTAIT EN 1984 : mon premier voyage en Iran. Le vieux Boeing d'Iran Air qui m'amenait d'Athènes à Téhéran atterrissait au milieu d'une ville plongée dans l'obscurité du couvre-feu.

Le pays était en guerre, une guerre sur plusieurs fronts. L'armée iranienne, secondée par des milliers de jeunes volontaires, se battait dans le sud contre les forces irakiennes. Celles-ci, largement soutenues et équipées par la coalition occidentale regroupant les États-Unis, la Grande-Bretagne, la France et l'ancienne Union soviétique, utilisaient déjà des armes chimiques. En même temps, un violent conflit sévissait dans les rues des grandes villes. Là, les partisans des Moudjahiddines du peuple affrontaient les Gardiens de la Révolution à coups de bombes et d'assassinats, de procès expéditifs et de répression. En parallèle se déroulait une troisième guerre pour transformer l'islam chiite — moteur de la révolution — en principe de gouvernance du pays.

Je suis allé en Iran pour la raison la plus simple : je voulais voir de mes propres yeux. J'avais l'impression que les médias occidentaux avaient conclu trop vite que le nouveau régime religieux n'incarnait qu'un obscurantisme moyenâgeux. Son chef incontesté, l'ayatollah Ruhollah Khomeyni, était réduit à une figure caricaturale, un personnage aussi illuminé que dangereux. Et pour compléter le tableau, on annonçait que la Révolution islamique allait balayer le monde musulman, bouleverser le Moyen-Orient, et, pire encore, mettre en péril les acquis pétroliers de l'Occident.

Ce que j'ai trouvé fut tout autre. Et depuis ce jour, je n'ai cessé de vouloir comprendre, d'aller au-delà des idées reçues et des clichés : en 22 ans, je suis retourné 28 fois en Iran pour affronter une réalité en constant mouvement. J'ai noué des liens d'amitié avec des Iraniens, des intellectuels comme des simples citoyens, des fervents partisans de la Révolution comme des opposants. Bref, j'ai voulu plonger dans la réalité iranienne et en témoigner, plutôt que me faire confirmer mes partis pris d'Occidental. Il me fallait saisir le sens d'un bouleversement provenant des profondeurs d'une société sortie de 26 ans de dictature et d'une tradition d'absolutisme vieille de deux millénaires.

Déjà, dans l'ombre, au lendemain de la Révolution, ceux qui allaient devenir les penseurs et stratèges de la Réforme affûtaient leurs arguments : ils souhaitaient non pas l'abolition mais la transformation non violente du système qu'ils avaient contribué à mettre en place. Leur constat : la « Révolution islamique » avait déjà fait long feu. Ils cherchaient maintenant à la transformer de l'intérieur : l'Iran pouvait très bien vivre à l'heure de la démocratie sans renoncer à ses propres croyances, à sa propre histoire, à son indépendance chèrement acquise.

Plus je fréquentais l'Iran, plus je m'attachais à ses traditions, plus je découvrais sa poésie, sa musique, sa cuisine, ses mœurs, ses croyances, et plus je commençais à comprendre que ma démarche n'était pas aussi simple qu'elle pouvait paraître au premier abord. Les outils dont je disposais, en tant qu'homme de la culture dominante, ne suffisaient pas pour saisir une réalité foncièrement différente. Je faisais face à un monde qui possédait ses codes et références spécifiques, ses non-dits et ses traditions profondément ancrées ; j'entrais sur la pointe des pieds dans une civilisation riche et profonde, vieille de 2500 ans, dont 1400 portaient le sceau de l'islam. Chacun de mes séjours fut un nouveau choc avec l'étrangeté de cet Autre dont l'existence même mettait en cause mes préjugés les plus chers. À force d'interpeller l'Iran, c'est l'Autre — l'Iranien, le chiite, le musulman — qui est venu m'interpeller. D'observateur, je suis devenu celui que l'on observe, parfois avec ironie, parfois avec un esprit critique, voire hostile, très souvent avec sympathie.

Pendant ces années, je parlais régulièrement de l'Iran à Jean-Daniel Lafond, dont je connaissais bien l'œuvre cinématographique, la rigueur intellectuelle, l'intégrité artistique et le souci éthique. Je l'incitais à venir y tourner un film, certain qu'il pourrait traduire en images la réalité complexe d'une culture si radicalement différente de la nôtre, d'une aventure humaine pourtant si proche. Ainsi est né le film *Salam Iran, une lettre Persane,* puis ce livre issu de nos regards croisés sur l'Iran.

En questionnant constamment le fait religieux, je suis devenu sensible au fil des années à la portée de l'islam et à son enracinement profond dans les esprits. J'ai beaucoup mieux compris le sentiment de blessure devant l'expansion militante de l'Occident, au nom de la « démocratie », et l'attrait que représentait cette démocratie devant les dérives d'un système qui se prétendait religieux.

Cette sensibilité s'était aiguisée, raffinée lors de voyages antérieurs en Turquie et en Syrie, autres terrains d'affrontement, de réconciliation et de cohabitation des cultures, des religions et des idées.

L'Iran m'a aidé à voir que la civilisation occidentale, aussi grande soit-elle, ne peut pas résumer toutes les possibilités de dire le monde ne peut imposer sa propre soif d'absolu, son propre rêve de domination. Le bilan est déjà trop lourd : guerres mondiales, expansion coloniale et, aujourd'hui, expéditions impériales états-uniennes.

Le discours américain voudrait que nous, les Occidentaux, ayons peur de l'Autre. Mais, en vérité, c'est nous qui lui faisons peur, et beaucoup plus que l'inverse. Le « dialogue des civilisations » auquel le président iranien Mohammad Khatami conviait l'Occident gît mort-né dans les décombres de la « guerre contre le terrorisme ». Mais, en fait, l'Occident est-il prêt à assumer ce dialogue ? Peut-il accepter de discuter, d'égal à égal ?

Le dialogue des civilisations pose un défi à l'Occident qui, en se frottant à l'Iran — et à plus forte raison à l'islam — doit parvenir à modérer ses propres velléités absolutistes. C'est l'espoir, modeste et insensé, que l'Occident puisse entendre un tel appel qui motive ma participation aux conversations qui se trouvent à l'origine ce livre.

Fred A. Reed

Prologue
Conversations à Téhéran

TÉHÉRAN. LE 10 JANVIER 2004. Un ciel laiteux et blafard surplombait la ville. Un vent froid balayait les trottoirs, en soulevant la poussière, tandis qu'une tempête s'annonçait à l'horizon. Nous retrouvions l'Iran, que nous avions quitté dans la belle lumière d'un matin de juin 2001, au lendemain du tournage du film *Salam Iran, une lettre persane.* L'avenir était alors prometteur et une seconde révolution nous paraissait inévitable, même si son avenir demeurait incertain. L'Iran, à l'opposé de notre société, où tout semble figé, foisonnait de propositions, de solutions de rechange, d'expériences plus ou moins réussies mais parfois saisissantes.

Historiquement le théâtre d'affrontements culturels entre l'Orient et l'Occident, l'Iran se voulait, selon le président Mohammad Khatami, un lieu de rencontre et de réconciliation, un espace de « dialogue des civilisations ». Nous souhaitions observer à Téhéran la Seconde Révolution portée par cette vision : nous avons plutôt été témoins de la défaite des Réformateurs aux élections législatives du 20 février 2004. Ce livre tente d'expliquer comment ce qui apparaissait inévitable quelques années plus tôt a pu basculer dans l'improbable.

Il n'y a que deux façons de procéder pour un étranger qui veut approfondir sa connaissance de l'Iran. La première, c'est de disposer de beaucoup d'argent et d'acheter ses interlocuteurs, ou de confisquer leur parole. Cette pratique, propre aux grands réseaux médiatiques, entraîne les « déformations professionnelles » caractéristiques de CNN, dont les reportages ont

souvent apporté de l'eau au moulin des mollahs au pouvoir et à leurs homologues à Washington.

La deuxième, c'est de construire lentement, d'aborder les gens sur la base
de la confiance et de l'amitié, et de développer des attaches personnelles.
Après nous être présentés au Bureau de presse du ministère de l'Orientation
islamique, passage obligé pour tout journaliste en visite en Iran, et après
nous être dûment enregistrés, nous avons emprunté nos propres chemins de
traverse, renouant les liens durables créés pendant des années. C'est ainsi
que nous avons pu structurer, en très peu de temps, les rencontres qui façonnent ce livre.

* * *

Le président Khatami anticipait parfaitement les effets terrifiants de ce qu'il
proposait, quand il publia à l'adresse de ses concitoyens, en 1997, un livre
intitulé *La peur de la vague*[1]. Il voulait et pensait convaincre les Iraniens d'affronter et de traverser sans crainte le tourbillon qui allait selon lui déferler
sur le pays. La référence explicite à Hafiz, le grand poète mystique de Chiraz,
mort en 1391, n'était pas fortuite. Elle devait provoquer et rassurer en même
temps ses compatriotes : le *Divan* d'Hafiz fait en effet partie des fondements culturels iraniens. On le trouve à côté du Coran, dans presque
toutes les maisons iraniennes ; il est fréquemment lu, consulté, cité et récité
avec révérence et fierté. En se référant à un des poètes nationaux le plus
proche de la sensibilité de ses compatriotes et qui a vécu une époque semblable à la leur, le président Khatami cherchait à transmettre un message
précis : la lecture des Écrits sacrés, jusqu'ici présentés comme unique source
de légitimité aux yeux du régime clérical, devait désormais offrir une autre
façon, plus intime, plus lyrique et plus mystique aussi, de concevoir le
rapport entre la religion, la vie et la société.

Ce message n'entrait nullement en conflit avec les grands principes de
l'islam chiite, fer de lance de la Révolution iranienne. Cependant, avec une
certaine subtilité, il venait en modifier la portée : et si *la peur de la vague* avait
un sens réel plutôt que métaphorique ? Elle ferait alors référence au passage
d'un État de droit divin à un État démocratique selon le modèle occidental,

---

1. Seyyed Mohammad Khatami, *Hope and Challenge : The Iranian President Speaks*, Binghamton
NY, B. U. Press, 1997.

et au risque du régime néolibéral qui l'accompagne. Le président Khatami oserait-il aller jusqu'au bout de la proposition, au-delà de la métaphore ? L'ultime réponse pourrait-elle concilier les propos du politicien et les rêves du poète ?

Ces deux questions étaient au centre du film *Salam Iran, une lettre persane*, qui montrait que la vie en Iran se conjuguait désormais au présent, que le passé y était rejeté et que l'avenir faisait peur. Le film constatait surtout que la Révolution était tout simplement morte.

Mais peut-être le profil d'une autre révolution, déjà en marche, se dessinait-il derrière cet échec. L'hypothèse méritait en tout cas un examen sérieux que le philosophe Abdolkarim Sorouch nous encourageait à faire :

« Allez à Chiraz, la réponse est là, près du tombeau d'Hafiz, parce qu'en Iran, si tu veux connaître le mot de la fin, il vaut mieux interroger les poètes que les politiciens.

« Je pense qu'aujourd'hui, dans tout l'univers comme dans le Tiers-Monde, nous traversons une période historique singulière, nous sommes dans des conditions semblables à celles qu'Hafiz imaginait dans son poème. On doit faire preuve de courage pour traverser la vague, car s'enfermer dans la tradition, c'est vivre dans l'obscurité, et s'ouvrir à la modernité, c'est affronter cette vague terrifiante[2]. »

* * *

C'est à Téhéran que nous avons rencontré nos interlocuteurs. Qu'ils soient acteurs politiques de premier plan, dans les coulisses du pouvoir ou dans la résistance, analystes et penseurs osant rompre le silence ou militants de l'ombre, chacun nous a permis de tracer les contours de l'Iran d'aujourd'hui : ses impasses, ses rêves, ses enjeux. La ville en est la scène : sa géographie, son histoire et son présent déterminent à bien des égards le déroulement de cette histoire qui s'écrit et s'inscrit d'emblée au cœur du grand défi des relations contemporaines entre l'Orient et l'Occident : affrontement ou dialogue ?

Dans un contexte social, politique et culturel en forte ébullition, Téhéran est le foyer de contestation d'un système théocratique qui n'a jamais réussi à surmonter les contradictions qu'il a lui-même créées, révélant son

---

2. Abdolkarim Sorouch dans le film *Salam Iran, une lettre persane* (2002).

incapacité à ancrer durablement le sacré dans la vie de tous les jours, dans la vie politique, dans la vie économique.

Le clergé chiite qui s'était emparé du pouvoir en Iran après avoir évincé le chah avait précisément cette intention. Restée le seul contre-pouvoir sous la dictature du chah Mohammad Reza Pahlavi, qui avait supprimé toute contestation, la caste religieuse avait su transformer le profond mépris de toute autorité humaine inhérent au chiisme en un séisme puissant qui avait provoqué la chute de l'empereur, en 1979.

Mais les clercs n'étaient pas seuls. D'autres gens inspirés du mouvement constitutionnaliste de 1906 rêvaient, eux aussi, d'un pays moderne, indépendant, ouvert au monde. Dès 1951, le premier ministre Mohammad Mossadeq proposa au Madjlis (Parlement) de nationaliser l'Anglo-Iranian Oil Company. Ce qu'il fit. Ce rêve fut vite interrompu par un coup d'État organisé en 1953 avec l'aide de la CIA et des Services secrets britanniques. Accusé d'être rebelle à l'ordre impérial, Mossadeq écopa de trois ans de prison et passa ensuite le reste de sa vie en résidence surveillée[3].

La cohabitation, la collaboration et l'affrontement aigu de ces deux courants allaient marquer durablement la jeune République islamique et expliquent en partie le fonctionnement paradoxal et contradictoire de la vie politique iranienne, passée d'une *République* qui a chassé la monarchie — dotée d'un Parlement élu tous les quatre ans au suffrage universel — à une *République islamique* conçue à l'image de la première cité créée par le Prophète quand il a quitté La Mecque pour émigrer à Médine, en 622. À cela s'ajoute l'interprétation très innovatrice de la tradition chiite opérée par l'ayatollah Khomeyni qui donne à un homme, le Guide Suprême, un pouvoir quasi absolu. Mais au sein même du clergé, certains considèrent que cette concentration du pouvoir est dénuée de tout fondement coranique et, pire encore, qu'elle s'inspire de l'ancienne tradition monarchique iranienne.

Voici donc un régime érigé sur un pouvoir religieux accru, mais qui doit en même temps tolérer en son sein la présence de forces sinon laïques, du moins critiques de l'emprise cléricale. De loin, en Occident, on a tendance à voir cet État religieux comme un monolithe théocratique. En fait, cet État fonctionne en arbitrant constamment les rapports de force entre les factions

---

3. Jean-Pierre Digard, Bernard Hourcade et Yann Richard, *L'Iran au XXᵉ siècle*, Paris, Fayard, 1996, p. 101-120.

qui croient que les « valeurs de l'islam » doivent tout trancher et celles qui pensent que la religion n'a pas réponse à tout.

Très vite, nous avons été amenés à interroger la sémantique politique iranienne et à nuancer la vision que l'Occident s'en fait. Ainsi, l'usage du mot « régime » ne renvoie pas ici au sens de « gouvernement ». Nous avons rapidement compris que le gouvernement réformateur du président Khatami n'avait pas beaucoup plus de poids qu'une organisation humanitaire, une grande ONG en quelque sorte, face au régime dirigé par le Guide suprême qui trône sans partage à la tête de l'État. Autre paradoxe : c'est le Parlement élu démocratiquement qui a accordé le pouvoir absolu au successeur de l'imam Khomeyni, Ali Khamenei !

Aussi, dans les pages qui suivent, le lecteur voudra-t-il considérer que le mot « régime » est toujours utilisé quand il s'agit de désigner le véritable siège du pouvoir : le noyau dur du clergé chiite, des grandes familles traditionnelles, incluant celles de certains ayatollahs influents, les Services de renseignement, et les Gardiens de la Révolution. Ce pouvoir trouve son expression politique dans deux importants organismes religieux de surveillance dotés d'un droit de veto : le Conseil des gardiens, qui statue sur la qualité « islamique » des lois adoptées par le Parlement ; et le Conseil des experts, qui a le mandat de surveiller le travail du Guide et peut le destituer, même si tous ses membres sont nommés par le Guide lui-même.

Nous appelons ici « Conservateurs », selon la terminologie adoptée en Iran, les Iraniens qui partagent cette vision de leur pays, et appuient le rôle prépondérant du religieux dans la société.

Leurs principaux opposants, les « Réformateurs », sont toutefois des héritiers tout aussi légitimes de la Révolution, bien qu'ils se réclament des mouvements nationalistes et laïques. Très tôt, ils ont constaté le dysfonctionnement et l'échec du modèle absolutiste. Ils ont voulu transformer le paysage politique iranien et, plutôt que de recourir à la violence pour renverser le régime, ont choisi d'en changer la mentalité et l'esprit. Mais en croyant pouvoir changer les choses de l'intérieur, ils ont sous-estimé la puissance conservatrice, comme l'ont montré les lendemains de la Révolution.

Mais en 1979, les révolutionnaires de toutes tendances n'avaient pas seulement renversé un tyran sanguinaire ; ils avaient aussi infligé un affront cinglant aux États-Unis. En « perdant » le chah, les Américains étaient soudainement privés de leur plus fidèle gendarme dans le golfe Persique, ainsi que du pétrole iranien. Washington n'a jamais pardonné cet affront.

Depuis, l'oncle Sam ne ménage pas ses moyens pour diaboliser l'Iran. Même l'élection démocratique de Mohammad Khatami à la tête d'un gouvernement réformateur, en 1997, n'a pas modifié l'attitude américaine. À tel point que, en 2003, le gouvernement du président Khatami, avec l'aval du « régime », a présenté à Washington une offre globale de règlement, qui a été balayée du revers de la main.

À l'égard de l'Iran, la politique axée sur le « changement de régime » demeure la seule option valable pour les États-Unis. Mais il est clair que par changement de régime les Américains entendent « destruction du régime ». En 2006, cette attitude vient renforcer, sinon justifier, les prises de position du nouveau président conservateur, Mahmoud Ahmadinejad, sur le dossier nucléaire et sur le conflit palestinien. Longtemps dans la mire d'Israël, l'Iran pose désormais son propre regard sur l'histoire du Moyen-Orient. En contestant la légitimité de l'État sioniste, le président Ahmadinejad a su augmenter de façon importante sa popularité auprès des populations du monde arabo-musulman.

Il n'est pas question ici d'approuver ou de désapprouver ces positions, mais de saisir les mouvements d'idées et les enjeux dans un Orient fragile et sensible à toutes les secousses. Tenter de comprendre, au-delà des clichés et des préjugés, voilà le propos de ce livre, qui se fonde sur le constat préalable, mieux l'évidence qu'en Iran le jeu politique obéit à ses propres règles internes. Menacé d'une attaque nucléaire depuis le discours de George W. Bush sur l'« axe du mal », l'Iran, en tant que pays indépendant, engage des actions qu'il considère comme nécessaires pour se défendre.

Dans ce livre, nous n'avons pas voulu mesurer la société iranienne à l'aune de la politique étrangère américaine. Nous la confrontons plutôt à ses propres contradictions internes, à ses propres promesses non tenues, à ses propres échecs.

* * *

Nous voilà donc à Téhéran, où la modernité s'exprime avec vitesse, violence et virulence. Mais Téhéran est aussi une ville qui cache une tradition séculaire qui survit à la modernité — un endroit idéal pour les conversations que nous voulions poursuivre avec nos interlocuteurs iraniens, en confrontant des opinions assumées dans une parole et une écriture libres.

Voyage dans la géographie, voyage dans la société, voyage dans l'histoire contemporaine, voyage dans l'imaginaire, notre périple nous a permis d'aller à la rencontre de voix puissantes qui se disputent une légitimité à retrouver et nous interrogent autant que nous les questionnons.

« J'ai un passé qui se confond avec le présent
— puisque je ne cesse de m'y référer et de le ressusciter —
et un présent qui est mon avenir [...].
Et entre les deux je me trouve en sursis d'une Fin
qui est toujours un Commencement. »
Daryush Shayegan, *Le regard mutilé*, Éditions de l'Aube, 1996

Iran : l'autre révolution

TÉHÉRAN NOUS FASCINE. Dès notre arrivée, nous ne pouvons pas résister à son emprise. Nous quittons l'hôtel pour une promenade matinale. Nous avons besoin de retrouver les rues, de sentir la foule, de renouer avec la musique de la langue. Téhéran est beau, nous l'aimons. Quelques heures plus tard nous revenons à l'hôtel, exténués, toussant et haletant, à moitié étouffés par les gaz d'échappement. Encore une fois, nous avons tenté d'oublier à quel point Téhéran est laid, même si nous l'aimons.

Chercher l'empreinte de l'histoire iranienne millénaire en arpentant Téhéran relève de l'illusion et conduit à la déception. La capitale est une ville nouvelle, une ville en chantier, une ville ceinte d'autoroutes, une ville de commerce, à l'affût d'une modernité mal assumée. Autrefois — «avant» —, les artères portaient des noms inspirés par une histoire dynastique vieille de 2500 ans. Il n'en subsiste aucune trace, ni de Cyrus, ni de Darius. Aujourd'hui, la toponymie se décline au religieux. Tel carrefour porte l'appellation de l'imam Hussein, le martyr de Kerbela; telle autoroute, le nom d'un mollah anticonstitutionnaliste; tel grand axe, celui du père fondateur de l'État islamique, l'imam Khomeiny.

Il y a un siècle, Téhéran fut le théâtre d'une révolution constitutionnelle restée lettre morte. La mémoire subsiste dans le discours des Réformateurs, mais elle est gommée de la trame urbaine. Riza Khan, l'usurpateur qui fonda en 1925 la dynastie des Pahlavi, fit construire une longue et majestueuse avenue allant de la gare jusqu'au pied de la montagne. Il la baptisa, modestement, avenue Pahlavi. Aujourd'hui, sa beauté mise en péril par les embouteillages, elle est connue comme Vali-é Asr : le Seigneur des Temps.

La grisaille étouffante fait vite oublier que la Révolution islamique de 1979 a créé un vent d'espoir et de liberté. Elle a aussi créé un choc dans le monde et tout particulièrement en Occident. Un Iran réconcilié avec la liberté de choisir son propre système politique, sans pression extérieure et sans répression intérieure, deviendrait une menace : le système mis en place par les grandes puissances depuis la Première Guerre mondiale par pétro-monarchies interposées risquerait de s'effondrer. On n'a qu'à se rappeler le choc pétrolier provoqué par l'OPEP dans les années 1970.

L'enjeu était de taille : si l'Iran réussissait à instaurer un gouvernement inspiré tant par les valeurs de l'islam que par les principes démocratiques dont se réclame l'Occident, il viendrait renverser l'image d'une religion associée, à tort ou à raison, au passéisme, au rigorisme et au rejet du présent comme de l'avenir. C'est bien d'une autre révolution qu'il faudrait alors parler, et ses conséquences pourraient déborder largement les frontières de l'Iran.

Mais la Révolution jusqu'à maintenant n'a pas donné les résultats escomptés. Tout au contraire. Les inégalités sociales et la répression politique dominent le bilan des 25 ans de pouvoir. Mais ni son échec, ni le lourd tribut payé par la jeunesse dans la guerre contre l'Irak de Saddam Hussein, ni les démonstrations musclées des intégristes n'ont encore eu raison du rêve des démocrates iraniens.

Par ailleurs, ce même régime islamique ne cesse de surprendre. L'établissement clérical que l'on s'imaginait comme une sorte de parti unique enturbanné a fait naître des regroupements bien identifiés, mus par le dynamisme et la contestation interne propres au chiisme iranien. Le plus intéressant et le plus puissant de ceux-ci est le mouvement réformiste du président Khatami, baptisé « mouvement du Deux Khordad — *Dovvom-é Khordad* » en référence à la date, selon le calendrier iranien, de son élection, en mai 1997.

Le projet démocratique est toujours là. Il se heurte, toutefois, à une question fondamentale qu'il n'a pas clairement abordée : celle de l'appropriation de l'énorme richesse pétrolière par une fraction de la population, au bénéfice surtout de la caste cléricale au pouvoir. Il s'agit non seulement de l'échec d'une stratégie économique, comme cela se passe en Occident par ailleurs, mais surtout de l'application par un gouvernement réformateur d'un programme économique précis de transfert des richesses, incluant les énormes revenus pétroliers, de la majorité des citoyens à une minorité de privilégiés.

M. Khatami, sept ans plus tard, a été incapable de réaliser les promesses implicites et explicites de son programme, notamment au chapitre des droits et libertés et de la justice sociale. Il représente de plus en plus une figure du passé. En revanche, il est un peu prématuré de parler d'une « troisième vague » qui chercherait à rompre et avec la domination cléricale et avec les « bonnes manières » de M. Khatami. Pour lors, la seule troisième vague qui s'est exprimée n'a pas de présence réelle en Iran, ni de solution de rechange à offrir aux Iraniens si ce n'est, par Américains interposés, la restauration de la monarchie.

Il y a plus de 25 ans, une forte majorité d'Iraniens revendiquait non seulement la fin de cette monarchie, mais aussi une interprétation généreuse et ouverte de l'islam. Ceux qui se sont battus pour que triomphe cet idéal révolutionnaire ont été nombreux depuis à être évincés de la vie publique. Ils ont souvent été persécutés, jetés en prison ou, plus radicalement, exécutés. Plusieurs milliers ont participé à la guerre contre l'Irak, entre 1980 et 1988 ; ils sont morts en martyrs, ou sont revenus avec l'âpre sentiment d'avoir été trahis.

D'autres, vétérans de la guerre de la même génération, croient avoir identifié les raisons de l'échec. Ils allaient préconiser un remède radical : le retour aux valeurs religieuses. Patients, méthodiques, ils attendaient dans l'ombre que le pouvoir leur tombe dans les mains.

Avant de retourner en Iran en janvier 2004, nous pensions que les mises en garde répétées de M. Khamenei n'avaient pas réussi à étouffer la volonté populaire. Pour nous, le déclin des traditionalistes était irréversible et nous étions certains que, malgré les apparences, la voie de la réforme demeurait grande ouverte.

À la suite de nos conversations, à la lumière de ce que nous avons vu et senti — et partagé — pendant un mois à Téhéran, notre opinion première se trouve très fortement nuancée, sinon complètement mise en doute. Le débat de société qui faisait rage s'est estompé ; l'ouverture qui semblait s'annoncer à l'horizon s'est refermée.

Ce que nous percevions comme les signes avant-coureurs du déclin des Conservateurs masquait, en réalité, la chute brutale bien qu'annoncée des Réformateurs dans la faveur populaire. La Réforme, qui semblait vouée à des lendemains lumineux, s'est écroulée, en grande partie, sous le poids d'une répression féroce, constante et scrupuleusement planifiée par les traditionalistes. Elle a été également victime de son incapacité de traduire l'idée de réforme en mesures politiques et économiques. Les promesses généreuses sont restées trop détachées des problèmes quotidiens auxquels la population iranienne doit faire face.

Les vivants et les morts

PRINTEMPS 2001. Nous entrons en Iran pour commencer le tournage de *Salam Iran*. Cette année, le nouvel an solaire des Iraniens coïncide avec le début du mois lunaire de Moharram, quand on commémore le martyre, il y a quatorze siècles, de l'imam Hussein, petit-fils du Prophète et troisième dans la lignée des Saints Imams. Les guides touristiques l'affirment tous : évitez ce mois de grand deuil et de processions. Tout le pays est paralysé.

Nous pensons au contraire qu'il y a là une occasion de saisir les contradictions cachées et visibles d'une révolution qui a plus de 20 ans et que 60 % de la population iranienne n'a pas connue.

Nous parcourons la ville, les petites ruelles encombrées, les grandes artères fermées à la circulation automobile. Nous partageons la chaussée avec des défilés d'hommes tout de noir vêtus qui se frappent la poitrine, se flagellent le dos dans des chorégraphies parfois séduisantes, souvent violentes. Ainsi nous pénétrons dans des *hosseinieh,* ces grands lieux de culte réservés aux commémorations de l'Achoura et de Tasouâ, le 9 et 10 de Moharram. Ces jours-là, des milliers de fidèles revivent le sacrifice, avec des larmes puisées au fond des âges, de l'imam Hussein qui, en 680 de notre ère, refusa de se soumettre au calife Yazid à Kerbela, sur les rives de l'Euphrate. Ce dernier le fit massacrer avec sa petite bande de fidèles et les membres de sa famille ; parmi les rescapés, son fils Ali Zeyn al-Abedin. La tête de celui que l'on nommera le « prince des martyrs » fut transportée à Damas par sa sœur Zaynab, où elle a été enterrée dans l'aile ouest de la Grande Mosquée des Omeyades.

La tombe de Zaynab, elle, est aujourd'hui un lieu de pèlerinage en banlieue de la capitale syrienne.

Les célébrations de l'Achoura ne sont pas le fait du régime, même si ce dernier a toujours voulu en profiter. Les défilés de nuit sont impressionnants et la foule qui y participe est très dense, très animée aussi. De jeunes hommes, en groupes compacts, portent sur leurs épaules les *alam*, ces énormes effigies qui représentent les combattants de Hussein. D'autres se flagellent tout en marchant et en dansant, aux sons tonitruants des haut-parleurs diffusant le chant lancinant du récit du martyre. La police est présente mais discrète, le service d'ordre interne est efficace. Les jeunes gens qui participent aux processions se sont préparés bénévolement. On peut penser bien sûr qu'ils se sont d'abord mobilisés par dévouement à la tradition. Mais à voir les joutes entre les différents groupes, la surenchère dans la qualité et l'audace de la représentation, la force des flagellations, on comprend aussi qu'il y a là une occasion unique de briller aux yeux des jeunes filles. Et elles aussi le savent, et les regards furtifs, les sourires discrets sont

autant d'aveux qui s'inscrivent en joyeux contrepoints de ces sombres célébrations. Ainsi, les processions ont souvent l'air de fêtes foraines impossibles à encadrer, difficiles à contrôler.

Le chah Mohammad Reza Pahlavi a autrefois appris à ses dépens qu'il y avait dans l'Achoura un air de révolution, qui pouvait sonner le glas des tyrans imprudents. La mémoire du martyre d'Hussein, le culte du deuil et l'esprit d'insoumission furent les grands moteurs du soulèvement qui a renversé la monarchie en 1979, et l'une des plus puissantes armes idéologiques dont se sont servis les nouveaux dirigeants dans la guerre contre l'Irak qui a suivi la Révolution.

Cet obscur objet

Soir d'Achoura, au sud de Téhéran, dans l'immense *hosseynieh* du Tekiyyeh Daoulat, près du bazar. Une foule imposante parcourt les rues fermées pour la circonstance. Dans ce secteur de la ville, place forte des militants islamiques de la première heure, la présence policière n'est pas vraiment nécessaire. Mais, sur le trottoir, les seuls étrangers que nous sommes se font d'autant plus interpeller que l'équipe de tournage ne peut passer inaperçue. Un ami, M. Ali Arabmazar, nous accompagne. Sous-ministre des Finances, c'est une figure connue des autorités et des organisateurs. Les lieux et le déroulement des cérémonies lui sont familiers. C'est dans ce quartier du bazar qu'il venait, enfant, fêter l'Achoura avec son père.

Aussi lorsqu'un policier vient nous demander nos papiers et nos autorisations de tournage, l'intervention rapide d'Ali Arabmazar simplifie nos explications et nous ouvre les portes de l'*hosseynieh* d'où nous parviennent les chants qui se répandent dans tout le quartier.

Nous entrons. Pendant deux heures, nous écoutons la litanie d'un chanteur aveugle qui lit son texte en braille du bout des doigts, tandis que des milliers d'hommes autour de nous vivent, dans leurs corps, en se frappant la poitrine, le martyre de l'imam Hussein comme le leur. Nous nous sentons à la fois étrangers à la puissance de ces coups rythmés, et attirés, aspirés par la résonance extrême, charnelle, terriblement vivante, des mains s'abattant bruyamment sur les torses, tandis que les poumons expulsent

l'air à l'unisson, et que des voix étourdissantes psalmodient encore et encore le chant de l'aveugle.

L'intensité de notre expérience dans la proximité des célébrants, entre fascination et malaise, va de pair avec l'acuité des interrogations qui nous traversent l'esprit. Qu'est-ce que l'Achoura, cette commémoration radicale du deuil, peut signifier aujourd'hui pour le mouvement réformateur né avec l'élection du président Khatami? Comment un mouvement qui se veut ouvert à la modernité et aux transformations sociales qu'elle suscite peut-il être compatible avec cette manifestation qui, pour le spectateur étranger, apparaît obscure, au mieux folklorique, au pire dangereusement archaïque? Quelques jours plus tard, contre toute attente et en dehors de tout protocole, c'est une femme qui nous répond: Mme Massoumeh Ebtekar, vice-présidente de la République islamique et directrice du Bureau de l'environnement.

À elle seule, Mme Ebtekar incarne aussi bien les contradictions de la Révolution que les ambiguïtés des chemins suivis par la génération qui l'a

faite. C'est cette même génération, aujourd'hui profondément impliquée dans le Mouvement de la Réforme, qui voudrait s'emparer pacifiquement de l'État pour réaliser ses promesses d'égalité et de justice. Début novembre 1979, Massoumeh Ebtekar faisait partie des dirigeants du groupe des étudiants islamiques qui prenait d'assaut l'ambassade américaine à Téhéran et qui allait l'occuper pendant 444 jours. En participant à cette action déterminante, elle a contribué, avec ses jeunes camarades de classe, à la prise de contrôle par les mollahs des rouages de l'État iranien.

Le lendemain de l'événement, Mehdi Bazargan, premier ministre nommé par l'imam Khomeyni, remettait sa démission : désormais, le parti clérical allait constituer le nouveau gouvernement et ne lâcherait plus le pouvoir.

À la fin de la séquestration des 56 otages américains, rien ne restait du contrôle apparent exercé au début par les étudiants. L'affaire sentait l'improvisation et l'orgueil de ceux et celles qui se voulaient, à une époque de contestation débridée, aussi militants que leurs consœurs et confrères gauchistes. Mal préparés, les étudiants ont été récupérés par le pouvoir. Sur

ordre de l'imam Khomeiny, le dossier a été confié au Parlement. Hachemi Rafsandjani, qui en était le président, s'en est emparé pour mieux le liquider à bon escient.

Le litige fut réglé dans le plus grand secret entre les hommes de Rafsandjani, dont Mehdi Karoubi, qui allait devenir président du Parlement sous M. Khatami, et l'appareil clandestin du Parti républicain américain. Les otages furent relâchés le jour de l'investiture de Ronald Reagan à la présidence américaine. Ce fut la «surprise d'octobre», dont les échos se font entendre encore aujourd'hui dans les relations irano-américaines.

Quand nous la rencontrons dans son bureau, au 9e étage d'un immeuble, rue Villa, au centre-ville, Ebtekar vient de perdre son père et en est profondément affectée. Elle était très attachée à ce scientifique et érudit qui a marqué sa jeunesse. Pendant les années dures de la dictature, il avait émigré aux États-Unis avec toute sa famille. Massoumeh Ebtekar y a fait une partie de sa scolarité. Elle parle parfaitement l'anglais, ce qui a fait d'elle une excellente porte-parole des étudiants lors de l'occupation de l'ambassade américaine. Jeune fille brillante, son père l'avait présentée au docteur Ali Chariati, philosophe, engagé dans les années 1960-1970 dans les combats du Tiers-Monde, et penseur influent de l'islam moderne. Orateur charismatique, Chariati a su convaincre, par ses écrits et ses conférences, une partie de la jeunesse iranienne de la nécessité du martyre comme geste libérateur, en conceptualisant la différence frappante entre ce qu'il appelait le « chiisme noir » doloriste, pleureur et résigné, au « chiisme rouge » du sacrifice librement consenti.

L'interprétation de l'Achoura que Massoumeh Ebtekar nous propose ce jour-là est marquée par l'émotion de son propre deuil, son histoire politique, ses propres choix et par l'influence de Chariati. Dans ce contexte, nous saisirons vite le double sens de ses paroles : une façon de lire la situation actuelle en transposant le conflit exemplaire entre Hussein et Yazid dans le conflit vécu entre le Mouvement de la Réforme du président Khatami et l'autorité du Guide suprême Ali Khamenei, figure emblématique du pouvoir arbitraire.

« Dans l'Achoura, il est question de justice, de liberté et de dignité humaine. C'est un événement qui a un côté très beau, très lumineux, et un autre très sombre.

« Et si l'Achoura a ce côté sombre et lugubre, c'est parce qu'il rappelle que la justice a été sacrifiée par ceux qui ne recherchent que l'égoïsme, la luxure, le pouvoir.

« Ce constat n'appartient pas au passé. Aujourd'hui, à l'époque postmoderne, à l'époque de la globalisation, nous pensons qu'il y a quelque chose qui touche notre cœur, que nous soyons occidentaux ou orientaux. Actuellement, nous vivons dans un monde qui est dominé par le pouvoir, qu'il soit politique ou économique. Ce monde n'est dirigé ni par la charité, ni par la raison, ni par la quête de droiture ou de justice. Ceux qui ont le pouvoir économique ont le dernier mot et ils ne sont pas prêts à sacrifier l'économie à la recherche d'un monde meilleur. Même ceux qui l'affirment, quand ils passent à la pratique, oublient leur promesse.

« Nous vivons une époque de souffrance, que l'on soit européen, américain, asiatique, iranien ou africain... qui que l'on soit, on constate cet état de souffrance ; les valeurs humaines sont sacrifiées et surtout la dignité humaine.

« Sur le champ de bataille où l'imam Hussein va mourir, il s'adresse ainsi à l'ennemi : "Même si vous n'avez pas de religion, pas de croyance, préservez votre dignité humaine, soyez libres, soyez libérés de tous les liens qui vous rendent esclaves de l'égoïsme ; dans les circonstances les plus dégradantes, soyez libres !" Voilà son message, c'est un message universel.

« Cela signifie qu'il y a certaines valeurs que l'on doit préserver. Si on les perd, quels que soient nos progrès scientifiques ou matériels, si nous perdons ce qui constitue l'essence même de l'être humain, nous régressons. Et c'est vraiment malheureux que dans le monde contemporain, dans les cercles intellectuels ou universitaires, on soit arrivé à une espèce de consensus sur le fait que la raison humaine est fondée seulement sur l'apparence. Et les médias renforcent cette attitude. Ce qui donne à l'Achoura son caractère sombre, c'est que l'être est sacrifié au profit des apparences et c'est ce deuil-là que nous portons et que nous pleurons. »

L'effet bœuf

Nous interrompons Massoumeh Ebtekar pour lui raconter une anecdote de tournage. La scène se passe dans une des rues étroites du village d'Évine, au nord de la ville, près de la principale prison de Téhéran. Une large foule est assemblée pour assister à un défilé de l'Achoura qui va se terminer par le sacrifice d'un bœuf. L'assistance est familiale, les jeunes enfants côtoient les adultes et un grand cercle s'est déjà formé autour de la camionnette qui vient livrer l'animal, un jeune bœuf prêt à tout risquer pour échapper à la mort. Nous assistons à cet abattage impitoyable et mouvementé.

Nous filmons : le bœuf tente sa chance au bout de la corde que quatre hommes retiennent tandis que le couteau du boucher fend l'air à la recherche de la jugulaire. L'animal esquive le coup fatal, le couteau pénètre dans la chair de son dos, au hasard ; le sang gicle. D'un furieux mouvement de tête, le bœuf déséquilibre les assistants du boucher, qui lâchent la corde. Le bœuf fonce dans la foule, le boucher le rattrape, frappe à nouveau, une fois, deux fois, la jugulaire est atteinte, le sang coule à gros bouillons. Le bœuf continue sa course désordonnée vers le public qui s'écarte. Enfin il tombe à genoux puis, lentement, s'affale sur le flanc dans une mare de sang, que les spectateurs enjambent ou piétinent dans la bousculade.

Un jeune homme qui nous observe depuis le début de la scène s'approche de nous. Il s'excuse et avoue qu'il tente de parler français pour la première fois. C'est un étudiant de l'Université de Téhéran.

« J'aimerais vous demander ce que vous voulez faire de ces images ? Vous allez faire quelque chose contre nous, peut-être ? Vous allez montrer le côté barbare et sanguinaire de l'Iranien, comme dans le film *Jamais sans ma fille* ? »

Cette idée le tourmente ; visiblement il est partagé entre le désir de mobiliser ses amis pour nous demander de cesser de filmer et le besoin d'expliquer pour éviter un malentendu. Nous lui proposons de prendre la parole devant la caméra :

« Ce que vous voyez là n'est qu'une partie d'une cérémonie plus globale, une "cérémonie totale". Il ne s'agit pas seulement de tuer un animal, non. Il faut considérer l'ensemble de la cérémonie, qui, à mon avis, est beaucoup plus jolie, plus complète. On ne tue pas pour le plaisir de tuer, il s'agit d'un sacrifice et d'un partage. On tue ce bœuf comme on sacrifie aussi des agneaux, pour faire de la cuisine, une grande cuisine collective, où tout le monde peut venir prendre son repas. Le temps de l'Achoura, c'est aussi le temps du partage, où tout le monde, riche ou pauvre, vient parta-

ger le repas commun et où tout un chacun peut venir chercher des repas pour sa famille, ses amis, ses voisins. Vous êtes les bienvenus également. Oui, c'est pour tout le monde. Il y a un côté sacré dans ce sacrifice, c'est une invitation pour tous, croyants ou incroyants, à partager le repas et la fête collective. »

Nous quittons Évine au soleil couchant. Au centre de Téhéran, les défilés de l'Achoura se poursuivront une partie de la nuit sans interruption, ponctués par des égorgements d'agneaux. Le sang des bêtes coule sur l'asphalte noir et brillant en de multiples rigoles vermeilles qui vont rejoindre les *djoubs*, ces canalisations d'eaux de pluie qui longent toutes les avenues et les ruelles de la ville. Pas loin du *hosseinieh*, où, la veille, nous avons assisté à la cérémonie dirigée par le chanteur aveugle, un homme, en chemise et pantalon noirs, nous interpelle : « Entrez, entrez, venez voir ! » Nous entrons dans un vaste entrepôt désaffecté transformé en cuisine de campagne. Au rythme de la musique et des chants qui racontent le martyre de l'imam Hussein, les moutons et les bœufs du sacrifice sont livrés à une armée de bouchers qui dépècent, taillent, débitent les pièces de viande qu'une légion de cuisiniers apprête et jette aussitôt dans le ragoût, près de pots géants remplis de riz fumant et odorant. Au bout de la chaîne, des hommes, en riant et en chantant, remplissent de riz et de viande des petites boîtes en carton. D'autres les distribuent aux milliers de fidèles qui font la queue. Partout dans la ville, partout dans le pays, chez soi ou sur un coin du trottoir, le temps d'une soirée, tout le monde mange à sa faim.

Impossible de refuser l'invitation. À l'écart de la cuisine improvisée, on nous propose un siège de fortune. Sous la lumière blafarde des néons, nous mangeons en partage la chair du sacrifice. La viande est tendre. Elle fond dans la bouche. Mais le délice est de courte durée. Il ne réussit pas à nous faire oublier le dernier combat du bœuf devant les assauts du boucher maladroit. Une question lancinante, amère, si l'on peut dire, nous reste en travers de la gorge : que faire et surtout que dire des images que nous venons de mettre en boîte ?

Il n'en reste pas moins que le caractère spectaculaire, brutal, en direct de l'abattage du jeune bœuf choquera plus d'un spectateur du film et provoquera de nombreux débats tant en Occident qu'en Orient.

« Dégoûtant ! Vous n'auriez pas dû montrer ça, il y a tant de belles choses en Iran ! », s'exclamera à la fin d'une projection un éditeur de livres savants à Téhéran. Outré par une réalité qu'il refuse de voir, il appartient à cette catégorie large et mal définie des « intellectuels religieux ». Il n'a jamais quitté l'Iran sauf pour quelques voyages d'affaires, mais ses enfants étudient à l'étranger. Il fait partie du cercle de ceux qui assistent à tous les colloques officiels diffusés par la télévision d'État en présence de clercs ron-ronnants dont l'affection pour la culture reste, pour le dire pudiquement, circonscrite aux seules valeurs établies et acceptées par le régime.

Il récuse violemment la présence de cette scène dans le film :

« Si vous faites un livre sur les splendeurs de l'Iran, est-ce que vous uti-liserez des photos de choses laides ? Peut-être auriez-vous dû montrer des scènes plus typiques. »

À l'inverse, Massoumeh Ebtekar réplique :

« Il faut tout montrer, même au risque du malentendu. Cela fait partie du malentendu sur l'Achoura, qui existe d'abord dans le regard de l'étran-ger : il ne voit que le sacrifice de la bête, la violence des gestes, il faut saisir l'ensemble pour en comprendre le sens et la portée. »

Mais comment intégrez-vous aujourd'hui le sens de l'Achoura dans votre vision et votre pratique de la politique ?

« Dans ma mission, l'imam Hussein est une lumière qui me guide, par le fait qu'il se soit sacrifié, lui et ses compagnons, pour une cause supérieure, au nom de l'humanité universelle. Et pour moi, c'est très pertinent et cela m'inspire. Quand on doit sacrifier quelque chose pour aller plus loin, pour rester dans ses principes et pour que ses principes ne soient pas dévalorisés dans leur signification profonde, l'imam Hussein nous montre le chemin.

« Prenons un exemple pratique : celui de la Révolution islamique. Pour tout le monde ici, l'analogie avec l'imam Hussein était claire : la tyrannie du chah, régime dictatorial, était comparée à celle de Yazid et le soulèvement du peuple était semblable à celui mené par l'imam Hussein et ses compagnons. Ils combattaient pour la justice, la démocratie, pour leurs droits, pour leur dignité, pour leur indépendance, et de l'autre côté, il y avait un dictateur qui possédait tous les pouvoirs avec l'appui d'une superpuissance étrangère, les États-Unis. L'analogie était très claire à ce moment-là : il fallait sacrifier sa vie et accepter le martyre.

« Peut-être que le martyre n'a jamais vraiment été compris par l'Occident. J'ai dû répondre à de nombreuses questions sur ce point : que signifie le martyre ? Est-ce que ceux qui le recherchent sont des gens qui méprisent la vie ? Est-ce que cela signifie, lorsqu'une mère encourage son fils à rejoindre le front de guerre et à combattre, qu'elle n'a aucune affection pour son fils, que ce n'est pas une mère dans le vrai sens du terme ?

« Je pense que ce sont là des questions normales, qui ont besoin d'être comprises. Peut-être que votre public, dans la culture occidentale, a parfaitement le droit de poser ces questions-là, parce que la philosophie qui sous-tend cela est tout à fait différente de la mentalité contemporaine sur la vie, sur la mort, sur le sacrifice. Mais, pourtant, je pense que l'imam Hussein nous livre une leçon dans sa vie, dans sa mort pour la quête d'une cause sacrée, à travers sa philosophie du martyre.

« C'est sans doute la raison principale pour laquelle la Révolution islamique a été un succès en Iran : il n'y avait aucune peur, aucune peur de la mort. Les gens n'ont peur de rien quand ils croient qu'ils combattent pour le Tout-Puissant. C'est le but ultime de la vie. Il n'y a rien au-dessus.

« Cette leçon s'est appliquée à la Révolution, elle est applicable dans la vie courante quand on a des décisions à prendre, quand on doit choisir un chemin à suivre.

« On peut le voir dans des circonstances difficiles. Regardez les huit années de guerre pendant lesquelles l'Irak a agressé la République islamique d'Iran, par tous les moyens. Nous étions les plus faibles. Les Irakiens avaient l'appui de tout le monde. L'Iran a été bombardé comme État agresseur, comme État terroriste. Or, l'Iran n'avait rien à voir avec l'agression. C'était une révolution qui était toute jeune, elle n'avait pas les moyens d'attaquer un autre pays.

« Qu'est-ce qui a protégé l'Iran ? Qu'est-ce qui a protégé la Révolution islamique, malgré le blocus économique, les pressions intérieures ? Qu'est-ce qui a permis aux gens de se tenir debout et de résister ? C'est l'esprit de l'imam Hussein. C'est ce qui a conduit volontairement les jeunes gens à partir pour le front. Ils avaient pourtant les mêmes aspirations que tous les jeunes dans le monde. Ils voulaient avoir une bonne éducation, une belle vie, une femme, tout ce qu'un jeune peut espérer de la vie. Au lieu de cela, ils sont allés à la guerre volontairement, et même des jeunes de 14 ans, qui étaient en dessous de l'âge d'y aller. Ils falsifiaient leur certificat de naissance ! Pourquoi ? Quelle était cette force d'attraction ? Qu'est-ce qu'ils voyaient là qui les attirait ? La leçon de l'Achoura et le martyre de l'imam Hussein. L'histoire se répète. Cela se poursuit. Nous devons porter le deuil et nous sacrifier pour la dignité humaine. »

Il faut avouer que la notion de sacrifice pour la dignité humaine, comme le voudrait Mme Ebtekar, a disparu de l'horizon de la civilisation en Occident. Les Occidentaux expriment une profonde répulsion devant le martyre et attribuent sa valorisation à l'aveuglement ou au désespoir. Derrière cette exaltation de la mort, ils ne reconnaissent pas l'affirmation du libre arbitre individuel, et imaginent plutôt une tactique terroriste perverse qui transforme des êtres en missiles de croisière bon marché ou en bombes humaines dociles.

En Iran, une génération entière a donné sa jeunesse, et très souvent sa vie, à la Révolution sur l'assurance d'un avenir meilleur pour les proches et la promesse du paradis pour soi-même. Aujourd'hui, les survivants ne sont pas tous heureux, loin de là, et ils sont même souvent amèrement déçus. Nous avons rencontré de ces anciens combattants blessés par balles à la poitrine qui se disent trahis, ou des prisonniers de guerre qui ont passé une décennie dans les camps de Saddam Hussein et qui se demandent pourquoi, devant le mépris des arrivistes qui tiennent le haut du pavé iranien ; sans compter les anciens miliciens qui n'attendent que le moment de prendre leur revanche sur les mensonges meurtriers qui ont servi à les envoyer au combat.

« C'est vrai que la plus jeune génération et ceux qui se sont sacrifiés pendant la guerre, pendant la Révolution, ont de très grandes attentes. Ils ont un sens de l'idéalisme qui a besoin d'être engagé dans la poursuite de la Révolution d'un côté et, d'un autre côté, cet idéalisme a besoin d'être correctement guidé pour maintenir ce qu'est la République islamique d'Iran. Il faut interpréter ces valeurs pleinement et les implanter dans notre société, autrement, ce ne sera plus qu'une proposition théorique sans application pratique, sans aucune place dans le monde d'aujourd'hui. Nous pensons que la religion, la philosophie de l'imam Hussein, les objectifs et les valeurs pour lesquels la Révolution islamique s'est construite, peuvent être appliqués à cette situation et répondre aux attentes.

« Aujourd'hui, nous sommes en face d'un enjeu politique de taille qui se manifeste dans l'affrontement entre les Réformateurs, partisans de l'ouverture, et les conservateurs, qui veulent maintenir le statu quo. D'une part, une société qui est en train de se battre pour aller plus avant et épanouir les qualités de la Révolution islamique, d'autre part, une société conservatrice qui est assez sceptique devant un processus de réforme et qui craint que ce possible dynamisme détruise les principes de la Révolution. Les conservateurs ont leurs craintes, la jeune génération a ses attentes. C'est un défi des deux côtés et il y a des défaites des deux côtés. Voilà la partie qui est en train de se jouer. Mais le dialogue interne doit se poursuivre, il n'y a pas de possibilité de faire marche arrière.

« Je pense que ça va marcher. C'est un processus difficile, ça pourrait être douloureux, mais c'est un processus inhérent à l'islam, cohérent avec l'interprétation et la compréhension de l'imam Khomeyni. Comme Guide suprême de la Révolution et fondateur de la République islamique, il entrevoyait ce besoin de dynamisme, cette nécessité d'ouvrir de nouvelles perspectives, de nouveaux horizons pour la Révolution et de développer les éléments de la démocratie pour le peuple.

« C'est à l'opposé de ce que certains observateurs pensent aujourd'hui. L'imam n'a jamais considéré le peuple comme un outil. Il croyait au pouvoir du peuple de décider par lui-même. C'est pour cela que le peuple s'est tourné vers lui et que la Révolution a été un succès. Il croyait en la dignité du peuple, en son droit de décider, de déterminer son avenir. C'est pour cela qu'il a donné au peuple une identité et le sentiment de responsabilité vis-à-vis de ses décisions et de ses jugements. Et ce sentiment continue à exister dans la société iranienne. »

Aujourd'hui, ce sentiment est teinté d'amertume. Nombreux sont ceux, en Iran, qui se croient sinon trahis, du moins abandonnés par le blocage systématique exercé par la faction conservatrice à l'égard des Réformateurs depuis l'élection de Mohammad Khatami en 1997. Le gouvernement Khatami a fait sien le principe du dialogue et de la non-violence qu'il entendait pratiquer tous azimuts. Mais cela ne pouvait se poursuivre que si les règles du jeu du pouvoir étaient modifiées.

« C'est exactement pour cela que le président Khatami a exprimé son respect de la loi. Il affirme que *la primauté de la loi* doit être l'ultime règle et le dernier mot en Iran. La légalité doit être le point final dans tous les cas. Nous devons aller selon la loi et non pas considérer la loi comme un moyen d'exercer le pouvoir, pour promouvoir un point de vue partisan.

« C'est un processus difficile, particulièrement dans un pays qui a subi un système autocratique pendant des siècles, un pays dans lequel le peuple n'avait jamais eu le droit de décider, ni de prendre part aux discussions qui affectent son avenir.

« Assurément, la confiance en soi est revenue, mais la route est encore longue et difficile. Mais nous croyons au dialogue même s'il n'est pas formellement en place. Il devrait se mettre en place. Les différents groupes, les partis politiques travaillent en ce sens.

« Le président Khatami lui-même croit au dialogue. Je pense qu'il a une approche très digne, plutôt élégante, même quand il négocie avec l'opposition — avec son ennemi, car la façon dont il est traité est plutôt le fait d'ennemis — et comme il dit : "Je défends le fait que mon opposition est à sa place pour dire, pour voter." Il y croit vraiment. Il est un bon exemple de la façon dont pourrait fonctionner la société iranienne. Ici, nous vivons une expérience unique au monde, celle d'un système religieux et des divers rôles que la religion peut jouer aujourd'hui, en politique et dans les sphères économiques et sociales.

« Et à côté, nous avons les institutions de la démocratie, qui remplissent sérieusement leur rôle, et qui veulent leur part d'influence. Le système politique est très complexe en Iran. C'est un défi! Mais beaucoup d'Iraniens pensent que ça va marcher. Il y a un prix pour ça et nous avons payé cher.

« Mais nous savons que nous sommes arrivés au moment délicat où il faut prendre une décision fondée ou sur la dignité et la liberté, ou sur une violence active. C'est une question que se posait aussi l'imam Hussein. Pouvait-il oublier la justice et la dignité pour rester fidèle à la non-violence? Il a participé à la guerre. Il a dû affronter une armée très bien préparée. C'est une question de principe. Il ne s'agissait plus de sauver sa peau et celle de ses compagnons, mais bien de sauver les valeurs fondamentales de l'humanité. Il y a en effet des valeurs pour lesquelles on peut vivre ou mourir. Car s'il est important de bien vivre, il est aussi important de bien mourir.

« La leçon de l'imam Hussein est sans doute tout à fait utile dans cette circonstance. »

En quittant Massoumeh Ebtekar, nous savions qu'elle venait d'évoquer non seulement ses propres principes, mais aussi la possibilité bien réelle que la réforme ne fonctionne pas et que le dialogue se transforme en manœuvre d'intimidation et en violence. Quel Yazid, armé jusqu'aux dents, attendait quel Hussein? Encerclé, assoiffé, est-ce que ce dernier allait donner sa vie, et pour quels principes?

Dédales

Il y a des lieux symboliques à Téhéran, des lieux imprégnés de mémoire parfois occultés, souvent réduits au silence. La Révolution islamique — séisme aussi inattendu qu'espéré — a pris corps dans cette géographie singulière, et notamment dans les quartiers populaires du centre et du sud, densément peuplés. Les ruelles forment un labyrinthe serré entre les maisons et les petits jardins clos. La foule se presse aux portes du Bazar. Plus loin, tout un quartier d'entrepôts vit au rythme du déchargement des camions et du roulement métallique des multiples charrettes surchargées, tirées ou poussées par des conducteurs exténués. Plus loin encore, des rues entières d'artisans qui prolongent leurs ateliers sur les trottoirs. Odeur de soufre qui prend à la gorge, claquements continus des soudures à l'arc, moteurs que l'on échauffe, qui toussent et crachent un mélange d'essence et d'huile, la rue est un vaste chantier à ciel ouvert. L'âme de Téhéran est là, dans ces dédales où le marcheur se perd dans la foule et le bruit, loin des voies rapides, des villas huppées et de la jeunesse dorée du Nord.

Ici, les hommes portent des vêtements sombres, chemises et pantalons noirs. Noirs sont aussi les tchadors qui enveloppent les femmes de la tête aux pieds, avec des nuances de gris plus ou moins marquées selon les caprices du vent du désert et la poussière légère qu'il charrie par vagues.

C'est une chaude matinée de printemps. Le ciel est sans nuage, mais déjà voilé par une couche de pollution laiteuse. On respire difficilement. Traverser la rue est une épreuve périlleuse, un parcours tauromachique entre les voitures et les imprévisibles motos qui sont légion. Les trottoirs sont envahis par la foule : écoliers se poursuivant au milieu des passants, étudiants en conciliabule, garçons et filles en petits groupes distincts, vendeurs à la sauvette, ménagères bavardes, livreurs impatients.

En marchant de la place Baharestan à la mosquée Sepahsalar puis en nous perdant dans le labyrinthe du quartier commerçant de Sartchechmeh, nous traversons trois composantes significatives de l'Iran contemporain. Autrefois haut lieu de la lutte pour la démocratie, la place Baharestan rappelle l'influence occidentale transmise à travers la révolution constitutionnelle. C'est dans l'ancien Parlement qui donne sur la place que la constitution a été adoptée le 30 décembre 1906. L'Iran a été le premier pays d'Orient à se doter d'une constitution démocratique moderne. Son fonctionnement fut de courte durée. En effet, peu après, pour assurer les frontières de leurs empires respectifs, les Anglais et les Russes allaient conclure un accord de partage du pays en deux zones d'influence [1]. Cette intervention étrangère a créé une tension entre les partisans du modèle européen et les défenseurs de la tradition. Le constitutionnalisme iranien allait en être victime, et rendait son dernier soupir tôt le matin du 21 février 1921. C'était un lundi. Reza Khan, militaire presque illettré, mais formidable meneur d'hommes, venait de s'emparer du pouvoir.

À quelques pas de là se dresse la mosquée Sepahsalar. Du haut de sa chaire — le *minbar* —, les prédicateurs et les ayatollahs fidèles à la monarchie ont mis en pièces le projet constitutionnaliste. Un des ténors, le cheikh Fazlollah Nouri est mort en martyr, pendu par ses adversaires démocrates. Aujourd'hui réduite au silence, la mosquée est devenue une oasis de calme au cœur de la ville.

Plus au sud, le quartier populaire de Sartchechmeh est un lieu de rencontres aussi fortuites qu'agréables. Un homme nous interpelle avec quelques mots d'anglais, il nous indique une grande porte voûtée qui conduit à un entrepôt qui donne sur une rue surchargée de voitures, de camions de livraison, de motos, d'hommes à tout faire poussant des chariots de fortune croulant sous la charge.

Inopinément, nous sommes invités — sinon recueillis — par M. Mohammad, grossiste en fruits secs, en apparence, qui, sous prétexte

---

1. *L'Iran au XXe siècle*, p. 38.

de nous faire visiter son entrepôt, boire du thé et goûter aux dattes de Bam, va nous révéler un aspect très particulier de l'esprit national.

Dans la soixantaine, Monsieur Mohammad, trapu, musclé, chevelure noire abondante, regard franc, impressionne par sa vigueur, son assurance, sa force. C'est un adepte — et un maître — du *Zourkhaneh*, littéralement « maison de force ». Cette ancienne discipline corporelle et spirituelle implique à la fois un entraînement physique et la connaissance et la pratique d'un rituel religieux. Les initiés se livrent à la manipulation de lourdes « haltères » en forme de quilles de bois de 10 kg chacune. Dans un coin de son entrepôt, Monsieur Mohammad dispose d'un petit espace spécialement aménagé pour sa discipline, entre les caisses de fruits secs et les nombreux tonneaux d'olives, et de poudres aromatiques odorantes. Il se couche sur un bout de carton en guise de matelas, saisit les lourdes « quilles » de bois par la partie la plus mince et les élève au-dessus de lui comme des fétus de paille. Puis, il les manie à la force du poignet, à bout de bras, en décrivant dans l'air une chorégraphie envoûtante avec une grâce et une puissance singulières.

Sa force, sa concentration et son recueillement abolissent soudain les boîtes de dattes, les sacs de riz et de fèves, et le vacarme de la rue. L'entrepôt aux colonnes sculptées, éclairé par une très haute fenêtre comme dans un tableau de la Renaissance italienne, se transforme en un lieu d'une impressionnante spiritualité.

Quelques tasses de thé plus tard, nous nous sentons en terrain familier. Le thé, en Iran, a cette faculté unique de délier les langues, de faire tomber les barrières et de faciliter la communication. Ajoutons à cela que les dattes de Bam sont les meilleures au monde et que la générosité de Monsieur Mohammad n'a pas de limite.

« Vous reviendrez me voir ? », dit-il, en nous remettant une boîte de dattes pour la route.

Nous revenons le voir quelques jours plus tard et nous découvrons son rôle de maître de *Zourkhaneh* en l'accompagnant dans ce quartier où tout le monde l'estime : le maître est une espèce de justicier, de protecteur et de défenseur des faibles. Il est le dernier recours des démunis. Il crée autour de lui ce climat de confiance, de confidence même, et surtout de dialogue, que l'on ressent dès que l'on passe la porte de son entrepôt.

Le maître de *Zourkhaneh* s'inspire en quelque sorte de l'imam Ali[2] dont le portrait est accroché au centre du mur principal de son entrepôt.

On trouve ce même portrait de l'imam Ali, figure emblématique du chiisme dans tous les *zourkhaneh* : un lion, assis à ses pieds, symbolise la nation. Le lion n'a rien perdu de sa puissance et s'il le faut, il saura défendre la religion jusqu'au bout de ses forces.

Avec M. Mohammad, nous avons fait le tour du quartier, ses rues et ses ruelles, ses petits commerces et ses coins ombragés, en pénétrant jusqu'à l'imamzadeh Yahya, une petite chapelle dédiée à saint Jean-Baptiste, et ses platanes, deux fois centenaires, qui ont l'âge de la ville.

Nous sommes au milieu du Téhéran des petites gens, loin des immenses demeures du nord qui étalent, avec arrogance, parcs et piscines privés sur le flanc de la montagne. Ici, il y a le visible des ruelles étroites et leur infini dédale, il y a l'invisible des petits jardins cachés derrière les murs ocre.

Sartchechmeh est à cette image, un quartier secret qui fut un des creusets de la Révolution. Il y a 25 ans, les gens se sont rués place Jaleh, aujourd'hui place des Martyrs, pour manifester les mains vides contre l'armée du régime impérial. Des centaines, sinon des milliers sont morts. Ce fut, pour reprendre l'expression favorite de l'imam Khomeyni, *le triomphe du sang sur l'épée.*

Dans Sartchechmeh, les gens ont voté massivement pour Mohammad Khatami en 1997. Le quartier s'enflamma après la fermeture du quotidien contestataire *Salam*, le seul journal qui disait tout haut ce que beaucoup de monde pensait tout bas.

Ils ont élu des députés réformateurs en 2000. Mais lors des élections municipales de 2003, ils sont restés chez eux. Ils ont laissé tomber les candidats réformateurs dont le mandat à l'Hôtel de ville s'achevait sur fond de luttes intestines, de magouilles et de corruption. Ce fut un premier signe de désaveu. Un inconnu va occuper le fauteuil du maire. Il s'appelle : Mahmoud Ahmadinejad. Rien ne laissait présager qu'il allait devenir le président de la République deux ans plus tard.

---

2. Ali ibn Abu Talib, cousin et gendre du Prophète Mohammed, et quatrième calife de l'islam. Considéré par les chiites comme successeur légitime ; Premier imam de la « Sainte Famille » chiite. Voir Yann Richard, *L'islam chiite*, Paris, Fayard, 1991.

C'est donc ici que le découragement devant les impasses de la Réforme a pris naissance et qu'il s'est accentué surtout devant l'incapacité des autorités à venir à bout des problèmes quotidiens.

Il va se confirmer plus nettement encore en février 2004, lors des élections législatives. Les Réformateurs demandent à leur électorat de ne pas participer au scrutin, pour protester contre le rejet massif de leurs candidats par le tout-puissant Conseil des gardiens.

Dans Sartchechmeh, en toute connaissance de cause, leurs partisans de la première heure ne suivent pas la consigne. Au ras-le-bol succède alors un mélange de cynisme et de lassitude.

Le poids des mots

QUE SIGNIFIE « RÉPUBLIQUE » quand le président élu par le peuple est soumis à l'arbitraire du Guide suprême choisi par une faction du clergé? Apparemment en terre d'irrationnel, nous nous heurtons, en réalité, à la structure complexe de l'État iranien, à la fois républicaine et religieuse.

Nous avons souvent l'impression que le sens des mots nous échappe, qu'il varie d'un interlocuteur à l'autre, d'une conversation à l'autre. Comment saisir ce qui se passe dans ce pays où les morts sont plus vivants que les vivants, où le passé est plus présent que le présent et où l'invisible domine le visible? Ce matin de mai 2001, dans la chambre de l'hôtel Vanak, nous écoutons Radio-Canada International sur les ondes courtes. Paradoxe, si nous voulons suivre l'actualité iranienne et saisir ce qui se passe, nous avons besoin des radios étrangères. La voix provient de Montréal, tandis que nous sommes à deux pas du journaliste qui parle, Siavosh Ghazi, le correspondant iranien de Radio-Canada :

> Le 18 mars dernier, avant les congés du Nouvel An iranien, la justice a fermé quatre nouveaux journaux. Quelques jours plus tard, c'était au tour d'Esmaïl Cheikh, l'un des principaux leaders étudiants, d'être arrêté. Dans ces conditions, on doit s'attendre ces prochaines semaines à d'autres arrestations dans le milieu réformateur et de l'opposition libérale.

Une heure plus tard, nous avons rendez-vous avec Siavosh Ghazi devant un kiosque à journaux, dans le nord de la ville, pas très loin de chez lui.

« J'achète tous les journaux, il y en a entre 20 et 25. Je suis obligé de faire plusieurs kiosques pour les acheter. Depuis un an, il y a une quinzaine de quotidiens qui ont été fermés, plus 15 à 20 hebdomadaires et mensuels. Certains ont été remplacés, mais il y a plus de journaux conservateurs actuellement que de journaux réformateurs. Ceux qui ont été fermés ont été remplacés par des journaux conservateurs qui n'ont pas autant de succès que les journaux réformateurs. Selon la loi sur la presse, la justice ne peut fermer un journal que pendant six mois. La plupart ont été fermés depuis un an maintenant. Ça montre la force des Conservateurs à l'intérieur de ce qu'on appelle le pouvoir. Leur force n'est pas dans la société, où ils sont minoritaires, mais au sein du régime, dont ils contrôlent les rouages. Ainsi ils peuvent se permettre d'interdire les journaux sans tenir compte de la majorité ou de la loi.

« Il faut quand même dire que derrière la fermeture des journaux, il y a aussi la mise en prison des journalistes. Actuellement, il y a une douzaine de journalistes en prison. Certains ont été jugés et condamnés à des peines de prison. D'autres sont en attente de jugement, et ils sont en prison depuis un mois, deux mois, voire cinq mois. Comme l'ont dit de nombreux journalistes qui travaillent pour la presse iranienne, c'est le prix à payer pour la démocratisation de l'Iran. C'est un prix très lourd pour les personnes qui sont derrière les barreaux, mais sans doute faut-il passer par là pour que le changement advienne. Il faut surmonter cette période de transition pour que les gens acceptent qu'il y ait une presse libre et que toutes les tendances politiques puissent s'exprimer librement. Le discours violent qui est entretenu, depuis quatre ans, par certains dirigeants religieux conservateurs a créé une atmosphère de justification de la violence et des attentats. C'est ainsi que Saïd Hadjarian a été la cible d'un groupe de jeunes gens qui pensaient qu'il agissait contre l'islam.»

En Iran, le régime attribue facilement à la défense de l'islam la responsabilité des pires exactions. Par exemple, il prétend, en dehors de toute preuve, que ce n'est pas la révélation de l'implication des Services secrets dans les meurtres des intellectuels et les disparitions des opposants qui a entraîné la fermeture de certains journaux, et il affirme que c'est la violation des normes religieuses et des Saintes Écritures islamiques qui a heurté la sensibilité de certains Iraniens. Quand il sert le régime, l'islam a le dos large.

Ainsi, l'extraordinaire liberté d'expression qui s'était développée au lendemain de l'élection de Mohammad Khatami est en train de se rétrécir, sept ans plus tard, comme la proverbiale peau de chagrin. Accusations fantaisistes, intimidations, passages à tabac, meurtres «exemplaires»: tous les moyens sont devenus bons pour museler ceux qui parlent trop. Et pour ne pas laisser planer la moindre ambiguïté, le Guide suprême lui-même, Ali Khamenei, a lancé l'offensive en accusant la presse réformatrice d'être une «base de l'ennemi en Iran».

Ainsi, en quelques années, l'Iran a presque rejoint la Turquie au palmarès de la répression de la liberté de presse au Moyen-Orient, tout en demeurant loin derrière la Chine et Cuba pour ce qui est du nombre de journalistes emprisonnés[1]. La prison d'Évine était presque devenue la salle de rédaction

---

1. Committee to Protect Journalists, *Attacks on the Press,* New York, March, 2004. Selon le rapport de cet organisme basé à New York, deux journalistes ont été tués en Iran en 2003, et trois se trouvaient en prison, comparé à la Turquie, où cinq restaient toujours derrière les barreaux. Le pays le plus dangereux pour le métier de journaliste, à l'exception de l'Irak, où 13 journalistes furent tués, fut les Philippines, avec au moins cinq journalistes tués, suivi de près par la Colombie.

la plus prestigieuse du pays. De grandes plumes y ont croupi : Akbar Gandji, « coupable » d'avoir décrit les mécanismes qui ont permis à un petit groupe de dirigeants d'asseoir leur pouvoir de vie et de mort ; Abbas Abdi, ancien dirigeant des étudiants lors de l'occupation de l'ambassade américaine, « coupable » d'avoir réalisé un sondage qui révélait que plus de 75 % des Iraniens souhaitaient la reprise de relations avec les États-Unis.

La mort — suspecte — d'une photojournaliste canado-iranienne en 2003 est venue s'ajouter à la liste déjà trop longue de meurtres, de séquestrations, de condamnations, de disparitions et de tortures d'intellectuels et de journalistes. Âgée de 54 ans, Zahra Kazemi a été arrêtée le 23 juin par des membres des Services de renseignement des Pasdarans — les Gardiens de la révolution — devant la prison où se déroulait une manifestation pacifique organisée par des familles et des proches des détenus. Accusée d'espionnage, elle est incarcérée, torturée, probablement violée, certainement battue. Elle est déclarée morte le 11 juillet des suites de plusieurs fractures du crâne causées par des coups violents. Certains reconnaissent la main du procureur de Téhéran, M. Saïd Mortazavi, autrefois magistrat et responsable de la condamnation de nombreux journalistes. Et d'ailleurs, on sait que M. Mortazavi a « assisté » à l'interrogatoire de Kazemi.

Quel fut le crime de Kazemi ? Elle était munie d'une carte de presse émise par le Bureau des médias du ministère de la Culture, dont le responsable a été publiquement pris à partie par le procureur pour avoir défendu la journaliste. Même si elle faisait des photos dans un lieu où il est interdit de photographier, Madame Kazemi ne représentait pas une menace ; elle ne divulguait aucun secret d'État. Il n'y avait là que des Iraniens qui dénonçaient l'abus de pouvoir et exigeaient le respect des droits humains. Rien qui ne mérite la mort sans jugement et sans appel.

L'enquête promise par les autorités est toutefois remise de mois en mois, malgré les demandes insistantes du Canada pour que l'affaire soit instruite en plein jour. Quant aux pressions exercées par le fils de Kazemi pour rapatrier la dépouille de sa mère qui résidait à Montréal, elles sont restées lettre morte. Ses obsèques ont été organisées à la hâte et elle a été enterrée à Chiraz, où vit encore sa mère. Tout porte à croire que l'enquête n'aura jamais lieu.

En Iran, le régime tente de ramener la mort de Kazemi au niveau d'un fait divers, assimilable à un incident malheureux, à une bavure policière due à un excès de zèle comme il s'en produit à Montréal ou à Vancouver.

Pour le régime en place, il est clair que la mort de Zahra Kazemi n'est qu'un accident; au pire, elle est le fait de ces fameux «agents-voyous» ou éléments incontrôlés que l'on évoque régulièrement pour justifier les crimes commis contre ceux et celles qui entravent les desseins, ou tout simplement la volonté, du pouvoir.

Bavure policière ou «agents-voyous», les deux hypothèses sont dans la logique du système iranien. Du fait de son pouvoir quasi absolu, le régime a présidé à la création, en son sein, d'une culture d'impunité. Les exécuteurs des basses œuvres que l'on maquille en accidents sont toujours les mêmes. Ce sont des pauvres types facilement convaincus qu'ils agissent pour la bonne cause. Ils sont en fait chargés d'exécuter des décisions prises ailleurs, d'appliquer des ordonnances religieuses — ou *fatwa* — clandestines. En somme, ils servent de fiers-à-bras pour un régime qui laisse parfois voir, derrière le rideau de l'ombre, ses véritables contours, son vrai visage. Si ce visage est obscurci pour le moment dans le meurtre de Zahra Kazemi, il a été manifeste dans le cas de l'attentat qui a failli coûter la vie à Saïd Hadjarian — et qui a conduit assurément à la décapitation du Mouvement de la Réforme.

Un homme à abattre

SAÏD HADJARIAN se dresse dans son fauteuil roulant, les bras appuyés sur les accoudoirs, la tête immobilisée par une minerve. Derrière lui, un appareil de réadaptation motrice sophistiqué occupe la plus grande partie de son bureau transformé en salle de rééducation. Un peu à l'écart, derrière une demi-cloison, il y a un lit d'hôpital. Des néons jettent une lumière glaciale dans la pièce. Près du fauteuil, le physiothérapeute, avec une infinie patience, accompagne chacun de ses mouvements, comme on assiste un enfant dans ses premiers pas, encourageant du regard celui pour lequel chaque geste est un recommencement.

Saïd Hadjarian esquisse un redressement dans son fauteuil et, d'une voix affaiblie mais chaleureuse, il nous souhaite la bienvenue. Son débit est lent. Très lent. Chaque mot est un effort, une conquête sur le silence. Il s'excuse de ne pas pouvoir nous accueillir comme il aurait souhaité. Même grièvement blessé, miraculeusement rescapé de la mort, sa sensibilité aux règles de la politesse, à ce que les Iraniens appellent le *taarof,* ne le quitte pas. Ses mains sont agitées de mouvements saccadés comme si ses doigts à moitié paralysés tentaient de saisir dans un ultime effort un objet invisible qui ne cesse de lui échapper. Tassé sur son fauteuil, Hadjarian exprime, derrière ses lunettes, dans l'extrême mobilité de ses yeux, une vitalité aucunement entamée par l'inertie de son corps. Comme si la balle qui lui était destinée n'avait pas réussi à détruire la formidable combativité du colosse qu'il était.

Qui a voulu tuer Saïd Hadjarian? Le rescapé, le *miraculé* comme la presse l'a qualifié au lendemain de l'attentat, est celui que l'on considère en Iran comme l'architecte de l'élection de Mohammad Khatami à la présidence en 1997, et comme le grand stratège de la victoire éclatante de la coalition des Réformateurs aux élections législatives de février 2000. Il est à l'origine d'un questionnement politique et d'une nouvelle conception des rapports entre l'État et le citoyen qui semblaient inimaginables jusqu'alors dans le régime de la République islamique.

Un homme à abattre? Sûrement.

Car Saïd Hadjarian a commis l'impardonnable, plusieurs fois.

Il vient de loin. Son parcours est à la fois inattendu et typique de l'islamiste radical, disciple de l'ayatollah Khomeyni, qui, après la Révolution, grimpe rapidement dans l'échelle du pouvoir: fondateur des Gardiens de la Révolution, il met au point les Services de renseignement, puis occupe quelque temps le poste de vice-ministre de l'Information.

Ensuite, il s'inscrit au cours classique du *fiqh*, la jurisprudence traditionnelle islamique dans l'interprétation des doctes chiites et il va rompre avec le pouvoir conservateur. Du jour au lendemain, il deviendra le ténor et le stratège de l'ouverture sociale et politique de la société iranienne, le « cerveau » du Mouvement de la réforme. On peut imaginer aisément que l'itinéraire politique de Saïd Hadjarian va susciter la méfiance, et le désir de vengeance, chez les partisans de la ligne dure qui dirigent en coulisse les destinées du pays. Le 12 mars 2000, il va payer le prix.

Ce jour-là, Saïd Hadjarian se rendait à l'hôtel de ville de Téhéran. Il n'avait pas remarqué la moto qui suivait sa voiture et s'arrêtera à quelques pas de lui. Il ne se méfiera pas du jeune homme qui lui tend une lettre sur le trottoir. Sous la lettre, il y a un revolver muni d'un silencieux. Les agents de sécurité en uniforme devant l'entrée n'ont rien vu, rien entendu. La balle a été tirée à bout portant. Elle a frôlé son cerveau, pour se loger dans la nuque, près de l'épine dorsale.

Quelques jours après, la télévision a montré l'assassin: un dénommé Saïd Asghar. Mais, en réalité, ce n'est pas cette sorte de petit voyou de service qui a voulu descendre Saïd Hadjarian. Personne n'est dupe. Asghar a commis l'attentat, soit, mais quelqu'un lui a donné l'ordre. Et cet ordre venait de haut. Plusieurs éléments le prouvent: Asghar s'est servi de son revolver de service et d'une puissante moto. Or, en Iran, l'usage des grosses cylindrées est réservé exclusivement aux policiers et aux forces de sécurité et du renseignement. De plus, Asghar, très sûr de lui, a même précisé lors de son procès que s'il avait voulu tuer Hadjarian, il l'aurait fait. Ceci n'était qu'une mise en garde, un avertissement.

Asghar n'a été qu'un homme de main, un exécutant, au sens propre comme au sens figuré. Car il ne pouvait prendre une telle décision de son propre chef. Ici, tout le monde sait cela : une telle commande ne peut venir que « d'en haut », elle doit être encadrée par une *fatwa* qui seule permet de supprimer la vie ou de blesser grièvement quelqu'un que l'on considère désormais comme hors du champ de la foi. Pour cela, il fallait que Saïd Hadjarian cesse d'exister en tant que membre de la communauté des croyants.

Qu'avait-il fait pour mériter cela ? Pour répondre à cette question, il faut d'abord se remémorer ce que l'on disait dans cette ville, où la rumeur court plus vite que l'information vérifiable, et aussi ce que l'on n'osait presque pas dire dans la crainte, tout à fait justifiée, des conséquences possibles. Devant nous, dans son fauteuil roulant, Saïd Hadjarian était la preuve la plus éloquente des conséquences des paroles et des actes qui menacent le régime.

L'attentat faisait partie des actions violentes planifiées pour réprimer toute forme d'opposition. La rumeur a vite établi un lien avec une série de meurtres perpétrés, quelques années plus tôt, pour créer un état de terreur. En novembre 1998, cinq intellectuels dissidents, membres d'un petit parti politique laïque illégal, mais toléré par le régime islamique, sont égorgés à leurs domiciles, à Téhéran. La découverte de leurs cadavres mutilés a déclenché une onde de choc non seulement parmi la classe politique, mais parmi l'ensemble des citoyens.

L'enquête ordonnée par le président Khatami a révélé que ces meurtres avaient été commis par des « éléments incontrôlés » appartenant aux Services de renseignement. Arrêtés, ils ont été aussitôt condamnés à des peines de prison dérisoires. L'opinion publique n'était pas dupe, d'autant moins que, peu après, les condamnés étaient tous relâchés, sauf un : un dénommé Saïd Eslami (connu aussi sous le nom de Saïd Emami). Ce dernier allait finir sa vie sur le carreau des douches de la prison où il était détenu : mort, après avoir ingurgité un produit épilatoire. Les autorités concluaient rapidement au suicide. Rien de vraiment surprenant. Mais là encore, l'opinion publique ne fut pas dupe.

Saïd Eslami était un cadre important des Services de renseignement, une personnalité un peu illuminée. Il avait été filmé au cours d'une assemblée politique dans la ville de Hamédan où il se vantait de la punition qu'il allait infliger à « ces maudits mécréants » qui osaient défier le dogme incontournable de l'État, dogme sacré dans un état religieux. Il se proposait de les supprimer et ne s'en cachait pas. Au contraire, c'était son devoir et c'était sa fierté.

La révélation de ces faits par le quotidien *Salam*, pendant longtemps le seul organe de résistance à la mainmise totale du régime sur l'information, a eu l'effet d'une bombe auprès du public. Bien sûr, les Iraniens depuis longtemps font très bien la part des choses ; ils savent en particulier que, pour s'approcher de la vérité, il est préférable de faire une lecture inversée des médias officiels. Mais cette fois-ci, *Salam* osait dire la vérité en face, il l'écrivait en pleine page, avec des détails et des preuves à l'appui. Surtout, il citait des noms et des réseaux. On n'avait jamais vu ça depuis la consolidation du pouvoir religieux en 1982. Cette affirmation de l'indépendance de la presse à l'égard du régime répondait au profond désir d'une opinion publique qui n'osait plus y croire. Elle répondait aussi à la stratégie d'ouverture que préconisait Saïd Hadjarian.

On connaît la suite : en juillet 1999, *Salam* fut frappé d'interdit de publication puis fermé, et son directeur, l'ayatollah Mousavi Khoeyniha, traîné devant le tribunal spécial du clergé. La réaction populaire ne s'est pas fait attendre. Le lendemain de la fermeture, les étudiants sont descendus par milliers dans la rue pour protester. Le pouvoir a réagi à sa manière en utilisant des casseurs en civil, membres des milices ultra-intégristes de l'*Ansar-é Hezbollah* (les Compagnons du Parti de Dieu). Ils ont attaqué les étudiants, envahissant et saccageant leurs dortoirs. Bilan : un mort et des dizaines de blessés.

Pendant une semaine, les citoyens ont assisté, et parfois participé, à des batailles rangées entre forces de l'ordre et manifestants. Seule une manifestation monstre organisée par le régime a pu mettre fin à l'agitation. Jamais, en 20 ans, la République islamique n'avait autant été ébranlée dans ses fondements.

Saïd Hadjarian savait que la presse possédait une puissance essentielle pour mener la bataille de la réforme et de la démocratisation de la société. Elle devait être son allié principal. C'est alors qu'il décide de prendre les choses en main et de s'engager dans le combat de la liberté d'expression. Il devient l'éditeur d'un quotidien contestataire et va convaincre Akbar Gandji, journaliste renommé et éditorialiste redoutable, de se joindre au combat. Ils créent ensemble *Sobh-é Emrouz* (Ce matin) qui poursuit le combat de *Salam*.

Gandji signe alors une série de textes aussi percutants qu'impitoyables envers le régime. Il rouvre le dossier des meurtres en série de 1998 et va remonter la filière jusqu'à leurs instigateurs. Cela le conduit bien au-delà de Saïd Eslami/Emami, l'enflammé de Hamédan. Gandji ose alors dévoiler le nom de celui qui aurait donné l'ordre d'exécution : M. Ali Fallahian, qui est nul autre que le ministre de l'Information, qu'il décrit comme l'« éminence grise » du régime.

Akbar Gandji va plus loin. Il démontre que derrière M. Fallahian se cache celui qu'il nomme l'« éminence rouge » (rouge sang, cela s'entend), l'ancien président de la République islamique et l'homme fort du régime, Ali Akbar Hachemi Rafsandjani. Cette information ultime sur les dessous de ces meurtres sordides lui aurait été fournie par Saïd Hadjarian. L'ancien chef des Services de renseignement, ex-ministre de l'information, savait de quoi il parlait.

Aux yeux des dirigeants du régime, Saïd Hadjarian avait signé son arrêt de mort. Celui qui avait été autrefois leur homme de confiance était devenu un ennemi dangereux, un homme à abattre.

« Ceux qui m'ont tiré dessus sont en quelque sorte des victimes de la déception, des pauvres types manipulés. Les véritables auteurs de l'attentat, eux, voulaient terroriser le Mouvement de la Réforme. Je ne peux pas les nommer, mais si vous lisez leurs journaux, vous comprendrez qui ils sont. »

Ce matin-là, pur hasard peut-être, les manchettes de la presse iranienne avaient repris les déclarations de l'ayatollah Qazzali. Celui-ci, un des durs du régime, affirmait que si la religion est en danger, les fidèles se doivent d'être prêts à mourir, ou bien à tuer pour la défendre. Une telle déclaration constitue, dans un Iran où l'emprise du clergé sur les rouages du régime en matière de renseignement frôle l'absolu, un appel à peine voilé au meurtre. Un appel que le Guide suprême lui-même, M. Ali Khamenei, n'a pas désavoué par ailleurs.

Plus tard, nous apprendrons qu'un an avant l'attentat, Saïd Hadjarian, lors d'une conférence, avait accusé l'ayatollah Mohammad Mesbah-Yazdi, surnommé *temsah* (« crocodile », en farsi), de faire la promotion de la violence et de l'anarchie en affirmant que les musulmans n'avaient pas besoin d'autorisation pour supprimer des « apostats ». Le lendemain de l'attentat, plusieurs journaux réformateurs ont repris le texte de cette conférence.

Ont-ils voulu vous frapper, demandons-nous, parce que vous possédiez des renseignements compromettants à leur égard? Ou parce qu'ils voyaient en vous le stratège d'un mouvement qui constitue une menace pour eux?

« Je ne suis pas le seul stratège, ni le seul théoricien de ce mouvement. Ils ont voulu me tuer à cause de mes idées. Ce n'est pas pour quelques informations qu'ils m'ont frappé non plus. Je n'en possède pas. Ne me prenez pas pour une vedette de cinéma. J'étais très actif dans le Front islamique de participation. Voilà, c'est tout. »

Si la vie de Saïd Hadjarian n'est pas celle d'une vedette de cinéma, elle est à coup sûr celle d'un homme engagé dont le parcours ressemble à s'y méprendre à celui de toute une génération de jeunes révolutionnaires. Celle formée à l'école d'Ali Chariati, philosophe et idéologue religieux qui, par la force de sa présence, avait fait prendre conscience à la jeunesse iranienne d'une interprétation de l'islam qui tranchait avec celle, aride, docte et poussiéreuse, des mollahs traditionnels. C'est aussi la génération de la prise de l'ambassade américaine en 1979.

À ce moment-là, devant les murs de l'ambassade, d'immenses manifestations populaires à l'appui des occupants défilaient jour et nuit. Les universités allaient fermer leurs portes, emportées par une « révolution culturelle » chargée d'expurger de l'enseignement le modèle occidental pour le remplacer par des cours conformes aux principes de la religion. En même temps, les occupants « suivant la ligne de l'imam » organisaient intra-muros leurs propres cours et invitaient des conférenciers de leur choix.

L'un d'entre eux se nommait Saïd Hadjarian. C'était un étudiant qui ne faisait pas partie de ceux qui séquestraient le personnel diplomatique américain.

Massoumeh Ebtekar le décrit dans son récit de la prise de l'ambassade: « Même en tant qu'étudiant, Hadjarian avait développé une capacité hors pair d'analyse et de prédiction du cours des événements. Ses conférences étaient extrêmement populaires, et constituaient l'un des sommets de notre programme improvisé d'études[1]. »

Si la prise de l'ambassade n'a pas servi de tremplin à Hadjarian, sa présence auprès des étudiants a consolidé sa réputation d'analyste. Peu après,

---

1. Massoumeh Ebtekar as told to Fred A. Reed, *Takeover in Tehran: The Inside Story of the 1979 U.S. Embassy Capture*, Vancouver, Talonbooks, 2000, p. 205.

on le retrouve dans ce qui allait devenir les Services de renseignement du nouveau régime et qu'il va contribuer largement à organiser. La mission était claire. Il fallait mettre sur pied une organisation efficace capable de protéger le régime islamique naissant de ses ennemis intérieurs et extérieurs, en les traquant impitoyablement. Tout un programme dont on imagine aisément que les effets ne furent pas toujours tendres. On était en pleine guerre civile et les interrogatoires étaient souvent musclés; M. Hadjarian pouvait-il se douter que ces Services de renseignement, auxquels il contribuait, allaient aussi fabriquer des assassins qui se tourneraient contre lui deux décennies plus tard?

Hadjarian s'acquitte parfaitement de sa tâche, son acuité et sa compétence sont reconnues. Son avenir semble tracé dans le régime et il est remarqué par l'entourage d'Ali Akbar Hachemi Rafsandjani, l'homme autour duquel la structure occulte du régime prend corps. Élu à la présidence en 1989, M. Rafsandjani promet aux Iraniens de reconstruire un pays dévasté par huit ans de guerre contre l'Irak.

Épuisée, la population iranienne lui fait confiance, tout en soupçonnant qu'il était responsable de la prolongation désastreuse de la guerre en Irak, une guerre qui lui a permis de s'enrichir et d'enrichir ses amis politiques. Saïd Hadjarian est nommé dans un Centre de recherche rattaché directement au cabinet politique du président. Parmi ses collègues se trouvaient Abbas Abdi, Mousavi Khoeyniha et Mohsen Kadivar, brillant jeune clerc du séminaire de Qom, qui deviendra son ami intime. C'est dans la proximité du pouvoir que la déception d'Hadjarian va s'installer et se développer.

« Dans ce Centre de recherche, j'ai élaboré un projet de réforme que M. Rafsandjani n'a pas accepté. J'en étais venu à la conclusion que toute réforme économique serait vouée à l'échec si elle n'était pas accompagnée de réformes sociales et politiques. Nous ne pouvions pas administrer le pays à la faveur d'une "dictature éclairée". J'ai exprimé mon opposition à propos de telles méthodes. Peut-être ce modèle bureaucratique et autoritaire pouvait-il fonctionner en Amérique latine ou en Chine, mais ici, il ne ferait que reproduire la dictature du chah. Depuis plus de 100 ans, les Iraniens cherchent la liberté politique. Les gens veulent participer à la gestion et à l'administration de leurs affaires. On ne peut plus gouverner l'Iran avec des méthodes dictatoriales. »

En constatant la volonté de l'ancien président de renouer avec un passé rejeté par les Iraniens, M. Hadjarian propose son plan à M. Khatami, ancien ministre de la culture qui venait, sous la pression de ses amis, d'accepter de se porter candidat à la présidence. Le futur chef du gouvernement adopte aussitôt la proposition.

« C'est alors que j'ai élaboré un plan de réformes politiques. »

En matière de ruptures brutales, presque totales, on pouvait difficilement trouver mieux. Hadjarian venait du cœur du régime. Il avait intégré les mécanismes même de l'État, il avait frayé avec les fossoyeurs des aspirations des Iraniens, il s'était plongé dans l'étude de la jurisprudence religieuse, il avait constaté l'échec de ses efforts d'influer de l'intérieur sur le cours des événements, il avait compris qu'une dictature en avait remplacé une autre.

« Nous n'avons pas pu éliminer une culture politique qui puise ses origines dans nos 2500 ans d'histoire de despotisme absolu. Impossible de tout changer du jour au lendemain. C'est très évident que nous devons faire face à des clivages entre la modernité et la tradition. Mais si nous voulons lutter efficacement contre le chômage et l'instabilité, la réforme politique demeure la seule voie possible. Le développement durable que nous souhaitons pour notre pays n'est pas compatible avec un climat de répression. »

Nous l'avons quitté sur une déclaration qui semblait relever plutôt du discours politique. L'homme a été durement frappé par l'attentat, il en est ressorti définitivement handicapé et fragilisé, mais il y a au fond de lui un désir de lutte et un désir de vivre qui vont bien au-delà de la blessure infligée à sa personne. Car il est bien conscient qu'à travers lui, c'est le Mouvement de la Réforme que son assassin visait. L'attentat visait à détruire l'espoir, à faire taire l'opposition, et, ultimement, à rappeler qu'une balle dans la nuque attendait quiconque remettait le régime en question.

Un an plus tard, en avril 2001, nous rendons une autre visite à Saïd Hadjarian. Il nous accueille debout, en appui sur un « déambulateur », soutenu de chaque côté par son thérapeute et son chauffeur. Son large sourire pourrait nous faire penser un instant que ce petit progrès correspond à celui du mouvement réformateur dont il est devenu la métaphore depuis l'attentat. Mais nous constatons vite que les progrès physiques de Monsieur Hadjarian sont encore bien faibles et que, pendant ce temps, le gouvernement réformateur fait plutôt du surplace.

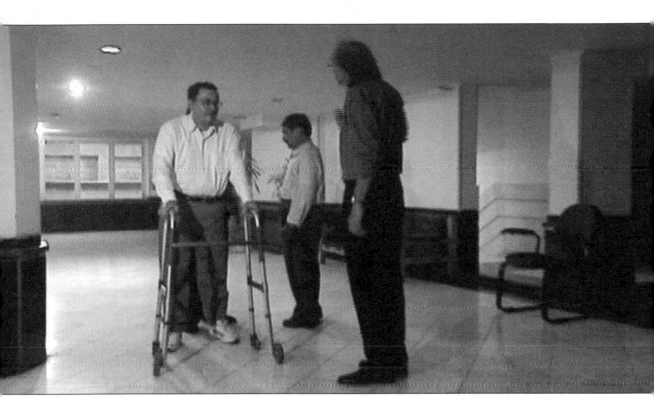

Compte tenu de la lucidité ironique d'Hadjarian, son sourire pourrait effectivement traduire la même pensée. Nous en restons là. Notre conversation va porter sur le «dialogue des civilisations et des cultures», thème majeur de la politique étrangère du président Khatami.

«La tolérance sous-tend la nature même du dialogue. Si vous avez vos mains dans vos poches et que, soudain, vous tuez quelqu'un avec le revolver que vous y aviez caché, c'est là où s'arrête le dialogue. Prenons l'exemple de l'argument de Samuel Huntington, dans son livre *Le choc des civilisations*, où il analyse le conflit entre les civilisations. Selon lui, chaque civilisation a des extrémités ensanglantées; il existe, je crois, huit ou neuf civilisations qui sont dotées de telles extrémités. Entre elles, il y a des conflits, et quand éclatent les conflits, aucun dialogue n'est possible.»

D'accord. L'initiative de M. Khatami pourra peut-être calmer le jeu américain autour de l'Iran et permettre au pays de respirer un peu mieux, tout en reconstituant les liens autrefois tendus avec ses voisins. Mais n'y a-t-il pas aussi, avant tout, un grand besoin de dialogue entre Iraniens?

« Dans notre pays, il y a un dialogue. Mais il y a aussi des gens qui voudraient privilégier la violence au lieu de la tolérance ; sans tolérance, il n'y a pas de dialogue qui vaille !

« En Iran, il existe beaucoup de fissures entre les groupes sociaux, entre les diverses ethnies, entre la nation et le gouvernement. Pour préserver notre unité, nous devons encourager et faire la promotion de la culture du dialogue entre nous. L'Iran est le propriétaire d'une civilisation, celle de la Perse qui a vécu avec d'autres civilisations. En ce sens, nous devons recréer ce dialogue entre la civilisation iranienne et les autres civilisations.

« Dès le début de mon rétablissement, mon souci principal était justement de trouver la meilleure façon de renforcer la culture de tolérance entre notre pays et les autres, dans nos rapports internationaux. »

L'homme figé sur sa chaise s'anime soudain, mu par une espèce de feu intérieur. Impossible de l'arrêter, même si son physiothérapeute nous a avertis qu'il risque de s'épuiser rapidement.

« Regardez. Je suis moi-même victime de la violence. Après l'attentat, tout l'Iran, jusque dans les régions les plus reculées, s'est mis à prier pour le rétablissement de ma santé. Et cette réaction forte laissait entendre que les gens ne voulaient pas de violence. Des représentants de toutes les tendances, malgré leurs différends politiques, sont venus me voir à l'hôpital.

« Cela montre que notre peuple réagit très sérieusement à la violence et qu'il ne la cherche pas par nature. Prenez la Révolution elle-même. Si vous comparez la Révolution islamique avec d'autres révolutions, il n'y a pas eu trop de violence. Plusieurs petits groupes de guérilleros voulaient l'employer, mais le Guide de la Révolution, l'ayatollah Khomeyni, appelait à la patience. Il les encourageait à ne pas utiliser leurs armes et à mettre plutôt des fleurs au bout des fusils.

« La nouvelle classe moyenne dans notre pays perçoit qu'elle a tout à perdre par la violence. La négociation fait désormais partie du dialogue. Tout cela pour dire que nous devons créer notre propre modèle. Mais tout en nous inspirant de l'expérience des autres, il nous faut trouver aussi notre propre chemin. »

En prenant congé de nous ce soir-là, Saïd Hadjarian, au bord de l'épuisement, nous dit en articulant lentement, comme si chaque mot était une fin en soi :

« Maintenant, j'ai une deuxième vie et je veux la consacrer à la démocratie, au dialogue et au renforcement de la société civile. C'est Dieu qui m'a donné cette autre vie. »

Silence. Il nous regarde en souriant, puis, péniblement, se met debout, s'appuie sur le coude de son physiothérapeute et très lentement, il fait quelques pas avant de s'arrêter, haletant :

« J'espère que la prochaine fois que vous viendrez, je pourrai vous recevoir debout. Autrefois, les philosophes ne dialoguaient-ils pas en marchant ensemble ? »

Impossible de rester indifférents devant cette force de la nature, ce chêne qui ne veut pas tomber et qui s'est transformé en symbole de lutte et de résistance, malgré lui. Étonnante figure, étonnant parcours d'un révolutionnaire qui a dû faire face au dilemme classique d'une révolution : préserver les acquis au prix de la répression féroce de toute forme de critique et de contestation ou tenir compte du mouvement de l'histoire, de l'évolution des mentalités en adaptant le modèle aux nouvelles réalités. Hadjarian a vécu au plus sombre du régime avant de le dénoncer, puis d'en être la victime, sinon le martyr.

Deux ans se sont écoulés depuis cette conversation. Coïncidence ou fatalité, le Mouvement de la Réforme ne parvient toujours pas à s'affirmer face à une caste dirigeante bien structurée et beaucoup plus cohérente dans la défense de ses privilèges que les Réformateurs ne le sont dans la promotion de leur propre programme.

En plus, le président Khatami, malgré son intégrité personnelle — ou peut-être à cause d'elle — s'est révélé médiocre politicien, incapable de mener à bien son ambitieux projet d'ouverture sur les forces vives de la société. L'emprise et l'entêtement de la caste cléricale se sont avérés beaucoup plus puissants que l'on ne pouvait l'imaginer. Solidement installés aux postes de commandement par leur mainmise sur le processus révolutionnaire, manipulant finement le discours religieux, les mollahs et leurs alliés n'entendent pas abandonner la partie facilement.

L'invasion américaine de l'Irak a refroidi les ardeurs d'une certaine jeunesse qui attendait une intervention étrangère pour régler leur compte aux clercs et autres ayatollahs. En même temps, cette menace armée à la frontière offre à la « mollacratie » un argument de poids pour s'accrocher au pouvoir.

Après l'arrivée de Mahmoud Ahmadinejad à la mairie en 2003, Saïd Hadjarian a perdu ses appuis au sein de l'administration municipale. Le désarroi est grand chez les Réformateurs. Même s'il faut se méfier des métaphores, on ne peut pas s'empêcher de penser que la balle qui a atteint Saïd Hadjarian à la tête vient de toucher le Mouvement de la Réforme qu'il a contribué si puissamment à fonder.

La ligne dure

LA PRESSE RÉFORMATRICE fait une entrée en force dans la société iranienne au lendemain de l'élection surprise de Mohammad Khatami le 2 mai 1997. Des dizaines de nouveaux titres, quotidiens, magazines et revues spécialisées apparaissent dans les kiosques.

Financés avec les moyens du bord, installés dans des bureaux exigus ou dans des appartements privés, ces nouveaux médias prennent d'assaut une ville qui faisait circuler la contre-information essentiellement à travers le « téléphone iranien », une espèce de lecture à rebours des médias officiels mêlée de rumeurs incontrôlables. Les gens s'arrachent alors des journaux comme *Djama'eh* (*Société*) ou bien *Sobh-é Emrouz* (*Ce Matin*), qui pour la première fois en Iran n'épargnent personne. Les dossiers sont le travail de journalistes rigoureux et audacieux comme Akbar Gandji et provoquent de véritables ondes de choc dans une société jusqu'alors soumise à l'information contrôlée du régime.

La devise du Mouvement de la Réforme, sous l'influence de Saïd Hadjarian, devient: *Un citoyen libre est un citoyen bien informé*. Pendant les deux années qui vont suivre l'élection présidentielle, le milieu journalistique connaît une effervescence constante; il devient le véritable ferment et le moteur de la Réforme. Les nouveaux quotidiens affrontent le régime sur le terrain de la propagande, divulguent les dessous des affaires politiques les plus scabreuses, dénoncent les meurtres, les emprisonnements, les exactions, les tortures. On n'avait jamais vu cela depuis la Révolution. Des journalistes comme Machallah Chamsolvaezine, l'une des plus brillantes plumes de l'Iran, sont alors de toutes les tribunes, exigeant encore plus d'ouverture et lançant de cinglants défis au pouvoir. À un point tel que, chez les Réformateurs mêmes, des consignes de prudence sont lancées aux plus audacieux des tribuns : attention, nous allons trop vite. Le public nous aime bien, mais il ne va pas nécessairement nous suivre. Et le régime profitera de la situation pour imposer une répression dure.

La fermeture de *Salam*, décrétée par les autorités, marquera la fin de la période d'euphorie et le début des affrontements avec le noyau dur du pouvoir conservateur. La divulgation du «commanditaire» des meurtres par *Salam* était beaucoup plus que le régime ne pouvait tolérer. Le péché était capital. Le pouvoir pouvait accepter à la limite la dénonciation de la corruption, des magouilles, des trafics d'influence qui sont le lot de tout régime, mais il ne pouvait pas accepter qu'on l'attaque en plein cœur.

Pour enrayer ces débordements, le projet d'une nouvelle loi sur la presse est déposé au Parlement. La proposition est draconienne. Si elle est acceptée, elle va doter le pouvoir judiciaire de moyens puissants pour faire régner efficacement le silence. À la veille du dépôt de la loi, *Salam* revient à la charge. En conférence de presse, le journaliste Abbas Abdi brandit une copie de travail du projet rédigé de la main de M. Emami/Eslami, nul autre que l'auteur des meurtres en série des intellectuels.

Le lendemain, *Salam* est interdit de publication.

Mais la fermeture de *Salam* était une bombe qui allait exploser dans les mains du pouvoir. En faisant la démonstration éclatante que le régime pouvait museler un journal qui osait affirmer que des tueurs non seulement avaient droit de cité, mais qu'ils rédigeaient même des lois à leur avantage, c'est le pays tout entier qui se trouvait devant la vérité.

L'effet *Salam* s'est fait sentir immédiatement. Très vite, de nouveaux quotidiens réformateurs apparaissent, mais ils n'ont pas toujours la même rigueur, ni le même professionnalisme. La qualité journalistique est plus douteuse et leurs sources d'informations sont souvent plus proches de la rumeur que de l'enquête. Ils disparaissent rapidement et sont remplacés par d'autres qui n'ont pas le temps de s'établir avant de quitter les kiosques à leur tour. Les autorités font flèche de tout bois : tout ce qui critique, tout ce qui transgresse la ligne rouge de la censure, devenue plus que jamais mouvante, est condamné à la fermeture.

L'un des premiers gestes du nouveau Parlement réformateur, élu en 2000, sera de réviser la Loi sur la presse. Mais, quelques heures avant l'ouverture des débats, le président de la Chambre, Mehdi Karoubi, est saisi d'une directive émanant du Bureau du Guide. L'ordre est formel : pour le bien de la nation et de l'islam, il est préférable que le débat n'ait pas lieu et que l'on ne touche pas à cette loi. Au Madjlis, c'est le désarroi, et le silence.

Ainsi, la Chambre, malgré sa majorité réformatrice, se trouvait condamnée à l'inaction, quelles que soient sa détermination et sa bonne volonté. Son sort était scellé, le vrai pouvoir était ailleurs. L'intervention de M. Khamenei venait de signer l'arrêt de mort du Parlement en tant qu'institution souveraine exprimant la voix du peuple. Le Guide suprême rappelait qu'il représentait une autre institution, plus puissante.

Trois ans plus tard, quand le Conseil des gardiens, cet aréopage de doctes responsable de la conformité des lois avec les principes de l'islam, décida d'exclure un nombre important des candidatures des Réformateurs aux législatives de 2004, les jeux étaient déjà faits. Le Parlement n'était qu'une institution fantôme et muette, son désaveu était confirmé depuis l'échec de la révision de la Loi sur la presse. Sa faible combativité était clairement démontrée et le peuple savait qu'il n'avait plus rien à espérer de cet avatar d'institution démocratique réduite au silence par la volonté du Guide.

Le messager

LE CONTRASTE EST FRAPPANT. La presse réformatrice vit en nomade, sans domicile fixe et sans assurance du lendemain, tandis que la presse « officielle » est solidement établie, dans de vastes bâtiments qui datent du régime du chah et qui n'ont pas changé depuis l'installation du pouvoir islamique. Ainsi, le siège social du Groupe Kayhan occupe un grand quadrilatère dans le centre-sud de Téhéran, près de la place Imam Khomeyni. Le quotidien *Kayhan* a déjà été le fleuron de la presse iranienne et le vaisseau amiral du plus important groupe d'imprimés au Moyen-Orient. Aujourd'hui les choses ont changé. Les installations sont vétustes et montrent des signes de délabrement ; les recettes publicitaires sont en chute libre. Les lecteurs boudent un journal qui ne survit que sous la perfusion des fonds versés directement par le Bureau du Guide suprême.

À Téhéran, deux mondes journalistiques existent en parallèle. Le plus important est celui des quotidiens en langue persane, qui répond aux exigences du public et aux contraintes politiques du marché national. Partagé, grosso modo, entre les Réformateurs et les Conservateurs, il est très concurrentiel et sous la surveillance rapprochée du régime. À côté, il y a le réseau des quotidiens en anglais, beaucoup plus discret, mais présent dans tous les kiosques. C'est une presse destinée d'abord aux étrangers établis dans la capitale, en particulier au personnel des ambassades, aux hommes d'affaires, aux journalistes de passage et aux quelques rares touristes. Elle est aussi à la portée des Iraniens qui lisent l'anglais. Ils peuvent y trouver parfois des éditoriaux ou des nouvelles internationales, plus ouverts sur le monde et moins soumis au contrôle. Elle compte quatre journaux : *Iran Daily*, publié par l'agence de presse semi-officielle IRNA [1], *Iran Times*, subventionné par le ministre des Affaires étrangères, *Tehran Times*, émanation du Cabinet de l'ancien président Hachemi Rafsandjani, et *Kayhan International*, le doyen.

Kayhan International, pendant de longues années, a représenté une voix assez indépendante dans le paysage sombre du journalisme iranien. Entre 1985 et 1990, il était dirigé par Hussein Raghfar, un jeune journaliste féru d'économie. Bonne plume, il avait rassemblé autour de lui des collaborateurs tout aussi dynamiques. À cette époque, *Kayhan International* publiait des textes fouillés et des analyses approfondies sur la politique économique du gouvernement et sur la conjoncture internationale. Son faible tirage en limitait la portée et n'inquiétait pas outre mesure le pouvoir.

Sous la présidence d'Hachemi Rafsandjani, Raghfar a été remplacé par Hamid Nadjafi, un vétéran du monde du journalisme et surtout un fidèle du régime. Collaborateur de longue date chez *Kayhan*, Nadjafi s'est créé une réputation de satiriste en signant sous le pseudonyme de Jimmy les aventures quotidiennes d'un personnage fictif, Djamchid-le-Simplet, qui par son innocence proverbiale arrivait parfois à nommer l'innommable.

Mais avec l'entrée en scène du président Khatami et du mouvement réformateur, le développement inopiné d'une presse plus libre et plus critique a privé Nadjafi de cibles et provoqué un rééquilibrage des forces dans la presse écrite iranienne.

Le Groupe Kayhan est devenu ce qu'on peut appeler *la voix officielle* du Bureau du Guide suprême, qui exerce désormais un contrôle aussi bien idéologique qu'économique sur les publications. Hamid Nadjafi est encore le rédacteur en chef de *Kayhan International*. Il nous reçoit dans son petit bureau poussiéreux, encombré de papiers. Les hauts rayonnages alignent 24 années du quotidien sous des reliures vert olive. Les volumes du rayon supérieur ont été déformés par la pluie qui a traversé le plafond à plusieurs reprises.

M. Nadjafi fume beaucoup et les cloisons vitrées qui le séparent à peine de la salle de rédaction sont imprégnées d'une crasse grise qui les rend presque opaques. Là où on s'attendrait à un certain bruit, la grande salle de

---

1. IRNA : Islamic Republic News Agency, une agence de presse proche du courant réformateur.

rédaction est silencieuse. Aucune machine à écrire, aucun ordinateur. La mise en page de *Kayhan International* se fait sur support informatique, mais, faute de moyens, les journalistes écrivent leurs textes à la main et les remettent ainsi au rédacteur en chef.

Nous sommes fin janvier 2004. Le Conseil des gardiens, qui contrôle le processus électoral, vient de refuser presque la moitié des 8000 candidats réformateurs aux élections législatives. De fortes tensions agitent les membres de la classe politique. Ceux qui contestent la décision récusent également le rôle du Conseil des gardiens, tandis que le Guide exige le respect de la décision, tout en menaçant ceux qui osent remettre en question les principes fondateurs du régime islamique. Belle occasion pour demander à notre interlocuteur de nous donner son point de vue et de mesurer sa marge de manœuvre éditoriale à l'égard de la position ferme du Guide. Sa réponse est brève.

« Vous me permettrez de rester prudent sur ce point, et vous comprendrez pourquoi », dit-il, avec une pointe d'ironie.

Est-ce que votre « prudence » est la mesure de votre liberté éditoriale ?

« Personne ne me dicte le contenu de mes éditoriaux, mais parfois on va me demander de placer un article, de traduire un texte ; mais nous sommes libres de ne pas le faire et parfois nous ne le faisons pas. »

M. Nadjafi a l'art de l'esquive souriante, un sourire qui semble dire : comprenez-moi, je ne peux pas dire plus, mais je n'en pense pas moins. Il prend une attitude presque émouvante de victime obligée devant le poids de la réalité et de la conjoncture. Nous tentons une autre question.

En tant que journaliste de métier et chef de pupitre, comment jugez-vous la vague de fermetures des journaux depuis 1999 ?

« Dès que la Révolution islamique est parvenue à renverser l'ancien régime, les États-Unis et leurs alliés ont décidé de la tuer dans l'œuf, ou de la renverser au plus vite si elle parvenait malgré tout à s'installer. Ils ont échoué. C'est alors qu'ils ont voulu utiliser leur influence auprès de certains secteurs de la population, en achetant les consciences. Voilà pourquoi, tout soudainement, nous avons trouvé tant de journaux d'opposition.

« En tant que journaliste, avec presque 20 ans de métier, je sais combien il est difficile de publier un journal quotidien, surtout financièrement. Ces journaux que vous voyez pousser comme des champignons ne peuvent pas se financer d'eux-mêmes. D'où voulez-vous que sortent d'un coup 12 ou 16 journaux ?

« Évidemment, je ne fais que soulever la question. Vous savez, le renversement du régime Pahlavi a été un échec cuisant pour les États-Unis, et depuis, ils font tout pour revenir et rétablir leur hégémonie en Iran. Ce que nous voyons maintenant, c'est la continuation de cet effort sur le plan culturel. J'y vois un rapport avec la montée de la presse indépendante.

« Certains journalistes — Hadjarian, Abdi, Gandji — ont complètement renversé leurs positions. Je crois qu'ils étaient déçus de l'insuccès des gouvernements précédents, alors ils ont voulu un changement. »

En tant que vétéran du journalisme, vous ne ressentez pas d'indignation quand un collègue de grande valeur comme Akbar Gandji est en train de croupir en prison ?

« Oui, je la ressens. Mais, la manière dont les Services de renseignement étrangers — la CIA, l'Intelligence Service britannique — œuvrent, est si délicate, si subtile, que ces journalistes, comme Gandji, ne connaissent même pas les sources de financement de leurs journaux. Tout cela est fait très professionnellement. »

En évoquant des sources de financement « sales », vous ne répondez pas à notre question. Quel est donc le crime de Gandji ? Pourquoi est-il en prison [2] ?

« Son crime ? Il a ouvertement mis en cause les fondements sacrés du régime. Pourquoi Hicham Aqadjari est-il en prison, lui, un professeur d'université ? Parce que dans une assemblée de musulmans croyants, il a critiqué certains éléments touchant les bases mêmes de la croyance islamique. »

Il y a donc une limite à ne pas dépasser ? Où se situe-t-elle ?

« Vous ne pouvez pas semer des doutes dans l'esprit des jeunes gens sur le Saint Coran en tant que parole de Dieu, même de façon très subtile. Vous ne pouvez pas faire naître des doutes sur la vie du Prophète, ni sur la vie des imams. Aqadjari laissait entendre que si un tel imam existait, mais s'il n'est pas parmi nous, à quoi sert-il ? Je vous dis cela à titre d'exemple ; c'était son discours à Hamédan. »

---

2. Arrêté en 2000, Gandji a été condamné à six ans de prison pour « insulte contre les autorités et propagande contre le régime ». Il a été libéré le 17 mars 2006. Il reste sous haute surveillance.

Est-ce que la faute de Gandji n'aurait pas été, plutôt, de critiquer ouvertement l'ancien président Hachemi Rafsandjani ? À notre connaissance, il n'a pas mis en doute les fondements de la croyance islamique [3].

« Tout cela est politique. Gandji n'aurait pas dû affronter M. Rafsandjani, qui est parmi les personnalités politiques les plus influentes de nos jours. Par exemple, si une famille veut faire la fête, peu importe qui peut assumer les frais. Tout le monde veut partager. Si le chef de la famille est sage, il veillera à ce que tout le monde ait sa part et trouve sa juste place. Mais ceux qui sont exclus ne restent pas indifférents, au contraire, ils cherchent tous les moyens pour assumer un rôle plus actif. Ils ne rentrent pas tranquillement chez eux pour attendre leur tour. Pour comprendre les cas de Gandji, d'Abdi et des autres, il faut les examiner sous cet angle-là. »

On peut quand même comprendre leur frustration. Fallait-il pour cela qu'ils soient emprisonnés ou qu'on tente de les éliminer par la force ?

« Je pense qu'ils sont frustrés. Mais je ne pense pas que l'on doive les mettre à l'écart de cette façon-là. Les autorités ont commis une erreur. Elles n'auraient pas dû les expulser du groupe par la force. »

Ne trouvez-vous pas que c'est une façon bien peu démocratique d'intimider les Réformateurs, de leur recommander la prudence, sinon le silence ? Et quand on a le pouvoir de réprimer, on peut vite passer de la leçon à la menace, vous ne croyez pas ?

« Les supposés Réformateurs n'ont pas été mis de côté. Ils sont au Parlement depuis quatre ans. Mais ils n'ont pas été très fidèles envers leurs électeurs. Pendant la sécheresse, les agriculteurs avaient de graves difficultés avec leurs banques, mais les députés réformateurs n'en avaient que pour la bataille politique. Aucune aide pour les agriculteurs, rien pour alléger leur fardeau. Pendant que des gens sont en train de crever, vous avez des députés qui parlent de politique ! C'est de la foutaise. Et ils ont gaspillé quatre ans à ce jeu-là, en se fichant pas mal des besoins de leur électorat. »

Mais la Réforme, c'est aussi un projet politique qui suppose un débat démocratique que les Conservateurs ont radicalement refusé.

« La Réforme est un échec à cause de l'approche erronée des Réformateurs. Ils auraient dû consacrer tous leurs efforts à l'amélioration des conditions

---

3. En 2004, la Cour suprême de la République islamique a cassé la condamnation à mort de Monsieur Aqadjari prononcée par une cour inférieure à Hamédan.

de vie des masses. Ils n'ont rien fait. Que de la parlotte et des débats théoriques ! »

Quelles perspectives voyez-vous pour le Mouvement de la Réforme dans ce contexte-là ?

« La perspective des réformes fait partie de la société musulmane, elle est inscrite dans l'idéologie chiite ; c'est une donnée de notre tradition, de notre jurisprudence. Cette recherche permanente et dynamique caractérise la tradition chiite, à l'opposé de la tradition sunnite, qui n'a pas évolué depuis des centaines d'années.

« Par contre, je ne suis pas sûr de la sincérité de ces Réformateurs-là. C'est là que le bât blesse. »

La Réforme n'avait-elle pas raison de vouloir investir pleinement la société, quand celle-ci exprime démocratiquement sa volonté ?

« C'était trop tôt. Pendant plus de deux millénaires, cette société a été gouvernée par des rois et des empereurs. Avant que le chiisme ne s'installe, elle se trouvait sous la férule des califes qui n'avaient rien à cirer de la liberté d'expression. Mais la population savait que le calife n'avait aucune légitimité, et c'est pour cela qu'il faisait tout pour restreindre la liberté d'expression. Même chose sous le chah et sous les empereurs, la population n'avait pas droit de parole.

« Les Réformateurs ont agi trop vite. C'est une des raisons de leur échec. Selon l'idéologie chiite, la population a le droit de s'exprimer, de critiquer ceux qui la gouvernent. Si le souverain est injuste, on ne doit pas se taire. Nous croyons que le tyran ainsi que celui qui a permis au tyran de commettre l'injustice seront jugés dans l'au-delà. »

Il semble que, dans ce cas précis, la religion tient lieu de politique. Vous n'y voyez pas un danger pour l'islam ?

« Dans certains cas, peut-être. Mais les rédacteurs de la Constitution ont pris soin de prévenir une telle éventualité. C'est là que l'on comprend l'importance du rôle du Conseil des gardiens : il doit veiller à ce que la politique ne domine pas l'idéologie. Ce danger a existé, il existe aujourd'hui et existera encore demain. »

Les attentats, les meurtres, les emprisonnements, tout cela est-il fait au nom de la politique ou au nom de la religion ?

« Cela se fait au nom de la religion, et c'est un grand tort. Tenter d'assassiner Hadjarian au nom de la religion est injustifiable. Ceux qui l'ont frappé ont prétendu qu'il était devenu un apostat[4]. Mais alors surgit la question : qui êtes-vous pour décider si tel ou tel homme est devenu un apostat ? Êtes-vous des experts ou des canailles ? D'où tirez-vous votre autorité ? »

Vous savez bien que, dans une société islamique, pour que de telles actions soient exécutées, il faut que quelqu'un décide. On ne tue pas sans autorisation, il faut une *fatwa*. Qui décide ?

« Assurément, il y a quelqu'un qui décide, mais nous ne savons pas qui. Car les assassins dont nous parlons sont des voyous, des canailles. Ce comportement va à l'encontre de la religion. Ce n'est pas acceptable dans une société religieuse, sous un gouvernement islamique. Il faut arrêter cela immédiatement ; c'est nocif pour tout le système. »

La nature du pouvoir religieux nous échappe. Est-ce que la religion utilise le pouvoir politique pour asseoir sa domination sur la société ? Politiser la religion ne risque-t-il pas de la tuer, ou à tout le moins de la discréditer ?

« Vous voyez cela avec vos yeux d'Occidentaux. Dans l'islam, politique et religion ne font qu'un. Le Prophète est le messager de Dieu en même temps qu'il dirige la société. Ali est le successeur du Prophète et aussi un chef politique. Le Guide suprême aujourd'hui est à la fois le dirigeant et le suppléant du 12e imam, deux dans un. »

Étrange paradoxe. Le pouvoir du Guide, même s'il est absolu, est cependant circonscrit par la Constitution qui confie au Conseil des experts le mandat de le destituer en cas de manquement à ses devoirs. De cela, on pourrait conclure que son pouvoir émane moins de Dieu que de la volonté populaire exprimée indirectement par le Conseil des experts. Sommes-nous en face d'une structure de domination religieuse ou d'un système politique qui utiliserait la religion comme instrument de pouvoir ?

Question centrale qui reste sans réponse quand nous quittons M. Nadjafi. C'est la ligne rouge, celle qu'on ne peut pas franchir sans interroger radicalement le fondement et la légitimité du pouvoir du Guide.

Hamid Nadjafi le sait, celui qui va au-delà de la limite pénètre, à ses risques et périls, dans une zone d'accès interdit qui protège la véritable nature du pouvoir dans la République islamique d'Iran.

---

4. Apostat : celui qui renie sa foi.

Au cœur des ténèbres

Hamid Nadjafi n'est qu'un messager. Il faut remonter vers la source. Il le sait. Nous le savons. Il nous obtient un rendez-vous avec le grand patron du groupe de presse Kayhan dont la carte de visite se lit ainsi :

« Hosseyn Chariatmadari, représentant du Guide suprême, président du groupe de presse Kayhan. »

Voilà l'homme qu'il nous faut pour pénétrer, selon la belle expression d'un ami iranien [1], *au cœur des ténèbres* et éclairer notre lanterne. À défaut de rencontrer l'ayatollah Ali Khamenei, nous allons nous retrouver en face de son représentant, son porte-parole, la voix du Guide en différé. Le grand patron d'une presse chargée par le régime de limiter, sinon de museler, la voix du Mouvement de la réforme qui s'affirme dès 1997.

Aux grands maux, les grands remèdes. Pour limiter les effets de la réforme qui s'abat sur le pays, le pouvoir conservateur va faire flèche de tout bois, en utilisant la force tout en perfectionnement la machine idéologique. La reprise en main du groupe de presse Kayhan fait partie de cette stratégie. En 1998, le Guide suprême confie la direction du quotidien *Kayhan* à Hosseyn Chariatmadari, un des ténors de l'aile conservatrice du régime.

Sa feuille de route est impressionnante. Combattant de la première heure contre la monarchie, il a connu l'horreur des geôles du chah et les tortures les plus extrêmes. Artisan de la révolution, il est entièrement dévoué au

---

1. Un ami, mais aussi un grand lecteur de Joseph Conrad.

régime et prêt à le défendre jusqu'au bout, par tous les moyens. Le choix du Guide correspondait donc parfaitement aux nécessités de la conjoncture. M. Chariatmadari était l'homme de la situation qui allait une fois de plus prouver que les victimes de la barbarie peuvent devenir d'excellents bourreaux. En ce sens, on ne peut sous-estimer la puissance politique du régime ainsi que son intelligence et sa détermination à perdurer.

Dans son immense bureau au dernier étage du siège de l'« empire » Kayhan, il nous accueille avec une très grande courtoisie. Très volubile, habile et sûr de lui, il tient d'entrée de jeu à mettre les pendules à l'heure. Il affirme qu'il connaît les Occidentaux et leurs façons de classer les réalités politiques orientales, de caricaturer en conséquence le rapport entre Conservateurs et Réformateurs en collant droite sur les uns et gauche sur les autres. Ici, nous ne sommes pas en Europe ou en Amérique, le contexte est différent, le paysage politique est d'une autre nature en Iran :

« Il y a, d'un côté, ceux qui croient aux valeurs de l'islam et de la Révolution islamique, et, de l'autre, ceux qui s'y opposent. Ces derniers sont peu nombreux, mais ils créent des divisions et sapent l'unité du pays. Leur propagande a fait en sorte que des amis se sont transformés en ennemis. »

Notre interlocuteur croit fermement que la source de ce conflit ne se trouve pas en Iran, mais chez l'« ennemi extérieur. »

« Selon les informations dont nous disposons, il existe une similitude entre ce qui se dit ici et ce qui se dit dans les journaux et dans les radios étrangères. Quand nous entendons de telles opinions chez nous, nous concluons en toute logique qu'elles sont manipulées, sinon dirigées par l'ennemi extérieur de la Révolution islamique. »

Et quand on lui demande sur quelles preuves il fonde une telle affirmation, il répond que la forte ressemblance entre les arguments des Réformateurs et les slogans de la presse et des radios étrangères est une preuve éclatante et suffisante. Selon lui, on ne peut pas parler de simples coïncidences :

« Bien entendu, c'est le travail des autorités de faire la lumière sur tout cela et d'exposer les conclusions au grand jour. »

Il est persuadé que, dans l'actuelle campagne électorale pour le Parlement (Madjlis), certains groupes cachent, sous la bonne apparence de la Réforme, leur véritable intention de renverser le régime. Qu'ils se détrompent !

« Ils oublient que toute loi adoptée par le Madjlis doit être aussi approuvée par le Conseil des gardiens. »

Il sait de quoi il parle. Le pouvoir du Conseil des gardiens est celui d'un véritable chien de garde du régime. La preuve, en janvier 2004, au moment où nous nous rencontrons, le Conseil a annulé près de 4000 candidatures sans autre forme de procès. Il est impossible de renverser sa décision sans contester les fondements du régime même.

Mais quels sont ces « ennemis étrangers » qui veulent la mort du régime islamique ? De son point de vue, ce sont les capitalistes qui se sont enfuis après la Révolution ; ce sont ceux qui se sont enrichis du jour au lendemain pendant la guerre contre l'Irak, mais il y a pire encore :

« Il y a ceux qui vivent dans le pays, que nous connaissons, et qui entretiennent des relations complices avec des puissances étrangères, ou qui appartiennent à des groupes illégaux. »

M. Chariatmadari voue une haine féroce aux puissances occidentales qui ont autrefois soutenu le chah, sans se soucier de la terreur que la monarchie faisait régner sur le pays. Il a été lui-même victime de tortures atroces qui lui ont coûté un rein. De là, sa profonde méfiance politique envers l'Occident et sa conviction que toute opposition est une trahison, que toute critique dissimule une stratégie de destruction fomentée par les puissances étrangères. En dévoilant la vraie nature du Mouvement de la Réforme, sa mission est très claire : contrer l'avancée des Réformateurs par tous les moyens.

Derrière le PDG du Groupe Kayhan, représentant officiel du Guide suprême, se cache en réalité un « professionnel » de l'interrogatoire au ministère de l'Information. Des agents de ce sinistre organisme ont été impliqués, entre autres, en novembre 1998, dans la série d'assassinats crapuleux d'opposants.

Selon des sources très bien informées, pendant les mois qui ont précédé ces crimes destinés à semer la terreur, M. Chariatmadari avait reçu à plusieurs reprises dans son bureau Saïd Emami, que l'on soupçonne d'être l'auteur de ces meurtres commis au nom de l'islam.

Akbar Gandji, qui a osé dénoncer publiquement Hosseyn Chariatmadari pour la première fois, rapportait ainsi ses réactions : « Quand nous avons publié la révélation, il s'est défendu en disant qu'il "dialoguait" avec les détenus ! Quelle farce ! Le dialogue ne peut exister qu'entre citoyens libres, pas entre le bourreau et sa victime. »

Pendant qu'Akbar Gandji croupit en prison, Saïd Hadjarian survit péniblement aux conséquences de l'attentat qui devait le tuer ; plus de

50 journaux et revues ont été fermés, le Mouvement de la Réforme qui portait les espoirs d'une évolution rapide du paysage politique bat de l'aile, tandis que le régime maintient un pouvoir presque absolu.

On vient de nous servir le thé, deux plateaux de fruits frais et des gâteaux secs, sur la grande table de conférence ovale du bureau de M. Chariatmadari.

Entre deux gorgées, nous rappelons à notre hôte que nous sommes à Téhéran depuis trois semaines : nous avons assisté au rejet des candidatures des Réformateurs par le Conseil des gardiens, à la démission d'un nombre important de ministres du gouvernement Khatami. Nous pensons qu'il se joue, presque en silence, une sérieuse crise politique et une grave crise de société. Nous lui demandons s'il constate cette crise et comment il l'interprète.

« C'est une crise qui échappe aux définitions normales. Depuis le début de la Révolution, nous faisons face à de telles questions. Presque depuis le premier jour de la victoire, les États-Unis, l'Union européenne et plusieurs pays de la région, voyant leurs positions menacées par notre révolution, ont commencé à nous créer des problèmes. Nous avons eu à nous battre contre des groupes terroristes, nous avons eu à supporter une guerre imposée de huit ans ; l'Europe et l'Amérique ont avoué avoir soutenu l'Irak dans cette guerre contre nous. Nous avons eu la guerre des pétroliers, le bombardement de nos villes et villages, l'usage d'armes chimiques, le blocus économique. Mais pendant toutes ces années, nous avions aussi une vie normale, ordinaire.

« Je vous cite ces exemples pour illustrer dans quelle optique nous voyons ces questions aujourd'hui. En ce moment, les qualifications de certains candidats aux élections législatives ont été rejetées. Le Conseil des gardiens a fondé son rejet sur l'application de la loi. Le travail du Conseil est sans rapport avec des organismes similaires à l'étranger. Par exemple, la Cour suprême des États-Unis n'est pas obligée de justifier sa décision de valider l'élection de Bush plutôt que celle d'Al Gore, et ceci avant même que le dépouillement des urnes ne soit terminé.

« Mais en Iran le Conseil des gardiens a le devoir d'assurer la conformité des qualifications des candidats avec la loi. Si leurs qualifications ont été rejetées, c'est seulement parce qu'elles n'étaient pas conformes avec la constitution et les règlements ; où est donc le problème ?

« Vous avez pu voir que ceux qui s'opposent au rejet de leur candidature, et qui ont entamé une grève au Parlement, n'ont pas été appuyés par le public, qui n'a pas protesté. C'est un sujet qui préoccupe le monde politique, mais pas le public. Il y a « crise » seulement quand cela concerne le public. J'affirme qu'il n'y a pas de crise, je ne dis pas qu'il n'y a pas de problème. »

Mais, d'un côté vous avez une Chambre élue avec un mandat populaire fort, de l'autre, vous avez un petit groupe d'officiels qui prétendent être les seuls capables d'interpréter la loi. N'est-ce pas une contradiction majeure ? Comment la résoudre ?

« Si l'on compare au Parlement précédent, ceux dont les qualifications ont été approuvées sont plus nombreux. Ceux qui ont été rejetés viennent des deux factions, la gauche et la droite. Vous pouvez juger par la présence du peuple aux élections ; vous verrez, beaucoup de monde ira voter aux élections. Voilà pourquoi je soutiens qu'il y a problème, mais non crise. »

Quel est l'écart entre crise et problème ? Les Réformateurs insistent sur le fait qu'ils sont les seules victimes de la disqualification.

« S'il y a plus de Réformateurs rejetés que de Conservateurs, c'est parce qu'ils n'ont pas les qualifications requises. C'est une question de loi. Oubliez ça. Le Conseil des gardiens a 20 jours pour réviser les qualifications. »

Nous sommes au courant de la procédure. Les Conservateurs ne se cachent-ils pas derrière cette interprétation de la constitution ? N'ont-ils pas peur de se présenter devant le peuple ? Les Réformateurs disent seulement vouloir solliciter le choix du peuple, tandis que les Conservateurs invoquent la qualification pour évacuer leurs opposants. N'est-ce pas une façon de ne pas jouer le jeu de la consultation populaire ?

« Ces définitions sont imaginaires, "réformateurs" et "conservateurs" sont des vues de l'esprit occidental. La définition universelle du conservatisme implique que le peuple ne possède pas de volonté stable. Les conservateurs seraient des opportunistes qui acceptent tout ce qui peut leur être bénéfique. Et parce qu'ils acceptent de faire des compromis, au niveau international, ils constituent une sous-catégorie des libéraux.

« Or, comment un musulman, dont les buts et la volonté demeurent très stables, peut-il être étiqueté conservateur ? Assimiler les musulmans au conservatisme, c'est comme prendre Bush pour un démocrate. Voilà ma réponse.

« Si certains des candidats ont été évacués de la compétition électorale, c'est parce qu'ils ont dû faire quelque chose d'illégal. La décision du Conseil a montré que les Réformateurs n'avaient pas d'appui populaire ; voilà pourquoi les intégristes voulaient justement qu'ils se présentent à ces élections.

« Le Conseil, lui, se fiche de l'opinion. Il marche selon la loi. »

Belle occasion pour poser la question centrale : Quel est le fondement de la légitimité politique en Iran ? La réponse est lapidaire :

« Les règles islamiques. Ces règlements sont enchâssés dans notre constitution et c'est notre constitution qui régit notre mouvement. »

Croyez-vous que le parti de la réforme avait essayé d'en changer la nature islamique ?

« Certains d'entre eux pensent peut-être à ça, mais pas tous. Les qualifications de beaucoup de députés réformateurs ont été approuvées, et seulement quelques-uns ont été rejetés. »

Nous ne nous faisons pas l'avocat de tel ou tel parti. Nous voulons comprendre. Le comportement de ces députés et les projets de lois qu'ils ont déposés ne sont-ils pas les vraies raisons du rejet de leurs candidatures ? Par exemple, les Réformateurs ont proposé des lois pour renforcer les pouvoirs du président et limiter ceux du Conseil des gardiens, et le Parlement les a adoptées. N'est-ce pas une raison suffisante pour vouloir les éliminer du prochain Parlement ?

« Selon notre constitution, toute loi adoptée par le Parlement doit être entérinée par le Conseil. Si telle ou telle loi enfreint les règlements constitutionnels, elle sera rejetée par le Conseil, et le Conseil est officiellement dans l'obligation de justifier son rejet. Or, quand une loi contrevient à la constitution, pourquoi le Conseil des gardiens ne la rejetterait-il pas ? Tout ça est tout à fait légal. Mais il n'a jamais été question que des députés aient été rejetés à cause des lois qu'ils ont votées. »

Il y a trois ans, quand le Parlement a voulu débattre de la Loi sur la presse, le Conseil des gardiens n'a même pas eu à statuer. L'intervention est venue directement du Guide suprême qui a bloqué le débat. Comment, dans ces conditions, une société peut-elle fonctionner démocratiquement avec, d'un côté, un Parlement élu au suffrage universel et, de l'autre, le Guide qui a un pouvoir décisif sur le Parlement et qui peut le neutraliser ?

« Une telle situation ne se présente qu'occasionnellement, quand une loi soulève des problèmes qui ne peuvent pas être résolus par le Conseil. Elle est alors soumise au Guide. C'est vrai, cette situation est possible, elle est prévue dans la Constitution. Mais il existe aussi plusieurs cas où des lois ont été approuvées par le Guide au profit des Réformateurs. Il y a quatre ans, le Conseil s'est opposé à l'élection municipale à Téhéran, soutenant qu'il fallait réviser les qualifications de nombreux élus municipaux, tous réformateurs. Quand le Conseil a voulu réviser les résultats, le Guide a déclaré que ce n'était pas nécessaire.

« Quand l'ancien maire de Téhéran, M. Karbaschtschi, a été emprisonné, le Guide est intervenu, jugeant préférable qu'il acquitte une amende et n'aille pas en prison. Regardons de plus près cette Loi sur la presse : quand une loi est adoptée par le Parlement, elle entre en vigueur pendant six mois et personne ne peut y toucher. Mais six mois après l'adoption de la loi, certains députés ont voulu la modifier. Le Guide a jugé nuisible que le Parlement change une loi aussi récente, qui n'avait pas fait ses preuves. Il n'a fait que *suggérer* de vivre avec la loi actuelle pendant un certain temps, et si un problème surgissait, nous pourrions alors la modifier. Il est probable que certains députés qui voulaient changer la Loi sur la presse aient prétexté qu'elle n'était pas applicable telle que rédigée. »

M. Chariatmadari voit-il le paradoxe — et les difficultés — qui découlent de l'inégalité des pouvoirs en présence ? D'un côté, un appareil démocratique, parlementaire, qui prétend incarner la volonté populaire, et, de l'autre, l'autorité absolue du Guide. Jusqu'où peut aller la volonté populaire ? Où commence le pouvoir du Guide suprême ?

« Cette complexité est naturelle. Pour comprendre ce qui se passe, il faut examiner de près comment cela se passe dans ce pays dont l'infrastructure politique est fondée sur l'islam et les règles islamiques. Il faut d'abord reconnaître que la démocratie, selon une définition assez universelle, suppose des limites, une espèce de "ligne rouge" à ne pas dépasser. Il n'existe pas de régime démocratique, ni de gouvernement sans ligne rouge. Tout cela est naturel, et accepté.

« Selon Jean-Paul Sartre, dans son ouvrage intitulé *Le contrat social*, tous les individus vivant dans une société civilisée sont libres. Mais si chacun suit sa volonté sans tenir compte de celle des autres, il y aura contradictions et conflits. La société doit donc se doter de règlements et de lois qui sont autant de limites entre ce qui doit être et ce qui ne doit pas être.

« En tant que gouvernement dans le monde islamique, nous sommes les seuls à décider du système qui doit s'appliquer chez nous. Nous sommes aussi le seul pays où les auteurs de la constitution ont été élus au suffrage universel, et le seul pays au monde dont la constitution a été approuvée par plébiscite. Nous avons donc le droit de définir notre ligne rouge, n'est-ce pas ? »

Le ton ne laisse pas de place à la discussion. Mais notre silence ne signifie pas totale approbation, loin de là. Nous tentons de lui faire remarquer poliment qu'il attribue à Jean-Paul Sartre *Le contrat social* de Jean-Jacques Rousseau. Peine perdue, il nous sourit avec condescendance et poursuit sa démonstration :

« Tout cela a été défini dans notre constitution, qui détermine également les tâches spécifiques du Guide et les conditions de sa nomination. Ainsi le Guide est choisi par un Conseil des experts. Ce Conseil, élu par le peuple, a aussi le devoir de surveiller et de contrôler le Guide, et de décider s'il doit rester ou partir. Dans aucun cas, nous ne voyons de contradictions entre le Guide et la Constitution.

« Rien de plus naturel, car notre Guide connaît à fond l'infrastructure de la religion. Voilà pourquoi il a été choisi et élu Guide suprême. Tout ce qu'il fait est surveillé par le Conseil des experts. Et nos lignes rouges sont celles de nos croyances religieuses islamiques. »

Nous lui faisons remarquer que, dans sa description de la République islamique, la frontière est faible entre la démocratie et la théocratie. Sa réponse est éloquente :

« Mais moi, j'ai une question pour vous.

« Par exemple, en France on a fait un procès à Roger Garaudy, et de quoi l'accusait-t-on, au juste ? D'après ses recherches et ses études, toutes documentées, il affirme que l'information diffusée sur l'Holocauste est erronée.

« Roger Garaudy, dans ce pays qui est le symbole de la liberté, a été traduit devant les tribunaux, accusé et condamné. Quand on demande aux procureurs pourquoi ils mettent en doute l'objectivité de cette recherche académique, le ministre de la Justice répond qu'il y a des limites qu'on ne doit pas franchir. Tout le monde doit les respecter. Pour les mêmes raisons, Monsieur Faurisson, dans le même pays, a été convoqué devant un tribunal 15 fois. Et maintenant, le président Jacques Chirac veut faire voter une loi qui interdit aux femmes portant le foulard de fréquenter les lieux publics, sous prétexte que le foulard est un symbole religieux. Pourquoi alors dans le même pays des sœurs catholiques s'habillent-elles de la même façon et se couvrent-elles la tête, dans les universités et dans les lieux publics ? Pour moi, c'est une contradiction très importante. Bien sûr, nous ne sommes pas comme le Parlement de la Grande-Bretagne, qui veut permettre le mariage entre homosexuels ! »

Monsieur Chariatmadari maîtrise assez bien l'anglais pour comprendre nos questions. Il a cependant exigé la présence de notre traductrice. Nous constatons très vite qu'il utilise le temps de la traduction pour esquiver, à sa façon, toutes les questions qui le dérangent. Il comprend parfaitement notre désaccord sur la teneur de ses propos concernant l'éloge du révisionnisme de Roger Garaudy dont il fait un martyr sur l'autel de la liberté d'opinion. Pourtant, nous lui rappelons que Monsieur Garaudy a été jugé par un tribunal civil qui représentait le peuple et non le pouvoir politique et qu'il a été condamné pour la production de faux documents et pour propagande haineuse. Peine perdue. Il reste sourd à tout ce qui peut remettre en cause ses certitudes de représentant officiel du Guide suprême.

« Nous avons nos propres lois et nos propres règlements, et le Guide ne les contredit pas. Au contraire, le Guide se fait un devoir d'observer ces règles à la lettre. »

On peut être d'accord sur le fait que toute société possède ses propres limites et les fait respecter. Mais nous sommes là pour essayer de comprendre votre société et nous avons parfois quelques difficultés que vos propos ne sont pas en train de résoudre, au contraire. Revenons à la constitution : en 1989, le Parlement, sous le gouvernement de Monsieur Rafsandjani, révise la constitution, dans le dessein avoué de doter le Guide du pouvoir absolu. Il y a là une grande contradiction avec la démocratie que vous évoquiez : comment peut-on réussir à préserver l'apparence d'un système démocratique quand une personne dispose du pouvoir de faire — théoriquement — tout ce qu'elle veut ?

« Je suis d'accord avec ce que vous dites, mais il nous faudrait une discussion plus approfondie pour répondre à vos questions. Le pouvoir absolu du Guide s'appelle le *Vélayat-é faqih*[2] ou pouvoir du docteur du dogme. Mais ce n'est pas l'autorité absolue que l'on trouve de nos jours dans des pays despotiques. »

---

2. *Vélayat-é faqih* : innovation de l'ayatollah Ruhollah Khomeyni, qui postule que la Loi divine d'islam « a été confiée de son vivant à l'autorité du Prophète, puis à ses héritiers les imams. Il n'est pas raisonnable de croire, poursuit Khomeyni, que Dieu ait abandonné les hommes à eux-mêmes après l'Occultation du Douzième Imam. Il n'y a pas plus de différence entre le juste faqih et l'imam qu'entre l'imam et le Prophète. » (Yann Richard, *L'islam chiite*, p. 110.)

Nous répliquons que la distinction de prime abord n'est pas évidente pour nous : ce n'est pas la première fois que les despotismes et les tyrannies se parent des attributs divins pour consolider leurs trônes.

« Il n'y a aucun rapport. L'autorité absolue d'un dictateur est de faire tout ce qu'il veut, quand il le veut ; il n'a pas de limites. Quand on parle du pouvoir absolu du docteur du dogme, cela veut dire que le Guide est absolument libre de faire ce qu'il veut, mais dans les limites qui lui sont attribuées par la constitution, et cela inclut les décisions de proximité, qui font partie de ses devoirs. Tout cela est dans la constitution. Le Guide doit pouvoir exercer son autorité en toute liberté et même régler les contradictions qui peuvent surgir entre la loi islamique et certains aspects de la gestion gouvernementale. Pour pouvoir trancher, il a besoin de l'autorité absolue. Par contre, l'exercice de cette autorité est transparent. Un exemple : le Conseil des experts a la responsabilité de surveiller la manière dont le Guide s'acquitte de ses fonctions et de ses devoirs. Le Guide peut-il abolir ce Conseil ? Non. Voilà ce qui différencie la nature de son autorité du despotisme d'un empereur. La distinction est là, mais je dois souligner que nous croyons que le Guide a le mot de la fin dans toute prise de décision ; ça, c'est notre croyance religieuse.

« Il existe un autre facteur, qui risque de passer inaperçu dans cette conversation. Je tiens donc à vous dire que tout le monde croit que l'on doit obéir obligatoirement à celui qui occupe le poste de Guide. Pourquoi ? C'est une qualité surnaturelle, spirituelle. Pour nous, le Douzième Imam, le Mahdi, que la paix soit avec lui, est celui qui surveille et qui s'occupe de tout. Voici donc la distinction essentielle entre les régimes séculiers et le régime islamique. Si une telle chose n'existait pas, il n'y aurait pas eu de révolution. »

Monsieur Chariatmadari n'est pas facile à interrompre. On peut imaginer aisément qu'en cumulant les fonctions de chef du groupe de presse, de rédacteur en chef de *Kayhan* et de représentant officiel du Guide suprême, il possède à la fois toute l'information, toutes les questions et toutes les réponses. Peu de place pour l'écoute, pas de réelle place pour le débat, encore moins pour la contradiction. Grâce à ce quasi-monopole de la parole et à l'assurance de posséder sinon la vérité, tout au moins les armes de la vérité, il devient un « redoutable dialecticien » qui profite de son « immunité journalistique » pour tenir des propos pour le moins douteux.

Il fait doublement la sourde oreille à propos du *Contrat social* quand nous insistons sur les contradictions inhérentes à la République islamique. Car, selon Rousseau, le contrat social consiste bien à aliéner la liberté individuelle à un pouvoir politique mais sans aliéner la liberté du peuple qui continue à exercer le contrôle démocratique sur le gouvernement. Quand, dans la République islamique, le pouvoir relève du contrôle exclusif d'un homme, comment appelle-t-on cela ? Peut-on encore parler de démocratie ? En somme, comment parler de contrat social et en même temps fonder l'exercice du pouvoir sur la seule autorité d'un Guide suprême ?

Nous revenons cependant à la charge sur la question des relations entre le pouvoir politique et le pouvoir religieux et sur la contradiction majeure qui conduit le politique à se servir du religieux pour fonder l'exercice du pouvoir. Nous insistons aussi sur le danger d'affaiblissement et même de destruction que cette alliance représente pour la religion. M. Chariatmadari devient encore plus péremptoire :

« Il n'y a aucune contradiction. Tous les régimes démocratiques ont leurs propres lignes rouges qu'on ne peut pas franchir ; c'est leur point commun. La différence entre ces régimes se trouve dans la nature de cette ligne rouge. Dans les régimes laïques, les limites ont été établies par des magistrats et des politiciens. Mais chez nous, la limite est définie en regard des règles religieuses fondamentales.

« Dans l'islam, à l'opposé des autres religions, il existe des règlements concernant la gestion de l'État. Et pour nous, le politique se confond avec la religion. On ne peut pas séparer les deux. Dieu n'a jamais précisé ce que nous devions choisir ou ne pas choisir, mais nous n'accordons aucune place à ceux qui ne croient pas aux règlements religieux. Quand il s'agit de la formulation de nos programmes politiques, il n'y a pas de place pour les non-croyants. En Iran, voilà la limite, voilà la ligne rouge. »

Nous comprenons que c'est aussi la limite que ne franchira pas notre discussion dont la fin est annoncée. Nous posons cependant une dernière question : quand l'Iran va-t-il renouer ses relations avec les États-Unis ? Est-ce dans un proche avenir ?

« Non. »

Nous lui faisons remarquer qu'il a eu un moment d'hésitation avant de nous répondre.

« Peut-être que j'ai hésité, mais c'est parce que je donne la même réponse à beaucoup de gens. Si les États-Unis persistent à se comporter en impérialistes, nous n'aurons pas de relations avec eux. Maintenant que les États-Unis ont perdu le respect sur le plan international, comment pouvons-nous renouer avec eux ? Tout ce qu'a dit notre défunt Imam [Khomeyni] s'est révélé vrai. Il a clairement décrit les États-Unis comme le Grand Satan. Maintenant, nous voyons dans les manchettes que c'est Bush, lui-même, qui est un Grand Satan. »

Nous sourions et nous répliquons que, même si le Grand Satan a les mains très sales, il prétend lui aussi, comme le Guide suprême, tirer son pouvoir de Dieu. M. Bush affirme haut et fort, tout comme M. Khamenei, la puissance de la religion et sa primauté sur la prise de décision politique.

Il nous fixe un instant, hésitant, avant de conclure :

« En guise de réponse, laissez-moi vous raconter une petite histoire.

« Dans les temps anciens, un homme, qui prétendait être Dieu, est capturé et amené devant l'empereur. Ce dernier, voulant lui faire peur, lui raconte que l'année précédente, on lui avait déjà amené quelqu'un qui se proclamait le prophète de Dieu. Il l'avait fait exécuter sur-le-champ. Alors, l'homme regarde l'empereur droit dans les yeux et lui dit : "Vous avez eu raison de le tuer. Je ne me souviens pas d'avoir envoyé un prophète l'année dernière." »

Tel père, telle fille

MAI 2000. MADAME AZAM TALEQANI, militante de la première heure pour la cause des femmes, nous reçoit dans un modeste local au milieu d'un quartier populaire du centre-est de Téhéran. L'Institut des femmes islamiques qu'elle anime occupe le premier étage d'un petit immeuble sombre et poussiéreux, dissimulé de la rue par de hauts murs qui abritent une petite cour pavée. Ne passe pas qui veut la porte en fer qui protège l'entrée des visiteurs suspects. L'Institut a déjà reçu des menaces : le militantisme de Madame Taleqani dérange. Au moment où nous la rencontrons, le mensuel qu'elle dirige vient d'être interdit. Mais Madame Taleqani est une redoutable combattante qui n'a pas peur de porter ses revendications sur la place publique. Il faut dire qu'elle a de qui tenir : elle est la fille de l'ayatollah Mahmoud Taleqani, décédé en 1979. Figure imposante de la Révolution, célébré pour son engagement social et son ouverture d'esprit, son père a été évincé de l'Histoire par l'ayatollah Khomeyni. Au Musée de la Révolution, on trouve peu de traces du rôle de l'ayatollah Taleqani. Les oubliés sont nombreux, comme si la Révolution n'était que le fait d'un seul homme et d'un seul courant : Khomeyni et le khomeinisme.

Madame Taleqani, depuis la mort de son père, continue à défendre avec acharnement le même idéal humaniste et social : elle a concentré ses forces et son action sur l'amélioration de la condition des femmes, en particulier des femmes qui vivent dans la pauvreté. Le régime ne l'a jamais vraiment soutenue. Elle a bâti l'Institut avec des moyens de fortune : un personnel militant et dévoué, deux bureaux, une cuisine, une salle de réunion servant de bibliothèque et de salle de cours. Ici, elle informe, elle éduque et elle anime des débats. L'Institut offre également des ressources juridiques, de l'aide pour élaborer des projets et répond à la demande des femmes des quartiers pauvres de Téhéran et de la grande banlieue.

De petite taille, assez ronde, vêtue de façon très traditionnelle, ne laissant voir que son visage et ses grandes lunettes, elle a l'apparence trompeuse d'une vieille dame, une sorte de duègne espagnole derrière laquelle se cache une femme exemplaire de la résistance pacifique, mais opiniâtre au régime. Ce n'est pas pour rien si la revue *Payyam-é Hadjar* (*La Parole d'Hagar*) vient s'ajouter à la longue liste des journaux et des périodiques réformateurs fermés par le pouvoir.

Au cours de notre conversation, nous évoquons les courants qui ont façonné la Révolution islamique, et ce qu'il reste de leur présence au sein de l'État et de la société qui en sont issus. Elle nous rappelle que l'imam Khomeyni est devenu le chef incontesté et incontestable de la Révolution après avoir éliminé les autres acteurs d'un mouvement révolutionnaire complexe et multiforme. Cela ne s'est pas fait sans douleur. Ainsi l'ayatollah Taleqani, son père, fut beaucoup plus qu'un figurant. Tout comme Chariati, il représentait en effet une composante de ce mouvement qui a produit la chute du chah et la Révolution.

Ali Chariati, lui, est mort assassiné à Londres, avant la Révolution, en 1977. La monarchie a refusé qu'il soit inhumé à Téhéran à l'ombre du *Hosseinieh-é Ershad* où il prononçait ses célèbres discours. Il est enterré en Syrie, le long d'un mur de briques gris dans un cimetière de Damas. Mahmoud Taleqani, lui, était un très jeune clerc quand il a rejoint le mouvement né dans la foulée du coup d'État américano-britannique qui a renversé Mohammad Mossadeq en 1953. C'était bien avant la chute du chah. En 1961, il participe à la fondation du Mouvement pour la liberté en Iran. Son orientation nationaliste libérale « était infléchie par une référence explicite à l'islam, un islam moderne, ouvert aux valeurs de la démocratie [1]. » Il entretient aussi des contacts avec les Moudjahiddines du peuple, mieux connus sous le vocable anglais MKO (Mujahedine Khalk Organization),

---

1. *L'Iran au XXᵉ siècle*, p. 114, 122.

une organisation née entre 1938 et 1940 qui avait tôt fait son deuil du parlementarisme sous la dictature du chah.

En 1977, le régime impérial décrète le «printemps de Téhéran», une période de dégel qui répond en fait au désir du président Carter d'exporter sa politique des droits de l'homme. L'opposition à la dictature, longtemps refoulée, remonte à la surface. Mahmoud Taleqani est arrêté et emprisonné, accusé de soutenir les Moudjahiddines. Plutôt isolé parmi ses pairs de la caste cléricale, il est en revanche extrêmement populaire parmi de larges couches de la population. Ses années de prison vont faire de lui un allié des opprimés, victimes de la longue lutte contre le chah et son impitoyable police, la SAVAK. Dans les geôles du chah, Taleqani a fréquenté les résistants issus de l'opposition non religieuse. Il a apprécié leur courage, leur détermination, et surtout, il est parvenu à les comprendre en partageant le même objectif: la chute de la monarchie.

Ce sont des liens avec le Front national, héritier de Mohammad Mossadeq, qui ont valu à l'ayatollah Taleqani un rôle de premier plan pendant les mois d'effervescence de 1978 et 1979, quand le pouvoir du chah a basculé pour ensuite passer entre les mains des révolutionnaires islamiques. Ainsi, il devient le premier imam chargé de diriger la prière publique du vendredi à Téhéran[2]. Cet événement hebdomadaire va devenir le point de ralliement du nouveau régime. Son influence est croissante dans la jeune République islamique, à tel point que, lors des premières élections, il est de tous les candidats celui qui recueille le plus grand nombre de voix.

Mais est-ce le poids des années de prison qui a eu raison de la santé et de la vitalité de ce partisan d'un espace démocratique au sein de l'établissement clérical? Mahmoud Taleqani meurt, au lendemain de la révolution, le 10 septembre 1979[3].

Sa mort, comme celle d'Ali Chariati, est survenue trop tôt. Certains s'étonnent encore aujourd'hui de la disparition subite et inattendue, à deux ans d'intervalle, de ces deux personnalités influentes et dérangeantes. L'un

---

2. Les Chiites distinguent le titre d'imam attribué à celui qui dirige la prière du vendredi qui est en quelque sorte un imam du quotidien, de l'appellation Imam qui désigne celui qui appartient à la lignée des Imams historiques et saints.

3. Nikki R. Keddie, *Roots of Revolution. An Interpretive History of Modern Iran*, New Haven, Yale University Press, 1981, p. 210-211.

et l'autre développaient une pensée progressiste fidèle à la tradition d'innovation constante propre au chiisme. La mort leur a enlevé la possibilité de concrétiser leur vision libératrice. Cette capacité d'innovation, largement absente dans le monde sunnite, a permis à l'imam Khomeyni de devenir le chef unique du mouvement révolutionnaire. Il a pu alors, sans obstacle, imposer un modèle de gouvernement — celui de la doctrine du *Vélayat-é faqih* — qui allait consolider le pouvoir entre les mains du Guide suprême et d'un cercle privilégié de mollahs. Mais on peut dire que la pensée de ces deux « oubliés » de la révolution khomeiniste resurgit dans la volonté d'innovation critique manifestée par le président Khatami et le Mouvement de la Réforme, qui ira jusqu'à demander la réduction du *Vélayat-é faqih* et la responsabilité du Guide et du cercle privilégié devant le peuple. On entre alors dans une zone de turbulences et, tout en gardant un certain optimisme, Azam Taleqani sait que l'on ne touche pas impunément au cœur du pouvoir, surtout quand ce dernier se sait menacé.

« On savait qu'on aurait des problèmes avec le Mouvement de la Réforme. Les deux ailes de la société ont des problèmes à régler. Monsieur Khatami a un slogan : « Répondre politiquement ». C'est un appel à la liberté de parole et ça, c'est inacceptable pour les Conservateurs. D'une certaine façon, les Conservateurs sont en train de perdre du terrain, ils le savent, et c'est pour cela qu'ils créent des problèmes. »

L'attitude répressive et autoritaire du clergé conservateur ne risque-t-elle pas de jeter un discrédit sur la religion, d'engendrer un mouvement de rejet dans la population ?

« Effectivement, chez nous, certains croient que la religion, c'est la violence, c'est le contraire de la liberté, la servitude. D'autres croient aux principes de la religion, mais n'acceptent pas la violence. Ils pensent que l'on peut changer d'opinion en dialoguant.

« Aujourd'hui, dans notre société, il y a deux positions : d'un côté, la droite traditionnelle, de l'autre, la gauche, d'accord avec la Réforme et qui a une idée plus réaliste de la religion. Mais nous ne sommes pas inquiets, cette opinion se développe vite chez les jeunes. Le Mouvement de la Réforme reste faible ; il est neuf, son expérience est courte et, au bout de trois ans, il est paralysé. Mais on veut que ça continue, car ce mouvement a pénétré la société et l'esprit des gens. Il ne sera pas facile de l'arrêter ou de le changer, la population ne voudra pas. »

Il y a quelques semaines, avant la fermeture des journaux, le pouvoir conservateur a déclaré que ces quotidiens étaient « la base de l'ennemi » en Iran. Avez-vous été insultée par cette déclaration ?

« J'ai été traduite devant un tribunal qui a porté contre moi sept accusations, et j'ai été condamnée à payer une amende. Parmi ces accusations, plusieurs n'avaient pas de sens, elles faisaient référence à Monsieur Mossadeq, à Monsieur Bazargan [4], à l'ayatollah Montazeri, à la Réforme, à la police et aux autres religions qui posent des problèmes en Iran. Mais rien de particulier n'a été dit à mon sujet. Mon journal a écopé d'une fermeture temporaire, sans autre explication.

« Je ne suis pas désespérée. Les choses bougent. Je sais qu'on va avoir encore d'autres problèmes. Je sais aussi que ce n'est pas moi qui verrai les résultats, mais les générations suivantes les verront.

« On ne doit pas avoir peur que la religion disparaisse, parce que, finalement, ce qui restera de la religion, ce sera une religion spirituelle, et pas du tout une religion à laquelle on peut faire dire ce que l'on veut, au gré des besoins du pouvoir. Un jour, une chose, un autre jour son contraire.

« C'est vrai, il y a des gens en prison en ce moment, surtout des nôtres, mais on est tous prêts à aller en prison ! »

Azam Taleqani appartient à la génération héroïque de la Révolution islamique, celle qui a vu la caste religieuse s'emparer du pouvoir qu'un soulèvement de masse sans précédent avait arraché des mains de la famille royale en payant largement le prix. Sa génération a-t-elle été trahie ? Elle ne le pense pas. Simplement, elle sait que le chemin qui reste à parcourir est long et périlleux.

Elle est très consciente des dangers qui guettent la population, l'avenir politique de la société. Mais, malgré les menaces personnelles qui lui sont adressées, elle continue son travail quotidien auprès des femmes démunies et défend haut et fort ses idées sur la place publique.

Madame Taleqani n'a pas d'illusion : en Iran, quand vous affrontez le pouvoir, la prison vous attend au détour. Elle est même devenue le dénominateur commun entre les générations des militantes de la cause des femmes.

---

4. Premier ministre désigné par l'ayatollah Khomeyni après son retour victorieux en Iran en février 1979, M. Mehdi Bazargan remet sa démission le lendemain de la prise de l'ambassade américaine, le 5 novembre de la même année.

Suivez-moi !

Janvier 2004. La place Haft-é Tir ne dort jamais. C'est un immense carrefour où, dans une ronde infernale, se croisent des milliers de véhicules de toutes sortes. Au centre, la station de métro déverse une foule compacte qui s'égrène, dans une chorégraphie dangereuse au milieu des autobus, des taxis, des camions et des motocyclettes pétaradantes et surchargées. Tout autour, dans un concert de klaxons, les *mosafer kech*, ces taxis collectifs improvisés qui transportent jusqu'à six passagers dans de vieilles bagnoles bringuebalantes, s'arrêtent n'importe où, n'importe comment, au gré de l'offre et de la demande.

Lieu de passage, lieu de transit, rien ne semble s'arrêter sur la place Haft-é Tir. Et même les magasins et les bureaux dans les bâtiments monotones qui bordent le carrefour ne cessent de changer de propriétaires, de noms, de pacotilles. Tout ici semble temporaire et peut disparaître aussi vite que la fraîcheur du matin sous les flots de la pollution.

Au deuxième étage d'un petit immeuble anonyme, il y a cinq ans, se trouvaient les locaux de *Sobh-é Emrouz*, ce quotidien dirigé par Saïd Hadjarian qui allait devenir, pendant quelques mois, le fer de lance du Mouvement de la réforme, avant d'être interdit. Quelques rues plus loin, un immeuble identique abritait les bureaux modestes et rudimentaires de *Kian*, la revue des intellectuels religieux réformateurs qui publiait entre autres, à ses risques et périls, les textes d'Abdolkarim Sorouch.

Le siège du Parti des femmes, récemment autorisé, vient juste de s'installer non loin de ce carrefour de l'éphémère, et le taxi qui nous amène de l'autre extrémité du centre-ville ne parvient pas à trouver l'adresse. Nous tournons en rond depuis un bon moment quand le chauffeur reconnaît sa défaite, et tente de suggérer que ce Parti des femmes n'existe que dans notre imagination. Nous sortons alors un numéro de téléphone et obligeons le sceptique à l'appeler pour nous du premier magasin venu. Oui, le Parti des femmes existe bel et bien, il n'est pas loin. Un commerçant charitable, au pas de course, dirige le taxi au plus près. Le chauffeur nous abandonne à l'intersection de la bretelle d'autoroute qui, venant du nord de la ville, débouche sur le carrefour.

De l'autre côté, nous apercevons Nahid, notre interprète. Il nous reste, pour la rejoindre, à traverser une première voie double, à enjamber un muret, couper une seconde voie double avant d'atteindre le pas de la porte du Parti des femmes. C'est facile à dire, mais beaucoup moins facile à faire. Sur les deux voies doubles, les véhicules roulent pare-chocs contre pare-chocs à une vitesse défiant nos capacités piétonnes. De l'autre côté, Nahid nous signifie fermement de traverser. Son sourire encourageant se découpe avec grâce dans l'ovale de son ample *tchador* noir. Mais ce n'est pas suffisant pour nous convaincre. Nous sommes paralysés. Les voitures filent à plus de 70 kilomètres à l'heure et ne nous prêtent aucune attention. Nous savons d'expérience combien le conducteur téhéranais est impitoyable avec le bipède humain. Nous ne bougeons pas même si notre retard met largement en péril notre réputation.

C'est à ce moment-là, que nous avons vu la svelte silhouette de Nahid traverser la voie rapide d'un pas nonchalant, une main tendue pour arrêter les voitures, les motos et les autobus, et l'autre serrant élégamment le *tchador* sous son menton. Elle nous rejoint et nous dit calmement: «Suivez-moi!»

C'est ainsi qu'on a pu voir ce jour-là deux grands types traverser la circulation démente près de la place Haft-é Tir, sous la haute protection du tchador d'une jeune femme imperturbable, et triompher des obstacles les séparant du Parti des femmes.

Nous sommes accueillis par Fariba Davoudi-Mohajer, présidente et fondatrice du Parti. De la fenêtre, elle a pu assister à notre modeste exploit et constater le peu de cas que nous faisons de la fierté masculine. Nous avons ainsi gagné d'emblée un certain capital de sympathie.

Mme Davoudi-Mohajer est dans la trentaine. Proche des Réformateurs, diplômée en sciences politiques de l'Université Libre de Téhéran, elle a travaillé comme journaliste. Nous prenons place de chaque côté de la longue table qui remplit la pièce exiguë. À l'extrémité, un homme silencieux fait office de sténographe. De petite taille, visage rond et regard vif, celle qui veut que la voix des femmes iraniennes se fasse mieux entendre dans un monde où les hommes détiennent la majorité des pouvoirs, s'exprime avec la passion et la lucidité d'une militante qui assume pleinement les conséquences de ses paroles et de ses actes :

« Je suis la fondatrice du Parti des femmes. Je l'ai fondé et j'ai été élue directrice. J'ai aussi fondé la Société des femmes. Je suis impliquée également dans le Conseil central pour le droit des femmes. L'activité politique est mon activité principale, mais ce n'est pas la seule. Il est vrai que la presse pourrait être un excellent outil politique, mais elle est très fragile ici. Voilà pourquoi j'ai fondé ce Parti des femmes. Je ne voulais pas faire un syndicat de femmes, je voulais d'abord que l'on travaille à combler le fossé qui existe entre les hommes et les femmes dans mon pays.

« C'est une position radicalement féministe, je sais. Nous mettons l'accent sur tous les aspects de l'inégalité entre les hommes et les femmes dans tous les secteurs de la société. Nous voulons promouvoir la situation de la femme dans quatre directions principales : égalité des pouvoirs, équité des revenus, égalité devant l'information et la formation, égalité de statut social.

« Sur ces quatre points, les femmes ont toujours été défavorisées dans la société iranienne. Nous ne voulons pas l'autorité sur les hommes. En Iran, c'est une question délicate, on ne voit pas de femmes réellement en situation d'autorité par rapport aux hommes. Nous ne voulons pas cela, non plus, nous voulons l'égalité avec les hommes et non pas l'autorité sur eux.

« Les raisons profondes de cette situation trouvent leurs racines dans la famille. C'est là que l'on doit situer les fondements de l'aliénation des femmes, ancrés dans la tradition culturelle et dans le discours religieux. En particulier dans la lecture — l'interprétation — de la religion qui a toujours été définie par les hommes et du seul point de vue des hommes. C'est donc toujours les hommes qui ont été maîtres de ses définitions et de ses interprétations. Les organisations religieuses, les fondations ont toujours été aux mains des hommes. Ce sont les hommes qui ont fait la constitution et qui ont façonné la société.

« Et je dois vous dire que le problème des femmes ici surgit quand le monde islamique fait face à l'Occident. C'est là que les femmes iraniennes ont constaté le fossé qui les séparait des hommes. Il y a 40 ans, quatre facteurs principaux expliquaient alors l'existence de ce fossé : les droits des femmes, le statut des femmes, la participation des femmes à la vie publique et l'évolution des femmes.

« Je peux affirmer ici que celui qui a creusé ce fossé dans notre société est l'ayatollah Tehrani. Lorsqu'il parlait de la femme, ce bonhomme-là, il croyait qu'elle ne pourrait pas évoluer en dehors de la naissance d'un enfant et de son allaitement. Un seul destin pour elle : la maternité. Sur les quatre points que je viens d'énumérer, il pensait que les femmes et les hommes étaient inégaux et ceci en faveur des hommes.

« Quand on fouille les fondements religieux de cette attitude, on constate que cela vient plutôt des dires attribués au Prophète que d'une réelle lecture du Coran. Or nous pensons qu'une grande partie de ces dires sont factices ou tout simplement faux. C'est en se fondant sur ces *haddith* et non sur la réalité du Coran que s'est perpétué ce discours sur les femmes en Iran.

« Entre les années 1940 et 1970, y compris dans la première décennie après la Révolution, il y a eu des changements dans ce domaine. Ils ont été effectués par quatre docteurs de la loi : l'ayatollah Allama Tabatabaï, l'ayatollah Morteza Motahari, le docteur Ali Chariati et l'ayatollah Khomeyni. Eux pensaient que les hommes et les femmes étaient égaux dans leur force créatrice, leur participation à la société et à son évolution. Par contre des différences ont continué à subsister concernant les droits des femmes. Ils ne croyaient pas que les femmes avaient des droits égaux. Cette opposition entre le point de vue des traditionalistes et des prétendus modernes va se poursuivre après la Révolution. Les prétendus modernes croyaient que, parce que les femmes sont biologiquement différentes des hommes, elles ont des droits et des devoirs différents. C'est le cas en ce qui concerne la question du divorce, celle de la peine capitale telle qu'exercée à l'égard des femmes et des hommes.

« Nous avons donc trois tendances traditionnelles : celle qui croit que les femmes n'ont aucun droit ; une deuxième soi-disant moderne issue de l'imam Khomeyni ; et celle qui occupe l'avant-scène actuellement et qui considère les femmes à travers le prisme de la raison et non plus à travers les *haddith*. Cette troisième tendance croit que l'on doit réviser le droit des femmes, mais à cause de la situation politique actuelle, ses leaders doivent être très prudents dans l'expression de leurs idées. Ils ne peuvent pas parler ouvertement et apporter une information détaillée à la population. C'est le cas du docteur Mehrpour, du mollah Mehridi et du docteur Djannati. »

La mention de ce dernier nom nous fait sursauter. Ne s'agit-il pas de l'ayatollah Ahmad Djannati, chef du Conseil des gardiens et chien de garde de l'orthodoxie la plus rétrograde? Mme Davoudi répond dans un éclat de rire:

« Non, non! Ce n'est pas le même! L'ayatollah Djannati dont je vous parle se trouve actuellement à Qom, mais il lui est interdit d'enseigner dans les séminaires où se forme le clergé. »

Et elle poursuit: « Ainsi la question-clé qui se pose à ces trois groupes est celle de la femme. Il s'agit là de trois points de vue très distincts sur le statut et la condition féminine. On ne peut pas manquer de souligner au passage que cette question-là se trouve au fondement même de la tradition iranienne. La participation des femmes dans les activités sociales et culturelles est moindre aujourd'hui, et si l'on compare avec l'époque du chah, elle a même régressé en qualité et en quantité après la Révolution.

« Après la Révolution, la propagande a mis l'accent sur le rôle de la femme dans la famille, comme ménagère essentiellement. Il n'y a pas eu vraiment de promotion d'une image différente. Il suffit de regarder les manuels scolaires du niveau primaire. Deux images dominent: la mère et la ménagère. La femme évolue uniquement dans un contexte domestique: elle tricote, elle cuisine, elle fait la vaisselle, mais elle n'a aucune participation sociale. C'est le langage et l'éducation qui façonnent le rôle de la femme et qui assurent ou non sa promotion dans la société. Vous pouvez constater cela à la télévision, au théâtre, au cinéma: les femmes sont formées pour répondre à la volonté des hommes. En conséquence, la société définit le droit des femmes dans la droite ligne de cette vision.

« Selon moi, c'est la culture qui produit cette image de la femme faible et inférieure. Toute l'autorité dans le pays, celle du gouvernement en particulier, est sous le contrôle des hommes. Ce sont eux qui dirigent la société et la font fonctionner. Voilà pourquoi la femme n'a aucune indépendance économique. Selon la Constitution[1], le droit des femmes d'occuper un

---

1. Une telle disposition n'existe pas dans la Constitution, elle émane de l'interprétation répressive que le régime en fait, et de la législation restrictive adoptée par les premiers Parlements révolutionnaires

emploi est régi par les hommes. Si un homme ne veut pas que sa femme travaille et qu'elle insiste pour aller travailler, il peut demander le divorce. »

Au sein du gouvernement, qui s'occupe des questions touchant le statut de la femme, son bien-être, sa promotion dans la société?

« Il y a un organisme chargé d'examiner le progrès réalisé pour corriger cette situation. Mais il y a encore beaucoup à faire.

« La différence entre l'Occident et l'Iran, c'est la religion. Si une femme veut aller au-delà de la situation actuelle, elle va se heurter à la religion. Ainsi le combat des femmes contre ce régime exige une organisation, de l'autorité et de l'argent. C'est pour cela que nous avons fondé ce Parti des femmes. Nous en avons besoin pour mener à terme notre action.

« Lors du premier mandat du président Khatami, beaucoup a été fait, mais cela allait toujours à l'encontre de la Constitution et des lois. Et le Conseil des gardiens a tout bloqué. Face à cette situation, nous avons réagi et notre but était d'accroître la participation des femmes. Nous avons fait multiplier les ONG ainsi que d'autres organisations sociales. Les femmes, de façon bénévole et personnelle, participaient aux activités sociales et culturelles.

« Le Parti des femmes est né de ces engagements de plus en plus importants. Mais je ne veux pas pour le moment présenter des candidates aux élections législatives. Dans la structure actuelle, si nous présentions des candidates, le résultat serait nul et rien ne serait changé. Nous devons d'abord former des éléments de base, sur le terrain de l'action sociale et culturelle, plus tard nous présenterons des candidates aux élections, sur des bases solides, parce que des changements radicaux sont à faire dans la Constitution.

« Si nous exigeons seulement plus de femmes au Parlement, ça ne nous apportera pas grand-chose de plus. Ce serait une manière de cautionner un régime dans lequel nous ne croyons pas. Nous sommes contre la structure même du régime. Après les élections pour le 6e Madjlis, en devenant le groupe majoritaire au Parlement, les Réformateurs étaient convaincus de leur victoire. Mais, de mon point de vue, ils ont tout perdu. Toutes les lois qu'ils ont proposées et adoptées ont été annulées par le Conseil des gardiens. Les gens attendaient beaucoup de ce Parlement et les députés ont été incapables de répondre à la demande puisqu'ils ne pouvaient même pas faire appliquer leurs propres lois.

« Si, aujourd'hui, les Réformateurs dénoncent l'élection — nombreux sont les Iraniens qui n'iront pas voter — et démissionnent du Parlement, ils laisseront la place aux Conservateurs, qui seront forcés d'adopter des lois pour améliorer la condition des gens. Par la force des choses, les Conservateurs apporteraient quelques changements à la Constitution.

« Pour moi, participer ne veut pas dire nécessairement voter. Ne pas voter est aussi une forme de participation. La Constitution est très sensible et très chancelante, ce serait très risqué de pousser les femmes à intégrer cette structure chancelante. L'avenir n'est pas clair du tout. À cause de leur déception à l'égard des Conservateurs, les gens ont élu les Réformateurs, mais ces derniers se sont révélés incapables de faire quoi que ce soit. Il n'y a pas eu de résultat. »

Est-ce que vous n'allez pas un peu trop loin ? Votre condamnation est radicale. Ne pourrait-on pas imaginer une troisième voie entre l'échec des Réformateurs et le retour des Conservateurs au pouvoir ?

« Il subsiste une troisième solution pour résoudre ce problème, mais ça va prendre beaucoup de temps. Mais faites attention. Je ne m'oppose pas à tout le système. J'appartiens aussi à ce système et puisque c'est ainsi, je constate des lacunes dans la Constitution, dans les lois, dans les règlements. Et parce que j'en fais partie, je veux que l'on fasse fonctionner toutes les composantes du système. Nous devons commencer la réforme à la base, en changeant d'abord les structures. Voilà pourquoi je suis contre une partie de ce système et le régime en fait partie.

« Quand le sociologue Habermas est venu en Iran, on lui a demandé à la fin de son séjour s'il voyait des changements à venir bientôt dans le pays. Il a répondu : cherchez la réponse chez la femme, dans la tête des femmes.

« Dans notre parti, nous avons des membres masculins qui appuient les droits des femmes. Ils croient, comme nous, que les femmes doivent revendiquer leurs droits et changer leur statut dans la société. Les femmes ont un point de vue qui peut rallier les hommes sur des problèmes fondamentaux dans notre société : les problèmes des jeunes, des démunis, des minorités, des différences de classe, de la place des non-religieux et même de ceux qui sont contre la religion. Ainsi, à l'opposé de toutes les autres formations politiques dans notre société islamique, nous n'exigeons pas de nos membres qu'ils soient musulmans. Les membres de notre parti sont des membres de la société iranienne, peu importe leur allégeance religieuse ou leur appartenance sociale. Ils doivent seulement travailler tous ensemble à résoudre les problèmes du point de vue des femmes. C'est la seule façon de combler l'écart entre les hommes et les femmes. Sinon, cet écart va encore se creuser.

« La stratégie principale de notre parti est d'informer les gens en publiant des journaux, en organisant des conférences, en intervenant dans les réunions politiques, et même, peut-être, en participant aux élections. Notre parti doit d'abord renforcer ses bases, il vient juste de se former. Mais notre parti est le seul à jouir de l'appui de l'ayatollah Montazeri, ce qu'il nous a signalé par écrit. »

L'appui de l'ayatollah Hussein-Ali Montazeri est une caution importante pour la nouvelle formation de Davoudi-Mohajer. Il la situe fermement dans le camp de l'opposition la plus intransigeante. Parmi les membres du haut clergé, l'ayatollah Montazeri demeure le seul à conserver le respect de la population. Sans doute, le doit-il ironiquement au fait d'être assigné à résidence par le Guide suprême depuis plus de six ans. M. Montazeri, avec son franc-parler habituel, pourfendait publiquement le train de vie princier et l'attitude hautaine du Guide Ali Khamenei; ça lui a coûté cher!

Avant de quitter la directrice et fondatrice du Parti des femmes, nous souhaitons entendre son opinion sur Zahra Kazemi, photojournaliste canadienne d'origine iranienne, morte aux mains des Services de renseignement, et Chirine Ebadi, lauréate du prix Nobel de la Paix, 2003. Sa réponse est sans ambages.

« Le cas de Madame Kazemi est une honte pour le régime et pour le pouvoir judiciaire. Ce qui est arrivé était prévisible. Dans un pays où l'on met les gens en prison illégalement ou plutôt légalement en apparence, on doit s'attendre à ce genre de choses. Nous avons fait des déclarations sur le cas de Kazemi, pas en tant que journaliste, pas en tant que femme, mais en tant que personne. Car même si cette personne avait été condamnée à mort, on n'avait pas le droit de la tuer en lui brisant le crâne, avant le jour de son exécution. Si elle devait mériter la peine capitale, elle aurait dû pouvoir jouir de ses droits jusqu'au dernier moment et avoir un procès juste en regard des « accusations d'espionnage » portées contre elle. Tel n'a pas été le cas. Le pouvoir n'a rien respecté, même pas les droits essentiels de la personne humaine. Même s'il s'agissait d'un voleur, le droit le plus strict d'un accusé, c'est celui de ne pas être "exécuté" avant même d'avoir été jugé. »

« Quant au prix Nobel remis à Chirine Ebadi, c'est un grand honneur pour les femmes et pour la société iranienne tout entière. Dans un discours prononcé devant l'association des journalistes, elle a dit : "Je suis allé au bout d'un chemin ouvert par vous." Elle savait que son prix et la position qu'elle a acquise étaient les résultats du travail de toutes ces organisations et associations qui militent depuis des années. Elle a ajouté : "Je n'ai pas remporté ce prix toute seule. Beaucoup de mains y ont contribué."

« Les femmes en Iran ont devant elles plusieurs manières de parvenir à leurs fins, particulièrement celles qui sont regroupées dans les associations. Même si nous n'avons pas toutes les facilités pour gagner nos droits, nous ne cheminons pas dans l'ombre d'autres organisations, ni avec l'aide d'autres partis. Nous sommes indépendantes. Nous ne voulons pas nous soumettre au pouvoir et à l'autorité des hommes ou des officiels. C'est pourquoi nous n'avons pas élu à la tête de ce Parti des femmes ayant des relations avec des officiels ou avec l'administration.

« Notre mot d'ordre, c'est d'avancer lentement mais sûrement. Et comme nous voulons être indépendantes des hommes, les femmes de ce parti n'ont aucun lien de parenté ou de mariage avec les hommes qui sont dans le gouvernement.

« Il est sûr que nous avons rencontré déjà et que nous rencontrerons encore beaucoup d'obstacles. Mais le fait d'être une femme m'aide. Je le sais. Je viens de faire deux ans de prison, qu'on vient de prolonger par une troisième année ; actuellement, je suis en liberté conditionnelle. Si je fais le moindre écart, on va me remettre en prison. J'essaie d'être intelligente et d'aller de l'avant en faisant en sorte qu'il soit difficile de m'arrêter. Mais il est très clair que qui veut aller dans cette direction doit s'attendre à affronter des problèmes. Pour le moment, je me concentre sur la formation des membres du parti. Il faut des femmes fortes, de façon à ce que, s'il arrivait quelque chose à l'une ou l'autre d'entre nous, le parti lui-même ne serait pas détruit. Le parti ne peut pas être l'apanage d'une seule personne. Voici pour les objectifs à court terme.

« Mais, par-dessus tout, notre objectif reste la transparence. Tout ce que nous pensons, nous le disons et nous l'écrivons. Nous ne cachons rien. C'est pour cela que nous avons voulu attirer vers nous des femmes bien informées de leurs droits.

« Pour le moment, ce n'est pas le nombre des adhérentes qui compte, c'est plutôt de rassembler des femmes qui pensent librement. Nous voulons que, même si celles qui nous rejoignent sont des femmes au foyer, elles ne soient pas isolées, qu'elles ne soient plus le "deuxième sexe" et qu'elles mettent en pratique ce que nous leur apprenons sur leurs droits. Elles ne seront plus des êtres de deuxième zone dans leur propre maison. Elles élèveront leurs enfants dans l'idée de l'égalité entre les sexes. Nous ne cherchons pas à faire des manifestations de 100 000 personnes, nous voulons d'abord que les femmes aient un esprit très éveillé.

« Cela ne va pas sans résistance de la part des hommes et du pouvoir. Pour cette raison, je suis allée en prison et je suis encore menacée d'arrestation. Pour le pouvoir, pour "eux", selon leurs accusations, je représente "une menace pour la sécurité nationale." Toujours selon eux, j'ai "porté atteinte à la réputation du pays" et, de plus, j'étais "de connivence avec le mouvement étudiant", parce que je prononçais des conférences et j'écrivais des articles dans les journaux. Effectivement, j'ai participé aux manifestations étudiantes, après les élections de 1997. Mais, d'après moi, la raison principale, c'est que j'ai toujours soutenu la Réforme. Le nœud de la dispute entre le régime et moi, c'est la question de l'autorité. "Ils" possèdent et le pouvoir et l'autorité. Je m'y oppose. Tout comme les Réformateurs affrontent les Conservateurs au Parlement, ce n'est pas une lutte que je mène seule contre le régime.

« Malheureusement, si les députés réformateurs avaient manifesté pendant les premières semaines du sixième Madjlis, on n'en serait pas là aujourd'hui. Ils auraient dû réagir au moment où le Guide a supprimé le débat sur la Loi sur la presse. S'ils avaient manifesté, ils auraient eu l'appui massif de la population. Les gens sont restés perplexes devant leur inertie. Ils ont refusé de faire appel à la population, à la volonté des citoyens, comme s'ils avaient peur de ne pas avoir l'appui du peuple. C'est une mauvaise analyse.

« C'est dommage pour les Réformateurs et pour le président Khatami, aujourd'hui le peuple n'y croit plus[2]. »

---

2. En septembre 2004, sept mois après notre rencontre et la victoire des Conservateurs au Parlement, Fariba Davoudi-Mohadjer a provisoirement abandonné ses activités. Elle a trouvé une bombe artisanale devant la porte de sa maison. L'engin n'a pas explosé, mais elle a compris le message.

Les mains sales

DANS LA FOULÉE de la prise de l'ambassade des États-Unis en 1979, les autorités islamiques ont déclenché une « Révolution culturelle » pour éliminer des universités toute trace de la domination occidentale qui avait jusque-là prévalu sous le régime de Mohammad Reza Pahlavi.

Aux yeux des nombreux intellectuels engagés dans le mouvement révolutionnaire et emportés par la vague d'enthousiasme pour l'imam Khomeyni qui déferle alors sur l'Iran, « purifier » l'enseignement supérieur répondait d'abord à une mission patriotique et religieuse aussi nécessaire que salutaire. Mais ceux qui avaient milité pour renverser le chah et qui furent contraints de fuir devant la répression déclenchée par la guerre civile considèrent aujourd'hui qu'ils ont été victimes d'une sorte de trahison des clercs à l'iranienne. Ces intellectuels auraient dû garder leurs distances avec le pouvoir et préserver leur esprit critique devant les dérives du nouveau régime qui n'ont pas tardé à se manifester.

Pour ceux qui ont été victimes du trop grand zèle des purificateurs, le personnage du professeur Abdolkarim Sorouch se présente comme un bouc-émissaire idéal. Brillant intellectuel, il a soutenu [1], dès la première heure de la Révolution, la vision de l'imam Khomeyni qui avait déclaré, en mars 1980 : « Nos chers étudiants ne devraient pas suivre les traces égarées

---

1. Cité dans Ali Rahnema et Farhad Nomani, *The Secular Miracle : Religion, Politics and Economic Policy in Iran*, London, Zed Books, p. 227-228.

des intellectuels sans foi dans les universités. » L'ascendant de l'imam sur les jeunes intellectuels révolutionnaires était alors immense, c'était un pouvoir total qui ne laissait pas de place à la contestation.

Au début des années 1980, Sorouch, universitaire et philosophe en devenir, a été nommé membre du comité chargé de surveiller la refonte du programme d'études pour en éliminer tout ce qui était incompatible avec les idéaux de la Révolution. Les purges qui ont suivi, tant dans le corps professoral que chez les étudiants, n'ont pas été exemptes de violence, on s'en doute, et elles ont laissé des blessures profondes : la « Révolution culturelle » khomeyniste est responsable de la mort ou de l'exil de nombreux jeunes gens. La participation du docteur Sorouch à ce comité laisse planer un doute sur son rôle et sur sa part de responsabilité. Nous avons voulu aborder cette question avec lui de façon à mieux comprendre ses revirements et sa position critique actuelle à l'égard du régime islamique. Pour cela, il convient de revenir en arrière et de préciser le contexte de l'Iran à la veille du renversement du chah.

On est à la fin des années 1970, le pays est traversé par une puissante lame de fond anti-occidentale en réaction à la modernisation forcée imposée sans ménagement par le régime impérial. La démarche du chah est largement et généreusement soutenue par les Américains qui sont la véritable puissance tutélaire en Iran à ce moment-là.

Le rejet et le ras-le-bol devant cette situation ont motivé de nombreux étudiants et intellectuels à rallier les thèses d'un certain Djalal Al-é Ahmad, fils d'une famille cléricale qui passa par le Parti Toudeh (Parti communiste) avant de devenir le chantre du rejet de l'Occident. Il publie un premier pamphlet, *L'occidentalite*[2] puis un essai, *De la loyauté et de la trahison des intellectuels*, qui va enflammer les esprits les plus dynamiques de la génération montante.

« Le concept d'"occidentalite", selon Al-é Ahmad, a pris naissance dans l'enseignement d'Ahmad Fardid, un philosophe qui avait fait de la critique de l'Occident un thème métaphysique[3]. » En France, après la Deuxième Guerre mondiale, ce dernier s'initie à la philosophie bergsonienne et existentialiste, et découvre la pensée de Heidegger qui va le fasciner. De retour en Iran, il enseigne, donne des conférences et surtout forme des disciples, futurs intellectuels d'orientations très diverses, qui ont en commun de se définir en opposition à un Occident trop envahissant. Parmi eux, Daryush Shayegan, qui deviendra plus tard un analyste impitoyable du régime islamique, et son contraire Reza Davari qui en sera un des plus ardents défenseurs, disciple attitré de Heidegger à l'Université de Téhéran.

Ali Chariati, philosophe, lui aussi formé en France, est une autre des figures très marquantes de la critique de l'impérialisme sous toutes ses formes, et de nombreux jeunes révolutionnaires de gauche se réclameront de sa pensée et de ses actions. Ses conférences à l'*Hosseynieh*-é *Ershad* de Téhéran mobilisaient les foules, comme les interventions de Jean-Paul Sartre à la Mutualité à Paris pouvaient rassembler la jeunesse progressiste d'après 68. Au cœur de son propos politique, Chariati mettait de l'avant l'importance du rapprochement entre l'islam et les mouvements tiers-mondistes : « La Révolution islamique allait porter à son paroxysme et traduire en action politique cette dynamique identitaire qui avait vu l'islam,

---

2. Djalal Al-é Ahmad, *L'occidentalite-Gharbzadegui*, Paris, éditions de l'Harmattan.

3. *L'Iran au XXe siècle*, p. 354.

plus que le nationalisme persan, tenir tête à l'influence culturelle de l'Occident[4]. »

C'est dans ce contexte qu'Abdolkarim Sorouch rentre d'Angleterre au cours des derniers mois du régime monarchiste des Pahlavi. Il a alors 34 ans. Pharmacologue de formation, puis philosophe des sciences devenu philosophe de la religion, il se range du côté du clergé, dont plus qu'aucun autre il parachèvera le mythe de la toute-puissance. Il se place sous la figure tutélaire et charismatique de l'imam Khomeyni. Il a aussitôt « livré un coup dévastateur aux dogmes marxistes qui prévalaient parmi les groupes gauchistes en Iran[5]. » Ce qui lui a valu une nomination par l'imam lui-même au Quartier général de la Révolution culturelle sous la direction du professeur Ahmad Ahmadi. De là son entrée au comité chargé de la réforme des programmes d'études universitaires.

Douze mois après avoir entamé ses travaux, le comité annonça la réouverture des facultés. Le bilan est sombre et les chiffres éloquents : en 1979-1980, selon les statistiques du gouvernement iranien, 175 000 étudiants, dont 35 000 diplômés, fréquentaient les universités du pays ; en 1982-1983, le nombre d'inscrits passait à 117 000, avec 6000 diplômés. Le corps professoral perdait près de la moitié de ses membres, passant de 16 000 à 9000[6].

Les conséquences humaines de cette « purification », de cette Révolution culturelle à l'iranienne, ne furent donc pas très glorieuses. Une partie de la jeunesse allait perdre plus que des illusions sur la direction que prenait la Révolution islamique. Dans les universités, comme dans la rue, les Comités révolutionnaires livrèrent une bataille sans merci aux opposants qui se défendirent farouchement. La guerre civile se répandit dans tout le pays et fut particulièrement violente à Téhéran. Mais le combat était inégal. Après avoir maîtrisé la rue, le régime sévit. Les purges ne furent que plus dures et plus mortelles. Ces abus furent dénoncés publiquement par l'ayatollah Montazeri, au même titre que les comportements violents des « contre-révolutionnaires ».

---

4. *Ibid.*, p. 355.

5. Ali Paya, *Modern Trends in Shi'i Thought*, Centre for the Study of Democracy, University of Westminster, s.d., p. 12.

6. Voir Fred A. Reed, *Persian Postcards : Iran After Khomeyni*, Vancouver, Talonbooks, 1994, p. 123.

Quelques mois après s'être joint au comité, le docteur Sorouch remettait sa démission. Mais comment pardonner à l'intellectuel qui a collaboré à une chasse aux sorcières qui a fait de nombreuses victimes chez les étudiants et les enseignants de gauche? Sorouch n'élude pas cette question, au contraire. On verra qu'il tente d'y répondre. Mais déjà, la suite de ses actions et de ses engagements plaide en sa faveur et constitue en partie une réponse. Ce sont, sans aucun doute, des éléments qui permettront à l'histoire de le juger et peut-être de comprendre. Depuis 15 ans, il est devenu un critique radical d'un régime, qui, en retour, lui fait payer la monnaie de sa pièce.

Aujourd'hui, Sorouch, comme Daryush Shayegan, fait partie des philosophes connus dans le monde qui ont fait éclater la relation entre l'islam et la politique. Il est aussi un des opposants les plus farouches de la mainmise idéologique des mollahs sur la pensée et sur la société iranienne. Sa parole est très écoutée chez les jeunes, avec lesquels il s'est efforcé de rester étroitement en phase, ainsi que chez les intellectuels; même s'il est privé du droit de s'exprimer publiquement, même si des menaces de mort planent toujours sur lui, ses livres — seule façon pour lui de communiquer aujourd'hui en Iran — connaissent un réel succès en librairie.

Voilà ce que nous savions et ce que nous avions à l'esprit en rencontrant le docteur Sorouch.

Notre réunion se tient, très discrètement, au premier étage du bureau de la Fondation pour la Sagesse, l'organisme qui gère la publication et la diffusion de son œuvre, et qui occupe un vieil immeuble au fond d'une ruelle étroite et sombre du quartier de l'université.

La nuit commence à tomber. La première question que nous lui posons est sans ambiguïté : comment justifier que, au nom de la Révolution et de l'islam, certains intellectuels n'aient pas dénoncé les dérives et les abus du khomeinisme, au risque aujourd'hui d'avoir les mains sales ?

« On a cru parce qu'on a voulu croire. On a marché par volonté de marcher, sans trop examiner au préalable le trajet proposé. De mon point de vue, notre révolution a été une révolution sans théorie. Elle avait des causes, mais peut-être aucune raison. Aujourd'hui le travail de la Réforme, c'est de créer la théorie de la Révolution et d'en élaborer les raisons. Le risque que l'on prend est que la Réforme soit sans théorie, comme la Révolution, et coure à sa perte. »

Est-ce que cette absence de théorie a laissé le champ libre à une mainmise du religieux ? Lorsque l'ayatollah Khomeyni devient le père de la Révolution, est-ce qu'il est, en même temps, *en soi* la théorie ?

« Oui, c'est vrai que l'ayatollah Khomeyni est devenu lui-même la théorie de la Révolution. Et l'on s'y réfère encore pour résoudre tous les problèmes. Sa personnalité charismatique est devenue la théorie. Dans un monde religieux, les personnes sont les raisons de ce qu'elles disent ; dans un monde non religieux, elles sont les causes. C'est ainsi que l'ayatollah Khomeyni, chef du clergé et Guide de la Révolution, était la preuve vivante de ses paroles et de ses actes. Et, au grand jamais, aucun de ses adeptes n'exigeait d'autres preuves ! On se tournait vers lui pour savoir quoi faire et quoi penser. Il avait les mêmes prérogatives que le Prophète lui-même.

« Aujourd'hui, les intellectuels se posent des questions — et je me pose des questions : pourquoi avons-nous été aussi silencieux dans les premières années de la Révolution ? Aujourd'hui, les intellectuels se blâment eux-mêmes. Ils étaient très critiques à l'égard du pouvoir avant la Révolution. Ils l'ont payé cher. Après la Révolution, ils ont occupé la place du spectateur. À ce moment-là, pourtant, je n'avais pas d'illusion. Je savais que le pouvoir religieux ne serait pas une bonne chose. J'ai participé au pouvoir en croyant que je pouvais le conseiller, calmer ses excès, réduire ses écarts de conduite. Je l'ai fait, mais j'ai compris très vite que je n'avais rien à faire là. J'étais impuissant. J'ai quitté les rangs du pouvoir. Mais il y a un attrait du pouvoir, même pour les intellectuels, et nombreux sont ceux qui sont restés pour leur confort, pour leur bien-être, pour le pouvoir, tout simplement. Ils sont restés et ils occupent de très bonnes places aujourd'hui. Mais je sais que, dans les rangs des intellectuels religieux, j'ai de nombreux amis qui ont perdu leurs illusions. »

Vous reconnaissez qu'il y a des intellectuels qui ont les mains sales.

« Oui, chez les religieux, moins chez les laïcs pour lesquels la situation était plus compliquée : ils étaient dépendants plus ou moins des religieux et la ligne de partage entre dépendance et indépendance n'est pas facile à établir. Les relations entre les intellectuels et le clergé ont toujours été difficiles, et les laïcs font le pont entre les intellectuels et le clergé. L'avenir de la religion dans ce pays est entre les mains des intellectuels-religieux et celles du clergé.

« Le président Khatami est à l'image de cette transition. Je l'appelle un "pseudo-clerc". C'est un homme religieux au sens de l'apparence et de la formation, mais tandis qu'il recevait une formation religieuse, il étudiait aussi la philosophie, Hegel en particulier. »

Plus de 20 ans sont passés depuis la Révolution. En Iran, aujourd'hui, on constate une désaffection grandissante à l'égard de la religion. Comment vivez-vous cela ?

« C'est vrai, j'ai perdu la foi dans le clergé, mais je n'ai pas perdu ma foi dans l'islam. Je suis capable de faire la distinction ! D'ailleurs, cette distinction fondamentale est à la base de mon enseignement. Il y a différentes interprétations possibles de l'islam, et la lecture qu'en fait le régime est une lecture possible, mais elle est inacceptable. »

Les intellectuels ont besoin d'un espace de liberté pour exprimer leur pensée, exercer leur libre arbitre. Pensez-vous que cet espace soit garanti en ce moment ?

« Il est disponible avec le président Khatami, mais les Conservateurs ne veulent absolument pas ouvrir un véritable espace pour la liberté de pensée. Il s'entrouvre à peine, et la pensée est très risquée ici quand elle s'exerce librement. Les intellectuels, les étudiants et les journalistes en prison en sont la preuve vivante. Nous sommes très menacés. »

Quelles sont les limites à l'intérieur desquelles vous pouvez exercer votre profession de philosophe et d'enseignant ?

« Je peux dire ce que je veux à propos de la politique, sur la théorie du Pouvoir du Docte, sur la Révolution. Mais je ne peux pas toucher au Guide. On ne peut pas parler librement de lui ou de ce qui tourne autour. Par contre, dans mes livres, je peux diffuser mes propos et mes idées. Je n'ai que des contacts limités avec mes étudiants et mes amis. Limités, parce que je ne peux pas aller où je veux ! Je suis interdit dans les universités et je ne peux pas sortir seul. Je dois toujours être accompagné, à cause des risques. Vous comprenez ?

« Par ailleurs, je ne peux pas accueillir n'importe qui, je dois être très prudent. Il y a aussi ceux qui viennent me voir en amis, mais qui en vérité sont des agents. Et là, je dois être très prudent et ne pas répondre à leurs questions. Dans ce contexte, le travail professoral est plutôt pénible, parce qu'on ne sait jamais à qui l'on a affaire. Même si ces conditions compromettent mon métier, mon devoir de philosophe, c'est de tout faire pour analyser cette situation, pour en dénoncer les raisons et les causes. Mais c'est vraiment tragique, oui. »

L'estime dont jouit maintenant le docteur Sorouch dans le mouvement réformateur et son influence auprès des étudiants prouvent que, malgré son passé, ses arguments et sa parole sont entendus tandis que son courage et son engagement sont appréciés. Au demeurant, le régime a parfaitement compris le danger qu'il représente et le lui a fait savoir clairement à plusieurs occasions.

Ainsi, en juillet 2000, Abdolkarim Sorouch se rend à Khorramabad pour commémorer le soulèvement estudiantin qui a éclaté à Téhéran l'année précédente. Son collègue, l'hodjatoleslam Mohsen Khadivar, un clerc de dix ans son cadet, l'accompagne.

Dans cette ville de province se déroule le congrès annuel de la principale organisation étudiante du pays, *Daftar-é Takhim-é Vahdat* — le Bureau pour la consolidation de l'Unité. Pendant longtemps simple relais du pouvoir dans les universités, le BCU s'est investi corps et âme dans la campagne électorale qui a porté Mohammad Khatami à la présidence. Devenu la cible de la violence du 9 juillet, il se radicalise rapidement. Lors de ses assemblées

publiques tenues sur des campus, on entend publiquement pour la première fois des slogans comparant le Guide suprême à Pinochet, et son régime à celui des talibans, en Afghanistan.

Les étudiants sont venus accueillir leurs deux conférenciers invités à l'aéroport. Ils ne sont pas seuls. L'*Ansar-é Hezbollah* est là aussi. Cette organisation, qui a d'abord été ce qu'on appelle pudiquement un *groupe de pression*, s'est transformée rapidement en véritable bras armé de la faction ultraconservatrice du régime. Son journal, *Ô Sang d'Hussein*, propage son idéologie extrémiste et son chef Asgaroladi est souvent cité par la presse. Mais personne ne lui pose des questions sur le financement de son organisation, ni sur ses liens avec le pouvoir occulte qui, seul, peut autoriser le recours à la violence.

Il y a donc ce jour-là des dizaines d'hommes de main en civil qui attendent, dans la salle de réception de l'aérogare, l'arrivée des conférenciers. Dès que les deux célèbres intellectuels s'approchent de la jetée, ils sont accueillis par une pluie de pierres et d'injures. Escortés par le personnel, ils se réfugient dans les toilettes où ils vont passer 12 heures avant de reprendre le prochain avion pour Téhéran. Pendant ce temps, dans la ville, des escouades de casseurs sillonnent les rues et attaquent violemment quiconque ressemble à un étudiant. Ils mettent en place des barrages sur la route principale de Khorramabad pour intercepter les autobus qui amènent les étudiants des autres villes. Ils les font descendre et les battent sauvagement. La police, qui a été appelée en renfort par le service d'ordre pacifique du BCU, détourne les yeux et n'intervient pas.

Malgré la gravité du jugement qu'il porte sur son action et sur celle des intellectuels lors des premières années de la Révolution, le docteur Sorouch restait persuadé à la fin de notre entretien que son combat d'aujourd'hui valait la peine, qu'il était, cette fois-ci, dans le sens de l'histoire, à la bonne place, et que la Réforme allait triompher. À tel point que, en prenant congé de nous, il prédisait que, sous peu, l'Iran allait non pas exporter la Révolution islamique aux pays de la région, mais devenir le modèle d'une démocratie religieuse sous la forme d'une société civile revitalisée. À ces mots, l'imam Khomeiny a dû légèrement frémir dans la vastitude de son mausolée.

Nous étions en mai 2000, les Réformateurs avaient encore le vent en poupe. Ils ne savaient pas encore à quel point leur ambitieux projet allait à l'encontre non seulement des intérêts du régime, mais aussi de ceux des États-Unis, désireux d'imposer leur propre projet de démocratie de marché dans l'ancienne aire coloniale façonnée par les accords Sykes-Picot et la guerre froide.

Le voile bleu

KHADIJEH SAFIRI est une éminente sociologue. Elle est aussi professeur et vice-rectrice à l'Université al-Zahra, une université réservée aux femmes. Elle nous a invités à la rencontrer sur le campus de la faculté de gestion de l'Université de Téhéran, une université mixte où enseigne son mari, le professeur Dja'afar-Nejad.

À l'opposé du campus central, avenue de la Révolution, lieu de la prière du vendredi, théâtre historique des rassemblements, des manifestations, des émeutes et des répressions, celui du quartier de Guicha respire le calme, et même une certaine torpeur.

Safiri nous reçoit dans le bureau de son mari, qui, à notre surprise, assistera — activement — à la première partie de l'entretien. La cinquantaine, vêtue d'un tchador qui recouvre son manteau, noir sur noir, elle dégage une certaine austérité, que son unique brin de fantaisie, un foulard bleu ciel sagement serré autour de la tête, ne réussit pas à faire oublier.

Nous sommes loin du radicalisme féministe de Fariba Davoudi-Mohajer, la présidente du Parti des femmes, qui dénonce vigoureusement le recul de l'emploi féminin en Iran. Khadijeh Safiri fait confiance aux statistiques, et sa parole est d'autant plus pondérée que son mari, assis derrière son bureau, ne craint pas de l'interrompre, d'intervenir à sa place et de manifester clairement son accord ou son désaccord. Cette apparente femme de tête se soumet à ce contrôle en direct avec une étonnante bonne grâce et la réponse de la sociologue et vice-rectrice de l'Université des femmes à notre première question est pour le moins équivoque : on ne peut parler ni d'une amélioration ni d'un recul.

« Pendant les premières années de la Révolution, le taux de participation des femmes sur le marché du travail a chuté. Depuis, et par rapport à cette époque, nous avons connu une faible croissance. Selon nos statistiques des 15 dernières années, il y a même eu une amélioration. D'une façon générale, les femmes préfèrent travailler dans le secteur public. Ma recherche démontre aussi le progrès global réalisé dans le domaine de l'emploi féminin, tous secteurs confondus. Je vous dirai que le taux de satisfaction est normal. »

Le professeur Dja'afar-Nejad répond au téléphone. Nous comprenons qu'il est demandé à l'extérieur de son bureau. Il hésite, il tente de décommander ce qui semble être une réunion. Il quitte à regret. Le thé vient d'arriver. Nous reprenons le dialogue avec notre sociologue qui semble se détendre un peu avec le départ de son mari.

Où en est l'écart entre les salaires des femmes et des hommes ?

« En Iran, les salaires de base des femmes et des hommes sont égaux. Cela se complique quand les hommes, qui sont considérés comme chefs de la famille, commencent à toucher des bonus en vertu des charges familiales qui leur incombent traditionnellement. Quand mon mari a été embauché, nos salaires étaient identiques ; aujourd'hui il gagne plus que moi.

« Mais en Iran, puisque la rémunération des femmes et des hommes se calcule à partir de la même base, il n'y a pas de conflit sur cette question.

« La lutte des femmes n'est pas là. Ce sont les règles de la société qui mettent les femmes en situation d'infériorité. Mais ces dernières sont tout de même présentes et actives dans les élections, et participent à la vie sociale. »

Quelles sont alors ces règles ?

« En majorité, elles s'appliquent à la structure de la famille ; les autres concernent l'emploi. Nous n'avons pas de restrictions dans la représentation des femmes au Parlement, seulement, dans notre société, les hommes ne peuvent pas accepter qu'un grand nombre de femmes participent à la vie publique. C'est une mentalité qui freine l'avancement des femmes. »

Que faudrait-il changer en priorité ?

« D'abord, la mentalité des hommes, au moyen de lois proposées et adoptées par le Parlement. Nous ne nous attendons pas à tout accomplir du jour au lendemain ; nous avons besoin de temps.

« Le combat des femmes est différent selon le champ d'activité. Nous travaillons à changer les mentalités. Mais on n'a qu'à comparer avec le passé pour constater que les femmes sont de plus en plus actives dans la société. »

Est-ce là une des conséquences du féminisme et d'une radicalisation du mouvement ?

« S'il y a des démarches entreprises résultant du féminisme, c'est tant mieux. Ici, dans notre pays, la situation n'est pas tout à fait celle de l'Occident. La comparaison est boiteuse. Nos problèmes sont de nature différente, ainsi que nos méthodes. Mais peu importe la définition, le but est d'obtenir plus de droits pour les femmes. Chacune dans son champ d'activité, les femmes se battent. Moi, par exemple, j'édite à l'Université d'al-Zahra une revue qui s'appelle *Women's Studies,* dans laquelle je publie des études portant sur la situation de la femme. Voilà mon champ de bataille, si vous voulez.

« En Iran, nous avons beaucoup d'ONG œuvrant dans plusieurs milieux. Celles qui se trouvent dans les mêmes milieux se réunissent pour parler de leurs problèmes. Dans les facultés de sociologie, par exemple, ce sont les débats sur la condition féminine qui nous préoccupent. »

Que fait l'État ? Est-il présent ? Y a-t-il un ministère de la Condition féminine ?

« Nous n'en avons pas, mais il y a un bureau responsable des affaires féminines, sous l'autorité du président. Zahra Shojaei, la responsable du bureau, siège au Conseil et contribue aux délibérations, mais n'a pas droit de vote. Ebtekar, qui est vice-présidente de la République islamique, a le droit de vote aux réunions du Conseil. »

Éventuellement, pourrait-on imaginer une femme à la présidence ?

« Nous espérons ! Notre constitution stipule que certains postes sont réservés aux hommes. Mais nous croyons que cette disposition découle de la façon dont certains hommes haut placés ont traduit l'arabe. »

Pourquoi cette peur chez les dirigeants ? Ont-ils peur des femmes ou des réactions dominantes de la société traditionnelle ?

« C'est un fait de notre culture : jusqu'alors, personne ne s'est vraiment penché sur la condition féminine. Mais il y a de plus en plus d'informations disponibles au sein de la société, et cela conduira à une meilleure promotion des intérêts de la femme. Nous avons besoin, toutefois, de temps. Les gouvernements et leurs programmes politiques peuvent changer rapidement, mais les changements culturels prennent du temps pour pénétrer la société à tous les niveaux. »

Nous avons l'impression que le processus de réforme s'est arrêté. Quelle sera l'étape suivante ? Un nouveau projet fondé sur l'énergie des femmes ?

« Je ne suis pas d'accord avec vous. La Réforme ne s'est pas arrêtée. Quand une idée est en marche, elle peut changer d'apparence, mais elle ne cesse pas de faire son chemin. Comme l'eau, elle trouvera sa façon de contourner les obstacles qui se dressent devant elle. Quant à moi, j'espère que le mouvement des femmes montrera un autre aspect, une autre dimension du Mouvement de la Réforme. »

Pour sortir d'une discussion qui nous semble trop prévisible, nous prenons le risque de soulever la question du *hidjab*, une hantise de l'Occident, le miroir déformant de l'image de la femme musulmane, signe visible de l'identité religieuse... mais aussi de plus en plus contesté en Iran par des femmes elles-mêmes.

Que pensez-vous du port obligatoire du hidjab ? Faut-il le voir comme une règle ou comme une tradition ?

Là, Madame Safiri commence à perdre son calme universitaire. Elle lâche les outils quantitatifs de la sociologie et se crispe.

« D'abord, le phénomène n'est pas limité à l'islam ; il est aussi visible dans plusieurs religions. En Iran, il fait partie de notre religion et, en tant que pays islamique, nos lois rendent son port obligatoire. Et moi, en tant que femme musulmane, je n'ai aucune objection à cela.

« Je le répète, nous avons choisi de vivre dans un pays islamique, il est donc tout à fait naturel qu'il en soit ainsi. À l'avenir, nous allons porter une plus grande attention à la forme que peut prendre le hidjab. Il ne s'agira pas de l'enlever, mais plutôt de l'alléger. »

Nous marchons beaucoup dans la rue, nous fréquentons les lieux publics et nous nous trouvons souvent en présence de jeunes femmes qui ont largement pris les devants dans cet « allègement » comme vous dites. Elles n'ont pas attendu une quelconque modification de la loi pour se dégager des contraintes du vêtement religieux.

« Ce que vous voyez chez les jeunes filles reflète les goûts des jeunes. Et dans ce sens, le changement s'est déjà opéré. Je souhaite seulement que l'on modère le changement pour que tous et toutes puissent l'accepter. Certains le perçoivent comme une agression, un manquement à la règle et à la tradi-

tion. Je pense seulement à une autre façon de se couvrir. Une robe longue, par exemple, qui serait acceptable par tous. La voie de la modération est celle qui peut trouver la plus large adhésion. »

En Turquie, par exemple, où il n'y a pas de tenue religieuse obligatoire mais plutôt son contraire, on a vu apparaître une véritable mode islamique. Mais c'est le choix libre de chacune et non pas le résultat d'une obligation légale.

« J'en discute avec mes élèves. Pour nous, l'important sera d'enlever cette noirceur. Le noir n'est pas acceptable en islam. Cette façon de se vêtir [elle touche à son tchador] est iranienne bien avant d'être islamique. Si nous parvenons à introduire des couleurs vives, des couleurs du bonheur, cela changera le visage de notre société. »

Est-ce qu'on ne peut considérer que le port du hidjab relève d'une décision individuelle, celle d'une femme qui répond à sa conscience ou à Dieu ?

« Nous somme une nation musulmane, et en tant que telle nous devons avoir une identité islamique ; cette identité devrait se manifester dans notre apparence. Ce n'est pas par conséquent une question individuelle, mais une question sociale. C'est un indicateur d'identité. Vous devez le porter comme membre d'un groupe. En Turquie, on voit une nouvelle approche de l'islam. En France, pourquoi les femmes insistent-elles pour porter le foulard ? Ce n'est pas une question individuelle, mais un phénomène de société grandissant. »

En France, où le débat sur le port des signes religieux ostensibles bat son plein et a des échos dans toute la presse iranienne, l'interdiction fait partie intégrante de la Constitution du pays. Il ne s'agit pas de la décision d'un Guide suprême, mais d'une mesure commandée par la démocratie. Si l'Iran peut exiger que toute femme sur le sol iranien porte le hidjab, selon les règles islamiques, alors la France peut aussi bien l'interdire.

« Pour moi, reprend-elle, en tant que femme, le hidjab n'est pas du tout un obstacle au progrès social. En parler encore nous fait perdre notre temps. »

Elle marque un temps, avant de conclure, sèchement :

« Le hidjab a ouvert la société aux femmes. Un point, c'est tout. Il ne faut pas se méprendre sur les apparences. »

Toujours est-il que la situation des femmes a beaucoup évolué en Iran depuis 1991, quand le procureur général de Téhéran sous la présidence de Hachemi Rafsandjani, un certain Abolfarz Moussavi Tabrizi, qualifiait ouvertement de « rénégates » les Iraniennes qui refusaient de se plier aux exigences de la tenue islamique. Et quand un procureur, religieux ou non, qualifiait une femme de « renégate », c'était une menace de mort [1].

Les patrouilles de surveillance des mœurs sillonnaient alors les rues dans leurs voitures blanches, interpellant et harcelant les jeunes femmes dont le hidjab laissait paraître trop de cheveux. Pendant ce temps-là, d'autres femmes croyantes allaient en grand nombre à la conquête des lieux publics. On les retrouvait même dans les quartiers cossus du nord de la ville, où elles n'étaient pas acceptées autrefois. Fariba Adelkhah, sociologue formée en France, a tenté d'en rendre compte et de l'expliciter :

---

1. Fariba Adelkhah, *La Révolution sous le voile : femmes islamiques d'Iran*, Paris, Éditions Karthala, 1991, p. 7, préface de Jean-Pierre Digard.

« Par le biais de la relation dynamique qu'elles ont nouée avec la religion, les femmes islamiques sont parties prenantes de l'invention d'une modernité originale, souvent mal comprise des observateurs occidentaux[2]. »

Les recherches de Adelkhah, depuis 12 ans, montrent que « la situation de la femme » en Iran n'a pas cessé d'évoluer. Elle évolue encore. Il suffit d'ouvrir les yeux dans la rue, dans les parcs, dans certains restaurants, quel que soit le quartier de Téhéran, le comportement des jeunes filles et des jeunes femmes a profondément changé au cours des sept dernières années, et cela malgré les cycles récurrents de répression. En janvier 2004, nous avons connu une période d'ouverture évidente — ou d'indifférence « contrôlée » — du pouvoir à l'égard du comportement des femmes. Dès 1997, l'élection de Mohammad Khatami devait énormément aux femmes qui voyaient en lui l'homme qui saurait transformer leurs acquis informels en lois et en droits respectés par tous en mettant la société iranienne à l'abri de l'arbitraire.

La prise en compte de la condition féminine est sans doute un des points les plus ambitieux du Mouvement de la réforme et les résultats ont dépassé les espérances des différents acteurs. L'égalité n'est pas vraiment établie, et Fariba Davoudi-Mohajer a raison de penser que le Parti des femmes a encore du travail à faire. Il est sûr, par contre, que les femmes ont pris leur destin en main et qu'elles ont compris le sens de leur combat. Dans les quartiers défavorisés de Téhéran et un peu partout dans le pays, à l'initiative des nombreuses organisations non gouvernementales, les femmes se sont rassemblées autour des questions essentielles posées par la pauvreté, le contrôle des naissances, la santé, la faim, l'alphabétisation. Autour de ces objectifs, la solidarité entre les femmes s'est développée au-delà des différences sociales, le militantisme a gagné les milieux aisés et les milieux défavorisés. Les femmes de la petite-bourgeoisie et des couches moyennes font cause commune avec les femmes des grandes villes, des villes satellites, et des faubourgs populaires.

Les femmes ont pris en charge leurs problèmes à travers des ONG qui ont poussé comme des champignons dès les premières années du gouvernement Khatami. Ces organisations manquent souvent de ressources, elles sont

---

2. *Ibid.*, p. 252.

isolées mais tenaces et efficaces. Très actives sur le terrain, elles sont aujourd'hui indispensables dans la vie quotidienne de la société iranienne.

Leur existence constitue une des réussites du mouvement réformateur. Fortement implantées, les ONG sont devenues de vrais foyers de résistance et les lieux réels où se créent de nouveaux courants de pensée et se développent les réformes profondes de la société.

Nouvelle vague

MIDI AU CAFÉ du Forum des Artistes. La lumière de ce jour de fin janvier illumine la pièce, déjà animée par la présence de petits groupes de jeunes Iraniens venus manger, boire du thé, ou simplement bavarder. Nous avons rendez-vous avec un jeune homme très actif dans les ONG qui constituent un des ferments du tissu associatif iranien et un des lieux de réflexion et de militantisme relativement à l'abri des interventions du pouvoir. Omid Memarian est journaliste et directeur des communications chez *Nandichan*, « le Centre des jeunes penseurs pour la relève dans la société civile[1]. » Une formule pudique pour désigner un organisme regroupant les organisations non gouvernementales qui abritent des actions sociales et civiques sur le terrain.

Omid a 30 ans. Vêtu avec goût, il est souriant et rasé de près. Une absence de barbe qui détonne toujours dans ce pays où les barbus sont légion. Il parle un excellent anglais. Son travail le conduit à parcourir le pays de conférences en colloques et en animations de groupes. Il intervient aussi à l'étranger. Cette fréquentation très intime des lieux où bouillonnent les idées de la société civile en fait un observateur privilégié des enjeux de la situation actuelle.

« Il aura fallu sept ans, dit-il, pour que les Iraniens parviennent à comprendre le sens de la démocratie religieuse promise par le président Mohammad Khatami. Ma génération voit le pouvoir comme un mythe

---

1. The Center for Young Alternate Thinkers of Civil Society.

entretenu par la génération précédente. Maintenant, après Khatami, nous comprenons ce que cela voulait dire.

« Auparavant, il m'était difficile de penser avec une certaine clarté. Aujourd'hui, je n'arrive pas à croire combien j'ai changé. Mais ce n'est pas tout. La société tout entière s'est transformée aussi. Bien sûr, M. Khatami a raté de belles occasions, mais il n'empêche qu'il y a eu, pendant son mandat, des changements sociaux et politiques majeurs.

« Vous pouvez constater ces changements vous-mêmes dans la rue : dans les rapports sociaux, dans la façon de s'habiller — et particulièrement chez les femmes —, dans les conversations, dans le style de vie. Petit à petit, la religion se retire de la place publique et retourne à sa véritable dimension.

« Le paradoxe le plus frappant de l'Iran islamique, c'est qu'après avoir tenté d'exporter et d'imposer la religion, le régime est en train d'importer malgré lui la culture occidentale, et particulièrement celle, honnie, des États-Unis.

« Ce n'est pas ce qu'ils voulaient faire. Absolument pas. Aujourd'hui, le régime se comporte en don Quichotte ; il n'agit pas dans le réel, il est dans un rêve, dans une illusion. »

Sa parole est corrosive. Elle traduit bien le ras-le-bol de sa génération devant la comédie du pouvoir orchestrée par la mollacratie, au mépris des promesses de la Révolution et pour le plus grand profit de la caste au pouvoir.

« Nous commençons à comprendre où nous a menés la religion. Nous constatons son impact sur la vie politique et sur la société : elle a permis d'institutionnaliser la corruption. Triste sort ! Il n'est donc pas étonnant aujourd'hui que la religion ait quitté la vie et le cœur des jeunes. La jeunesse est devenue laïque dans sa mentalité, dans sa façon de vivre, dans ses espoirs. Et cela survient dans un moment de crise, où la République islamique est en danger. »

Omid met le doigt sur le point sensible de la crise actuelle :

« La religion n'a pas de réponse aux problèmes de la société. Mêmes les questions les plus simples, comme la sexualité, se transforment rapidement en tensions. Même chose pour la circulation automobile, le chômage, la jeunesse, les femmes, la prostitution, enfin tout ce que vous voulez. »

L'indignation d'Omid est la forme polie de la colère qui couve — et parfois s'exprime — dans la jeunesse iranienne. La religion a été utilisée par le pouvoir pour gérer la vie quotidienne de la population, sans aucun retour.

« Ils ont voulu diriger les gens vers les mosquées ; ils ont créé des systèmes de publicité, des émissions de télévision et quoi d'autre. Mais cela n'a pas répondu aux besoins des gens. Prenez la question du sexe, qui est un besoin naturel. Aujourd'hui, en Iran, vous avez d'un côté une société informelle, où les relations sexuelles normales existent. Mais, en même temps, officiellement, cela n'existe tout simplement pas. Nous sommes obligés d'avoir deux personnalités, l'une privée, l'autre publique. Et vous pouvez le voir à tous les niveaux. La vie normale a été refoulée dans la clandestinité. »

Et le retour du refoulé est en marche et de plus en plus visible depuis les cinq dernières années :

« La prostitution a fait clairement son apparition, et plusieurs personnalités de la hiérarchie religieuse figurent parmi les meilleurs clients. Des Iraniens font le voyage dans l'Azerbaïdjan voisin, ou à Dubaï, pour des vacances sexuelles. Trois jours à Dubaï, par exemple, coûtent 300 $. Un gars peut y amener sa copine, ou deux ou trois y vont avec une seule fille. Les officiels le savent très bien, mais ne disent rien. Ils ne font pas leur travail. Ce n'est même pas politique, c'est de l'incurie administrative. Notre régime est incapable de répondre aux plus simples revendications du peuple qui veut simplement vivre sa vie. »

Le constat d'Omid recoupe nos observations. Le régime a perdu le contrôle sur le quotidien, l'emprise sur les esprits et les corps lui a échappé. Le Mouvement de la Réforme en sept ans aura au moins permis cela. La vague est devenue une lame de fond qui s'est enflée et qu'il n'est plus possible de maîtriser. Elle suit son cours, tandis que tous les efforts du régime sont orientés vers son propre maintien au pouvoir. Omid s'en réjouit :

« Je suis tout de même heureux, car, à cause de cette crise, je peux parler. La situation leur échappe ; ils en perdent le contrôle. »

En même temps — et c'est là l'un des paradoxes de l'Iran —, le régime a fait preuve d'une grande flexibilité. Tandis qu'Omid nous livrait son point de vue, le Parlement était occupé par les députés dont la candidature avait été rejetée par le Conseil des gardiens.

Pour se maintenir, le régime est prêt à faire des concessions à ses adversaires politiques. Ce que reconnaît Omid Memarian :

« Dans ce contexte, il ne faut plus voir le Guide suprême comme le chef des Conservateurs, mais comme le membre influent d'une caste qui a les moyens de tout acheter, y compris des gros morceaux de l'Iran. C'est à la fois la force et la faiblesse du régime conservateur. »

Cette faiblesse est plus importante que la force. Si le régime peut tolérer un Parlement peu mordant, incapable de mobiliser les citoyens, il ne peut accepter le mouvement étudiant, beaucoup plus mobilisateur dans l'opinion publique et beaucoup plus dangereux. La réaction a été féroce et le pouvoir n'a pas eu peur de recourir à la violence et à l'emprisonnement pour briser le mouvement et faire taire ses revendications.

« Les manifestations d'étudiants ont été dispersées par des voyous ultra-intégristes, et le pouvoir a accusé les leaders étudiants d'être à la solde de l'étranger. Soixante-dix pour cent des manifestants à l'Université de Téhéran n'ont pas repris leur activité politique. Ils ont été battus; certains ont disparu.

« Et même les manifestations apolitiques se transforment vite en manifestations politiques. C'est l'indice d'un profond mécontentement, d'une désaffection croissante. Le mécontentement populaire éclate, se transforme en scènes de destructions incontrôlées, comme une espèce de pulsion sauvage. Le pouvoir profite de cette situation pour lancer des agents provocateurs qui dirigent les manifestants vers l'embuscade où ils finiront par se faire casser la gueule. Tout cela montre que le régime craint les manifestations, mais, en même temps, elles sont très dangereuses pour les Réformateurs. »

Omid Memarian sait de quoi il parle. C'est un compagnon de route des Réformateurs, même s'il reste critique devant les faibles résultats du gouvernement du président Khatami.

« En tant que représentants des ONG, nous avons eu une rencontre avec M. Khatami. C'est un véritable démocrate, mais il sait ce que sont les Conservateurs, comme il sait ce dont ils sont capables. Il nous a mis en garde : évitez les actions trop radicales, allez de l'avant mais avec beaucoup de précautions, lentement, graduellement. Il sait de quoi il parle ! Il connaît l'appareil politique conservateur de l'intérieur, même s'il se situe à l'extérieur aujourd'hui. C'est un intellectuel, mais il est aussi fils de *mardja* — un titre qui désigne celui que l'on considère en chiisme comme "source d'émulation". »

« Ceux qui ont le pouvoir en Iran aujourd'hui ont fait la Révolution. Ils en ont l'expérience, et ils savent ce qui pourrait arriver si jamais ils perdaient le contrôle de la situation.

« Je ne dirai pas que la Réforme est un échec. Par contre, il faut admettre que les Réformateurs ont manqué l'occasion. Il est sûr que le Parti réformateur est en faillite politique, mais le mouvement est toujours vivant. Les femmes et les jeunes se sont radicalisés, ils débordent aujourd'hui les Réformateurs. »

Omid est catégorique : c'est le début de la fin du régime et le régime le sait. Comme à la boxe, c'est le dernier round qui est le plus dangereux[2].

« Les gens en ont marre de la République islamique. Vous ne pouvez pas vous imaginer ce qu'on a commis en son nom. Mais, en même temps, la population n'est pas prête à changer de régime : alors que va-t-il se passer ? »

Devant le déclin de la Réforme, devant l'affaiblissement de la confiance populaire, Omid Memarian met de l'avant le développement des organisations de la société civile. « Les circonstances sont favorables actuellement. Notre stratégie consiste à s'emparer du pouvoir social, pas du pouvoir politique, un peu comme en Turquie avec Recep Tayyip Erdogan, qui est arrivé au pouvoir porté par un fort mouvement social.

« Notre initiative constitue un projet de société, et non pas une façon de se tailler une place privilégiée. À l'exemple de l'Allemagne de l'après-guerre, nous pouvons produire une société démocratique. Notre expérience jusque-là confirme que nous avons choisi le bon chemin. »

Même s'il reconnaît les qualités morales du président Khatami, il le considère comme le produit de la République islamique, et non pas comme l'instigateur d'un nouveau courant social :

« Malheureusement, le Conseil des gardiens est aussi un produit de cette société. Il y a un peu d'ayatollah en chacun de nous. Mais nous croyons que les choses peuvent changer en agissant dans la société civile. »

Aujourd'hui, il existe plus de 2000 organisations non gouvernementales à l'œuvre dans la société civile iranienne, dont 315 consacrées aux femmes. Tous ces organismes prétendent fonctionner selon un modèle démocratique. « On ne trouve d'équivalent dans aucune autre société de la région. Notre mouvement est très vivant. »

---

2. Cette rencontre a eu lieu en janvier 2004, juste avant la victoire des Conservateurs au Parlement. Neuf mois plus tard, le 13 octobre, la police arrête M. Memarian. La veille de son arrestation, l'éditorial signé par Hosseyn Chariatmadari dans *Kayhan* l'accuse d'être à la solde de l'« ennemi extérieur ».

Certes, le mouvement social porté par les ONG est bien vivant, mais son chemin est parsemé d'embûches. Le mouvement est limité essentiellement aux couches moyennes et supérieures de la population ; il a beaucoup de difficultés à mobiliser « les masses ». Il manque aux ONG les moyens nécessaires pour toucher directement les couches les plus défavorisées de la population ; la radio, la télévision et les principaux médias sont sous le contrôle du régime, les ONG n'y ont pas accès [3].

Pour assurer leur fonctionnement et une solide implantation, les ONG ont aussi besoin de financement. Depuis 1997, le financement international constitue la première source de soutien à leurs programmes ; les fonds proviennent du Conseil de la Population, de la Fondation Ford aux États-Unis, du Programme pour le Développement du Gouvernement des Pays-Bas et de l'Agence australienne pour le développement international. La provenance de ces fonds peut soulever des interrogations légitimes sur les motivations des bailleurs et sur l'indépendance des bénéficiaires.

Un second programme, financé par le Bureau de Développement de l'ONU à Téhéran, a été suspendu après l'ingérence des représentants du ministère de l'Intérieur iranien. Un troisième relève directement des bureaux du gouvernement iranien, qui y engage des centaines de milliers de dollars. Il fonctionne, mais il demeure impossible d'en évaluer l'apport, même de façon superficielle et minimale. Cela s'ajoute au paradoxe des ONG en Iran, en particulier dans le réseau de la santé communautaire : le régime autoritaire soutient des organisations à fort potentiel contestataire. Apparemment sans les manipuler, mais il est bien difficile de tirer des conclusions objectives.

En conséquence, le mouvement des ONG a besoin d'une stratégie claire et efficace pour s'affranchir des contraintes politiques et financières qui pèsent sur son indépendance et sa liberté d'action. Sans cela, il n'échappera pas à l'influence de ses bailleurs de fonds internationaux ou gouvernementaux. L'enjeu est de taille à un moment où le régime est prêt à tout pour garder le pouvoir. L'incapacité du mouvement à se doter d'une personnalité forte et distincte le condamnerait à partager le destin des nombreuses institutions de la société iranienne qui sont modernes en

---

3. Maryam Hosseinkhah, « A Cold Reaction by the Iranian NGOs to the Global Peace Movement », in *Volunteer Actors, Iranian CSOs Training and Studies Center*, Avril-mai 2003, nos 11-12.

apparence mais fondamentalement traditionnelles dans la réalité de leur fonctionnement[4].

D'ailleurs, à la lecture des articles dans les bulletins de liaison que nous a laissés Omid, on peut s'interroger sur le langage qui sert de lien entre ces organisations. Le vocabulaire est emprunté à la langue de gestion des affaires, sur le modèle de la « démocratie de marché ». On relève l'usage multiple des concepts comme *stakeholders, knowledge workers,* ou *entrepreneurship,* dont on saisit clairement l'origine. Par contre, le rôle du citoyen est beaucoup moins évoqué.

On peut craindre que les ONG ne deviennent les relais du modèle néolibéral ou du régime. On peut aussi se demander jusqu'où pourra se développer le mouvement des ONG, qui représente un véritable espoir pour la démocratie et la société civile, sans se heurter aux obstacles qui ont eu raison du mouvement politique de la Réforme. À moins que le régime ne considère qu'en neutralisant la Réforme il a mis hors jeu le seul adversaire dangereux pour sa survie et qu'il n'a rien à craindre d'un réseau d'ONG qui ne met en cause ni l'ordre établi ni le modèle économique dominant. À partir du moment où les fondements du régime ne sont pas mis en question, le pouvoir peut accepter qu'on lui propose une autre méthode de gestion, qui prônera une modernisation technocratique, loin des préoccupations des citoyens et sans danger pour lui.

Ainsi le régime des mollahs trouve son compte dans la doctrine du néolibéralisme qui propose de transférer la responsabilité des services publics à la société civile, de réduire les prestations de l'État aux citoyens, de confier à la charité publique et à la solidarité ce que la société attendait autrefois de l'autorité politique chargée de veiller à une plus juste répartition de la richesse collective.

Au lendemain du tremblement de terre catastrophique de Bam, nous avons vu la force de l'élan de solidarité qui a traversé le pays, plus vite que les secours mis en place par le gouvernement. Depuis longtemps déjà, la société a l'habitude de se débrouiller seule, sans grande aide de l'État. À Bam, le désastre humain était trop grand pour laisser passer la colère en

---

4. Sohrab Razaghi, « Capacity Building as a Strategy », in Volunteer Actors, Juin-juillet 2003, n°s 14-15.

première position. Mais ils sont nombreux ceux et celles qui se sont sentis abandonnés par les tenants du pouvoir.

Sous le séisme géologique, la faille politique s'est élargie. Confirmant son désabusement, la population sait désormais que ses intérêts ne sont pas ceux de la caste au pouvoir. C'est ce vide politique, cette absence d'espace humain que les ONG sont venues remplir d'une nouvelle vague de solidarité. Ces organisations servent aussi d'exutoire à une population de plus en plus déçue du politique et qui, sans elles, pourrait un jour descendre dans la rue.

Petit à petit, comme un serpent

NOUS AVONS RENDEZ-VOUS au troisième étage d'un immeuble élégant dans une rue tranquille du quartier Jordan, sur les hauteurs de la ville. Nous sonnons. La porte s'ouvre aussitôt. Madame Rochdieh-Ebrahimi nous accueille avec le sourire. Elle ne porte pas de foulard et nous fait entrer sans cérémonie. « Ne vous déchaussez pas ! » dit-elle, en rompant fermement avec la tradition qui veut que les invités laissent leurs chaussures à l'entrée. L'atmosphère est lumineuse, feutrée. Le décor, raffiné. Des œuvres d'art contemporaines choisies avec goût sont en parfaite harmonie avec de fort belles pièces d'artisanat traditionnel.

D'emblée, celle qui nous reçoit ce matin-là se définit comme une femme « open minded », ouverte d'esprit et même plus précisément ouverte à la modernité par rapport à ceux et à celles qui sont tournés vers la tradition, vers le passé avec la religion comme unique référence. C'est une façon très nette de traduire l'opposition entre le Mouvement de la Réforme et le statu quo du pouvoir conservateur.

Jusque-là rien de totalement inattendu : on sait à Téhéran que plus on monte vers le Nord, plus on se rapproche du flanc de la montagne, plus on rencontre des femmes qui rejettent le foulard, tout au moins qui le remontent assez haut sur la tête pour découvrir une partie de la coiffure en public et qui le laissent purement et simplement tomber à la maison même en présence des étrangers. Ce comportement « à l'occidentale » n'est pas rare dans la moyenne et la grande bourgeoisie iranienne. Mais là, dans les paroles de Behdohkt Rochdieh-Ebrahimi, il y a une part d'ironie et de provocation quand elle se qualifie comme un esprit ouvert. Elle confirme en réalité l'existence d'un véritable fossé qui s'est creusé entre les femmes «ouvertes d'esprit», laïques en l'occurrence, et leurs consœurs «religieuses» qui trouvent faveur auprès du régime et qui œuvrent au gouvernement. De son point de vue, ce fossé a toujours affaibli les femmes, des deux côtés. C'est pour cette raison qu'elle a choisi de militer pour le rapprochement qui commence à s'affirmer dans des actions communes et dans le partage des problèmes liés à la situation sociale et politique des femmes. Évidemment, ce rapprochement n'est pas souhaité par le pouvoir conservateur. Il le dérange même, et c'est en ce sens qu'il fait partie du combat de Madame Rochdieh et des priorités des femmes avec lesquelles elle agit sur le terrain. Ce sera en fait le sujet central de notre conversation.

«Il ne faut pas juger les femmes sur l'apparence. L'austérité de certains voiles stricts peut dissimuler aussi des idées très évoluées. Plus l'ouverture d'esprit se développe chez les femmes, plus grande est leur emprise sur la situation, et plus grande est leur solidarité aussi.»

Mme Rochdieh est issue d'un milieu bourgeois et intellectuel très informé de ce qui se passe ailleurs dans le monde. Elle aurait pu se contenter de vivre une vie tranquille et confortable consacrée à ses deux filles et à son mari, commerçant prospère. Ce n'est pas son cas. À travers sa propre expérience, et même sa propre histoire familiale, elle a pris conscience de la réalité des femmes iraniennes et de leur place dans la société. À partir de là, le cours de son existence a changé radicalement et elle a fait le choix conséquent de se joindre au combat des femmes. Depuis, elle y consacre son temps et les ressources que son énergie débordante peut mobiliser.

«Au bout de dix ans d'expérience, j'ai trouvé mon chemin, ma façon d'être féministe en Iran. C'est complètement différent de l'Europe et de l'Amérique.

«J'ai trouvé des carnets très vieux appartenant à ma tante. Elle a été sans doute la première femme reporter en Iran. Il y a 80 ans, elle publiait un journal pour les femmes. Et elle titrait dans le premier numéro: "Les femmes sont les premières éducatrices des hommes." Je pense qu'à cette époque elle était féministe. Elle était engagée dans la recherche des différentes façons d'obtenir la reconnaissance de ses droits. Elle a combattu pour cela.»

De la main, elle nous indique, au dessus de la cheminée, le grand portrait en noir et blanc d'un homme habillé à l'occidentale mais portant le traditionnel fez sur la tête. Son regard est profond et vif. Il lui ressemble.

« C'est mon grand-père. Il était très actif en politique. Il a eu 14 enfants. Sur le lot, trois filles ont été des femmes très engagées. L'une a créé des écoles, l'autre est donc celle qui a été reporter, et la troisième a été une militante laïque. L'une portait le tchador, l'autre le hidjab et la troisième est restée laïque jusqu'à sa mort. Elles étaient toutes les trois très différentes, mais elles se respectaient parfaitement entre elles. Je pense qu'il y a là déjà une attitude très moderne, une leçon pour nous : nous devons chacune trouver notre façon d'être dans le respect mutuel.

« Ce n'est pas si difficile que cela. Vous devez savoir que les gens des couches modestes, les plus pauvres, sont de plus en plus ouverts d'esprit. Ils peuvent comprendre mes choix. Ils sont plus souples qu'au début de la Révolution, et, en particulier, les femmes de ces milieux-là sont plus audacieuses et plus courageuses que les hommes. Dans notre société, les hommes doivent travailler du matin au soir, la vie est très chère, ils n'ont pas d'assurance. Le travail les rend souvent nerveux. Rien n'est sûr pour eux, ni leur vie, ni leur situation professionnelle. Un homme qui exprime des opinions très ouvertes craint en même temps de perdre son emploi, surtout dans la fonction publique ou parapublique. Les femmes sont moins dépendantes. Elles ne travaillent pas comme les hommes et elles sont plus courageuses pour exprimer leurs opinions. Petit à petit, dans les magasins, les autobus, les taxis, un peu partout, les femmes parlent de façon très ouverte. Elles donnent leur avis sur la société, revendiquent leurs droits en public. Il y a huit ans, tout le monde avait peur. C'était uniquement le fait des intellectuelles, celles qui pouvaient écrire surtout. Maintenant, même dans les quartiers pauvres, les femmes s'expriment et agissent en conséquence. Le régime ne change peut-être pas, mais il est en train de prendre conscience qu'il aura de plus en plus à compter avec le pouvoir du peuple.

« Avant la Révolution, les femmes "ouvertes d'esprit" se trouvaient plutôt du côté des classes aisées, mais depuis dix ans, c'est complètement différent. Maintenant, les femmes des classes populaires étudient et vont à l'université. L'éducation n'est plus réservée aux femmes riches. Aujourd'hui, 75 % des femmes votent. Elles accèdent à la vie publique et politique. Donc, maintenant, il faut concentrer nos efforts sur la partie invisible. »

Et la partie invisible pour Mme Rochdieh commence dès que l'on franchit vers le sud les frontières de son quartier. Sa découverte commence de façon inopinée: une amie sociologue établie à Montréal l'informe un jour de ses recherches sur la condition des femmes afghanes vivant à Téhéran et dont l'existence est parfaitement méconnue du reste de la population.

Elle a du temps. Elle donne un coup de main à son amie et l'assiste sur son terrain d'enquête. Elle va découvrir un autre monde, invisible, presque souterrain, avec ses réseaux d'entraide et même ses écoles clandestines. Mais aussi sa pauvreté et sa misère. Elle est indignée. Elle réussit à se faire accepter, à échapper aux soupçons d'appartenir à une quelconque agence de l'ONU. Elle n'a pas d'argent à offrir, mais sa conviction, son sens de l'organisation, ses propres réseaux d'amis, son entregent.

Elle gagne ainsi la confiance des femmes pauvres et démunies. Elle gagne aussi confiance en elle-même. Alors, elle met en place une véritable organisation d'aide à l'information, à l'éducation, à la tolérance, à la solidarité entre les femmes. Tout cela va reposer d'abord sur la création d'un réseau de petites bibliothèques destinées aux femmes des quartiers les plus pauvres de la capitale et cela s'étendra ensuite à plusieurs villes du pays. Mme Rochdieh installe dans les caves de son immeuble cossu un véritable centre de collecte de livres usagés, de tri et de distribution en réseau, au nez et à la barbe des autorités.

« Ça se passe chez moi. Les femmes viennent chercher des livres qu'elles mettent en prêt dans leurs bibliothèques. Je les reçois dans mon sous-sol et on fait la distribution. Ça n'éveille pas les soupçons. Dans notre société, il est normal que les femmes soient dans le sous-sol pour préparer les fines herbes pour le ragoût! Si je me promenais avec une carte de visite pour distribuer les bouquins, ça pourrait attirer les gens du gouvernement.

« Tout cela a vraiment commencé quand j'ai fait la connaissance de la coiffeuse de Chahr-é Rey, dans le sud de Téhéran. Une femme extraordinaire, une vraie "piquée" des livres. À tel point qu'elle a décidé d'installer une bibliothèque chez elle. Non pas dans la maison, mais dans son petit salon de coiffure! Au début, les femmes du quartier ne voulaient que des bouquins religieux. Elles se méfiaient de l'opinion des autres et se limitaient aux livres religieux pour ne pas éveiller les soupçons. Puis, quand elles ont obtenu l'autorisation du Ministère pour ouvrir officiellement une bibliothèque, elles sont venues chercher d'autres titres, y compris des romans et même de la poésie ! Et la coiffeuse a fermé son salon pour se consacrer exclusivement à sa bibliothèque. Voilà, on avance comme ça, petit à petit, comme un serpent.

« Elles sont nombreuses, les femmes comme elle qui se battent. Et elles m'inspirent. Moi, il y a quatre ans, je n'aurais pas osé faire ce que je fais maintenant. Ce n'est pas parce que je suis devenue plus courageuse, mais parce que je connais les besoins de la société. Je vais, par exemple, au Centre de recherche du Parlement, ils ne savent même pas ce que nous faisons dans les ONG. Je les informe et nous nous informons des règlements. Nous ne voulons pas nous battre contre le gouvernement, nous voulons aider le gouvernement. Aussi, on évite l'affrontement. »

Trois semaines séparaient cette conversation avec Madame Rochdieh des élections législatives. Mais la fin de notre conversation annonçait la défaite sans appel.

« Pendant deux ans, c'était bien. Mais au bout de ces deux ans, les gens ont commencé à laisser tomber le président Khatami. Il est sûr qu'en tant que président il n'a pas encore eu assez de pouvoir. On peut constater cependant le côté positif : depuis huit ans, il y a plus de journaux dans lesquels on trouve des articles sur les droits de la femme. On est plus à l'aise avec le hidjab. Il y a beaucoup de petites choses qui ont changé en peu de temps, et les femmes ont mieux saisi leurs droits. Pour les jeunes filles en particulier, si on tentait de revenir en arrière, de leur imposer des limites, elles accepteraient difficilement cela. Dans la vie quotidienne, les règlements changent et s'améliorent et, là encore, si on veut les faire reculer de nouveau, les gens vont résister. Ils ne voudront plus changer leurs comportements. Si les règles régressent, les gens, eux, ne voudront plus régresser.

« Vous savez, quand les femmes gagnent un peu de pouvoir à la maison, elles ne le perdent plus ensuite. Il y a quelques années, des épouses ou des filles des hommes au pouvoir sont entrées au gouvernement comme directrices ou chefs de service. Elles n'étaient pas en haut de la hiérarchie, mais, quand elles ont été plus averties, elles se sont mises à réfléchir à leurs droits. Alors, elles ont pris conscience que leur pouvoir affectait leur mari ou leur père. Elles ont regroupé d'autres femmes comme moi autour d'elles pour les aider et les soutenir. Maintenant les femmes au gouvernement rencontrent chaque année, depuis trois ans, de façon informelle, toutes les femmes qui travaillent dans les universités, les ONG, et ainsi de suite.

«La femme a changé. Elle est à l'heure d'aujourd'hui, tandis que l'homme est resté à celle d'hier. À cause de notre tradition culturelle, il est vrai que les hommes subviennent encore aux besoins des femmes. Par contre, si les femmes vont à l'université et travaillent, les hommes ne changent pas leur comportement à la maison. Ils ne changent rien à leurs habitudes. L'homme rentre, il s'assoit dans son fauteuil et attend. Moi aussi, j'ai parfois des problèmes avec mon mari. Il y a une semaine, ma fille de 20 ans a eu une discussion ferme avec son père ; il était tellement en colère qu'il m'a dit : "C'est ta fille. Voilà donc ce que tu lui enseignes !"

«Je respecte mon mari. Il est très ouvert et il me soutient. J'ai réfléchi et je lui ai dit : "Ta fille te respecte en tant que père, mais elle ne peut pas te respecter en tant que mari, en tant qu'homme de ta génération. Toi, tu es très bon pour moi, parce que nous sommes de la même génération. J'ai changé et j'ai tout fait pour que tu changes aussi. Je te respecte, je t'aime et je voulais que nous changions tous les deux. Si tu ne l'avais pas fait, nous nous serions séparés. Mais, pour elle, tu n'as pas assez changé."

«Dans notre société, les femmes courent tandis que les hommes marchent très lentement. Ils ne changent pas à cause de la tradition culturelle, à cause de leur pouvoir. »

Et comment vos deux filles vivent-elles aujourd'hui les rapports avec les hommes de leur génération, autour de la vingtaine ? Trouvent-elles que les hommes de leur génération leur correspondent ?

«Pas beaucoup, parce que les garçons de leur génération n'ont pas autant changé qu'elles, dans la mesure où les lois sociales n'ont pas changé. C'est très difficile pour les filles de les transformer. Peut-être, même, que c'est plus facile pour moi dans ma vie que pour elles dans la leur. Quand elles quittent la famille, elles peuvent tout faire, mais dans la famille, elles doivent respecter les règles. On éduque nos enfants de façon très ouverte, on les exhorte à prendre leur place dans la société, à faire respecter leurs droits à l'université, dans la rue, dans les magasins, au travail, mais, quand ils veulent exercer leurs droits à la maison, il n'y a aucune souplesse : on ne touche pas aux règles traditionnelles de la famille. C'est très dur. Dans la famille orientale, les règles ne changent pas facilement. Comme parents à l'esprit ouvert, vous voulez changer toutes les règles dans la société, toutes, sauf dans votre maison !

«Dans la famille les lois non écrites sont très sévères et on ne peut pas les changer. Aussi, depuis la Révolution, les enfants qui constatent l'opposition des règles dans la famille et dans la société vivent dans la confusion. Et ça les affecte beaucoup.

« Dans la rue aussi, la loi est sévère, mais les enfants s'en tirent beaucoup mieux avec ces "lois invisibles". En majorité, les jeunes s'en fichent, donc ils se débrouillent, même mieux que nous! Nous, ça nous fait peur. Eux, ils n'ont pas peur. Bien sûr, on vous citera dix exemples de répression dans la rue, mais pour une population de 70 millions d'habitants, ce n'est rien. »

Mme Rochdieh a entendu parler du nouveau Parti des femmes, fondé la semaine précédente. Le parti de Fariba Davoudi-Mohajer l'intéresse, elle en partage les grandes lignes, mais, c'est le parti d'une génération plus jeune, qui s'est frottée plus tôt au mouvement féministe international, qui est plus radicale sans doute, et théoriquement mieux armée.

Behdohkt Rochdieh est une femme de terrain, plus proche des réseaux communautaires développés par le mouvement des femmes bénévoles dans le système de soins de santé. Ce mouvement est né de la difficulté qu'avait le gouvernement à répondre au besoin de planification familiale et à mettre sur pied un programme de limitation des naissances. Démarche radicale qui venait perturber les fondements "intégristes" du pouvoir dans la République islamique.

En Iran, la fécondité est en chute libre aujourd'hui, de 7,3 enfants par femme qu'elle était en 1966, et de 6,7 en 1986[1], six ans après l'invasion irakienne qui a poussé les autorités à favoriser une politique « nataliste » de défense du territoire, à 2,6 aujourd'hui[2]. Ce succès n'a pu être le seul fait du gouvernement. Il est avant tout l'aveu implicite du pouvoir que, sans le concours des femmes, un tel programme ne pouvait se réaliser.

« Au départ, c'était une vingtaine de femmes du sud de Téhéran. Elles étaient bénévoles, avaient peu de revenus et peu d'éducation. Trois ans plus tard, ce sont 19 000 femmes dans tout l'Iran, auxquelles s'ajoutent aujourd'hui plus de 50 000 bénévoles. Elles ne se connaissent pas toutes, mais moi, je sais qui elles sont et ce qu'elles valent.

---

1. *L'Iran au XXe siècle*, p. 335.
2. Roksana Bahramitash, *Exporting Democracy to the Axis of Evil*, Institut Simone de Beauvoir, Université Concordia, 2004.

« Quand M. Hachemi Rafsandjani était président, l'Unicef l'a félicité d'avoir réussi à créer une telle organisation de bénévoles en soins de santé. Il a dit, à cette occasion, que ce serait un jour le plus grand parti en Iran. C'était très gentil, n'est-ce pas? Il ne croyait pas si bien dire: aujourd'hui, on sait en effet que chaque femme s'occupe à peu près de 50 à 100 familles, selon la densité démographique du secteur. Une seule femme peut donc influencer de 50 à 100 familles. Quand une organisation peut développer un tel réseau, et quand on réussit à rassembler les gens, il ne s'agit plus d'une personne seule qui va voter, mais de quelqu'un qui influence au moins 50 familles.

« Ce projet repose avant tout sur la proximité. Les voisins se retrouvent au dispensaire du quartier ou du village, où ils apprennent ensemble des notions de base: comment s'occuper des enfants, aller à la clinique pour le planning familial et ainsi de suite. La population fait de plus en plus confiance à ses femmes bénévoles: en conséquence, les gens sont de mieux en mieux informés, ils échangent de plus en plus et ils se laissent influencer sur le plan politique. Chaque bénévole agit donc comme une espèce d'ONG. Il est sûr que leurs interventions débordent le cadre de la santé et que leur impact politique entraîne des changements dans la société et dans les mentalités aussi.

« Vous savez, ça me fait parfois penser à ma propre histoire, et je comprends que j'ai beaucoup changé et que les autres changent aussi, comme moi.

« Après la Révolution, les femmes sont rentrées à la maison. Quelques-unes n'avaient pas assez d'expérience ni d'éducation. Ç'a été une triste période pour les femmes. Nous pensions que nous avions perdu notre vie. Or, c'était faux. Le hidjab obligatoire n'était pas une raison de rester à la maison. Nous perdions notre temps en restant à la maison comme dans une prison. Alors, on a commencé à s'activer et nous nous sommes mises à courir. On n'a pas marché, on a vraiment couru. À cause de cela, la société a vraiment commencé à évoluer. Vous pouvez aller partout et vous le verrez. Ici dans les quartiers riches, là dans des quartiers plus pauvres, des femmes éduquées, des femmes sans éducation, des femmes âgées, des jeunes filles, tout ce monde a bougé et bouge encore. Notre société, en ce moment, est comme une bouilloire. Ce qu'on peut faire aujourd'hui est beaucoup plus que ce que nous pouvions faire il y a huit ans. On a vu récemment comment les femmes se sont mobilisées pour organiser les secours à Bam, après le tremblement de terre. Quand quelque chose arrive dans notre société, nous nous mobilisons très rapidement et les réponses sont nombreuses. Je vous le répète, nous sommes comme de l'eau en ébullition. »

La métamorphose de la coiffeuse

Nous avons quitté Mme Rochdieh-Ebrahimi, après avoir obtenu l'adresse de la coiffeuse devenue bibliothécaire — et redoutable activiste communautaire.

Nous sommes en route vers la municipalité de Rey, à l'extrême sud de Téhéran : longue traversée, au rythme des embouteillages, dans l'enfer du bruit et de la pollution. Le chauffeur de taxi connaît les pièges de la circulation téhéranaise et les déjoue avec habileté. Il nous conduira à bon port en une heure. Un exploit.

Rey a été pendant des siècles une petite ville autonome, avant que Téhéran ne l'engloutisse. Les rues ne sont pas larges, les maisons basses et modestes donnent directement sur un trottoir étroit. Les entrées se ressemblent et seule une discrète pancarte distingue la porte de la bibliothèque devant laquelle Farzadé Gohari nous attend.

Imposante, enveloppée dans un large manteau bleu pâle, la tête couverte d'un foulard bleu foncé, elle fait glisser la porte coulissante dans un fracas de ferraille. Nous entrons dans ce qui fut un petit salon de coiffure et qui est aujourd'hui une bibliothèque exiguë. Une table, flanquée d'une chaise, lui sert de bureau. Trois autres chaises plaquées le long d'un mur accueillent les visiteurs. Les étagères bourrées de livres se sont approprié tous les espaces disponibles. Chacun de nous prend sa place, le thé est servi, la porte coulisse et se referme avec le même fracas. Un panneau de verre dépoli en son centre laisse passer les rayons du soleil matinal. Plus question de bouger jusqu'à la fin de notre conversation avec cette maîtresse femme qui sait imposer sa parole.

Mme Gohari et sa famille — comme la plupart des gens qui habitent l'immense banlieue périphérique — ne sont pas originaires de Téhéran. Elle est née dans le nord de l'Iran, son mari est azéri. La famille s'est installée à Rey pour des raisons économiques. On y trouvait des maisons à des prix abordables, la vie quotidienne est moins chère qu'au centre-ville. Ils ont élevé ici leurs quatre enfants.

« Maintenant, confie-t-elle, nous ne sommes pas riches. J'aurais peut-être assez d'argent pour habiter ailleurs, mais nous restons ici parce que nous aimons notre quartier et les gens qui l'habitent. J'ai entamé une action, j'y crois. Je veux aider les femmes, je ne veux pas les laisser tomber. »

Farzadé Gohari est une force de la nature doublée d'une communicatrice enthousiaste et convaincante. Elle a d'abord régné sans partage sur la chevelure de ses voisines, avant de s'occuper franchement de leurs têtes et de leurs idées. Ainsi de la coiffeuse qu'elle fut, à la bibliothécaire, animatrice et formatrice qu'elle est devenue, elle n'a eu que peu de distance à parcourir et sa clientèle l'a suivie en toute confiance. Elle est passée du fer à friser au livre avec la même dextérité, le même aplomb, la même verve, à tel point que la bibliothécaire a établi sa crédibilité sur l'autorité de la coiffeuse. Et ça marche. Impossible de lui résister.

« J'ai commencé à faire cela, il y a dix ans. J'avais alors mon salon de coiffure ici, et j'avais beaucoup de relations avec les femmes de notre quartier. Ici, il y a de tout : des travailleurs et des chômeurs, des gens instruits, d'autres pas, des fonctionnaires, des gens pauvres et ceux de la classe moyenne, comme moi.

« Il y avait à ce moment-là un projet concernant les femmes qui restent au foyer. Il s'agissait de mettre en place un réseau de santé familiale. Comme coiffeuse, j'étais déjà établie et intégrée, alors, l'organisation m'a demandé d'en parler aux femmes et d'y participer.

« Quand j'y suis allée pour la première fois, ça m'a fait grande impression. J'ai toujours pensé que la santé des femmes était une question importante et j'ai promis d'en parler à mes voisines. Ce que j'ai fait. Ensuite, nous avons décidé d'offrir des cours au domicile des femmes qui habitent près d'ici. Il s'agissait d'abord de parler de leur santé, des relations avec leurs maris, du contrôle des naissances ; on a ajouté à cela des sessions sur les fleurs, sur la façon d'embellir nos appartements. C'est l'État qui payait pour tous ces cours-là ! »

La coiffeuse venait de faire ses premiers pas dans un programme gouvernemental de sensibilisation et de formation pratique destiné aux femmes à la maison. Elle allait franchir un autre pas, beaucoup moins encouragé au premier abord par le pouvoir, celui du développement de la conscience sociale et politique.

« Après ça, j'ai décidé d'inviter mes voisines à sortir de chez elles, à s'intéresser aux problèmes de la société et à chercher des solutions. Nous avons formé un petit groupe chargé de s'occuper des problèmes du quartier : il n'y avait pas d'électricité, les rues n'étaient pas goudronnées, encore moins entretenues. L'État ne faisait rien pour nous. Nous avons donc tenu nos propres élections. Nous avons élu un comité de 26 femmes. C'est alors que nous avons décidé de nous occuper de la culture. Quand les femmes sont isolées chez elles, et inactives dans la société, il y a beaucoup de choses qu'elles ne savent pas. Comment parler avec leur mari, par exemple ? Comment parler aux enfants ? Nous avons répondu d'abord aux questions pratiques.

« Ensuite, elles m'ont élue présidente du comité. Alors nous avons fait connaître notre existence au gouvernement et aux autres organisations de femmes. Nous leur avons dit : "Nous sommes là et voilà ce que nous faisons." Comme ça !

« C'est alors que nous avons voulu savoir ce qui manquait aux femmes en matière de culture et d'éducation. Nous avons constaté l'absence de librairie dans notre quartier. C'est normal : les livres sont chers, et les gens n'ont pas d'argent pour en acheter. Comment voulez-vous qu'ils lisent ?

« J'avais alors mon salon de coiffure, là, dans la pièce où nous sommes. J'ai donc décidé de le transformer en bibliothèque. L'État était prêt à nous aider à transformer l'espace, mais ne voulait pas contribuer à l'achat des livres ! Pour commencer, j'ai donné 150 livres, et le groupe des femmes 50 autres. Ça nous donnait une première collection de 200 bouquins. »

Elle fait une pause, puis jette un coup d'œil circulaire sur les rayons bourrés de livres qui montent du sol au plafond et dissimulent tous les murs du petit salon. Elle nous regarde alors avec un petit sourire satisfait.

« Tous les livres que vous voyez ici, ce sont des dons. Beaucoup de médecins nous ont donné des livres médicaux, des professeurs d'école des livres de sciences ou de littérature. Dans notre culture, nous sommes très attachés à la religion. Si Dieu exauce un de vos vœux, en reconnaissance, vous devez faire un don à la mosquée. Donc, dans le quartier, les gens se sont dit : "Mon Dieu, si vous exaucez mes vœux, je donnerai de l'argent à la bibliothèque pour acheter des livres, ou je donnerai des livres."

« Et puis, il y a eu Madame Rochdieh, qui nous en a donné beaucoup. Il y a deux ans, elle m'a invitée à parler à l'occasion des fêtes du 8 mars. J'y suis allée, mais je n'avais rien préparé, et j'avais peur de prendre la parole. Alors, Madame Rochdieh m'a dit : "Tu dois parler, parce que tu as fait beaucoup de choses pour ce quartier." Ça m'a donné le courage de prendre la parole et le public était très intéressé. Après, ils sont venus me voir pour offrir des livres à la bibliothèque.

« Après cette fête, j'ai gardé des relations avec ceux qui voulaient nous donner un coup de main : on a continué à nous donner des livres, un télécopieur même. Certains nous ont donné de l'argent.

« Mais je n'étais pas encore tout à fait satisfaite. En Iran, les femmes ne connaissent pas leurs droits. Elles savent seulement pleurer, faire la cuisine et s'occuper des enfants. Tout le reste est l'affaire des hommes. J'ai donc commencé à m'intéresser aux droits de la femme. Nous avons invité une avocate pour nous informer et nous conseiller.

« Après cette visite, les hommes se sont vraiment fâchés et nous ont dit : "Maintenant, il y a plus de divorces, il y a plus de problèmes. Avant la vie était plus calme, c'était bien pour nous, mais maintenant, c'est la dispute dans la famille." Mais l'avocate a insisté : "Il faut changer la culture des femmes et celle de la famille. Les individus ont des droits égaux." Nous avons transmis le message à nos maris.

« Ce n'est pas tout. Nous avons beaucoup de familles dont la femme est le seul soutien, car le mari est mort ou en prison. J'aide de telles femmes avec de la nourriture et de l'argent pour payer le téléphone et l'électricité. »

Une bibliothèque peut mener loin dans la solidarité. Il n'y a pas plus bel hommage que l'on puisse rendre aux livres que de les prendre au pied de la lettre. La leçon est claire. Mais, pendant ce temps-là, que fait le gouvernement ?

« Le gouvernement ? Il n'est nulle part. Ce sont les gens qui aident le gouvernement. Ça ne sert à rien de rester ici et de poser toujours la même question aux autorités : "Pourquoi vous ne faites pas ceci ou cela ?" Nous devons agir, nous devons avoir des idées et avoir nos propres initiatives et les réaliser. Plus tard, quand ça marche, nous pouvons dire à l'État de venir nous aider. »

Ce que vous faites est un acte politique et militant, c'est une façon pour les femmes de prendre l'initiative de changer la société. Avez-vous conscience de cela ?

« Non, on ne fait pas de politique. Notre but, ce n'est pas de changer la société, mais de changer la culture des femmes pour qu'elles connaissent leurs droits, pour qu'elles aient de meilleures relations avec leurs maris, leurs enfants. Nous ne sommes pas contre l'État, ni contre le gouvernement. Nous sommes une ONG, et les ONG ne doivent pas faire de la politique. »

Il est bien difficile pour notre interlocutrice de répondre ouvertement à notre question, car les ONG sont tolérées en Iran à condition d'afficher une parfaite neutralité politique. Au moindre doute, elles sont dissoutes. Personne ne peut donc objectivement parler d'action politique sous couvert d'une ONG. On comprend alors les hésitations de la bibliothécaire et sa prudence.

« Nous travaillons avec des politiciens, mais ils ne nous contrôlent pas. Nous nous occupons de nos propres affaires. Seulement, lorsque je n'ai pas les moyens de faire autrement, je travaille avec le gouvernement. Je n'ai pas le choix : je dois demander de l'aide pour secourir mes concitoyens. »

Aujourd'hui, près de 600 familles sont abonnées à la bibliothèque, qui propose 6000 livres aux lectrices et bien souvent aux lecteurs. Elle prête aussi des ouvrages aux écoles du quartier qui n'en ont pas. Elle est devenue un élément essentiel de la vie culturelle et politique locale. Cela ne s'arrête pas là : l'ancienne coiffeuse vient de créer avec un groupe de femmes, sous forme d'entreprise sociale d'actionnariat, un centre de formation pour femmes sans travail qui trouvent là des cours d'informatique, de couture et de... coiffure.

La vague de fond qui secoue la société iranienne dans son ensemble tire sa vitalité en grande partie de ce mouvement des femmes, multiforme, en mutation constante, aussi irrésistible que la métamorphose de la coiffeuse.

Alias Hassan

Depuis plusieurs années, Hassan Abdulrahman[1] est un de nos interlocuteurs privilégiés en Iran. Nous le retrouvons fréquemment tout au long de nos séjours. Il sait tout. Il suit tout. Ses anecdotes sont inépuisables autant que son sens de l'analyse est redoutable. Car ce n'est pas un bavard, Hassan, c'est un fouineur, un curieux, un enquêteur passionné qui n'a pas froid aux yeux et qui n'a pas sa langue dans sa poche. C'est un solide gaillard aussi, un grand Noir aux larges épaules, regard moqueur et rire sonore, qui parle farsi avec un terrible accent. Il marche à grands pas dans Téhéran. Il connaît tout le monde. Tout le monde le connaît. On le croise dans les faubourgs populaires, on le croise aussi dans les allées du pouvoir.

Il faut dire que les Afro-Américains ne sont pas nombreux en Iran, on en rencontre peu souvent sur les trottoirs de la capitale de la République islamique. Et des Afro-Américains qui sont installés depuis 25 ans, encore moins. Hassan Abdulrahman est le cas unique d'un homme dont la vie est à l'image des rapports tourmentés entre son pays natal et son pays d'adoption.

Nous sommes dans le nord de Téhéran, un vendredi matin de janvier, jour de prière. La ville, normalement si bruyante, est silencieuse. Il fait frais, le ciel est couvert. La montagne qui se dresse comme un mur ne porte pas son voile habituel de pollution ; la neige, même sous un soleil pâle, est d'une

---

1. L'histoire d'Hassan est au cœur du film de Jean-Daniel Lafond intitulé *Le Fugitif, ou les vérités d'Hassan*, réalisé en 2006.

blancheur extrême. Dans une pièce vide, où quelques chaises et un canapé font office de mobilier, Hassan Abdulrahman se raconte, d'un air presque détaché d'abord, comme si la question que nous venions de lui poser s'adressait à quelqu'un d'autre.

« Ce qui m'a amené en Iran ?

« C'était en 1980. J'étais pris entre les Iraniens et les Américains, spécifiquement, dans un complot contre la vie de l'imam Khomeyni. Le fait que je sois en Iran est relié à l'assassinat d'un dénommé Ali Akbar Tabatabaï, qui était un des chefs de file de la contre-révolution. Il avait été le porte-parole aux États-Unis du dernier premier ministre du chah. Il était en contact étroit avec la Maison-Blanche et avec les Services de renseignement américains.

« Il avait été associé à la préparation du coup d'État de Nowjeh[2], qui a été la tentative la plus ambitieuse d'un coup d'État militaire après la Révolution et dont le but fut de décapiter — littéralement — le gouvernement. Khomeyni était la cible principale. On m'a demandé d'éliminer Tabatabaï. J'ai donné mon accord sous certaines conditions. »

Il hésite, se tait un instant. Nous nous regardons droit dans les yeux. Devant notre silence, il reprend :

« De toute manière, il est mort. Il a été abattu. »

Un autre silence.

Tu l'as abattu ?

« Oui, je l'ai fait. Je l'ai abattu. »

Comment as-tu fait pour prendre cette décision ?

« C'était très facile. L'important, c'est de connaître et de comprendre l'histoire américaine : c'est une histoire ininterrompue de viols, de vols et de meurtres. »

---

2. Le coup d'État raté de Nowjeh s'est déroulé début juillet 1980. Plus de 600 officiers des Forces armées iraniennes, principalement de l'armée de l'air, ont été impliqués. Cent suspects ont été exécutés. (On peut lire à ce propos : Said Amir Arjomand, *The Turban for the Crown : The Islamic Revolution in Iran*, New York, Oxford University Press, 1988, p. 164.) Ce coup d'état manqué de Nowjeh faisait suite à l'expédition américaine de Tabas, qui visait à libérer les otages détenus par les étudiants-ravisseurs dans l'ambassade américaine à Téhéran. Ratée aussi, l'intervention de Tabas fut un échec cinglant pour le gouvernement de M. James Carter, et pour les Forces spéciales américaines. De son côté, l'ayatollah Khomeyni a attribué l'échec de la mission à l'intervention divine, sous forme d'une tempête de sable qui immobilisa les hélicoptères de la marine américaine dans le désert iranien.

En novembre 1950 naissait dans une clinique de la Caroline du Nord un enfant que ses parents baptisèrent David Theodore. Sa mère avait la peau très pâle. Elle pouvait, dans cette Amérique hypersensible à la couleur, « passer » pour une Blanche. Alors, elle s'est installée avec son bébé dans une chambre confortable pour attendre l'arrivée de l'heureux père. Mais voilà, le père avait la peau noire. Quand il est entré dans la clinique, on lui a demandé aussitôt de ramasser sa petite famille et de disparaître de ce lieu dans lequel il n'avait pas le droit de mettre les pieds. Même si le petit David n'était pas aussi noir que son père, il venait de connaître sa première humiliation. Ce ne serait pas la dernière dans l'Amérique des années 1950 et 1960.

L'histoire du garçon, David Theodore Belfield, est celle d'un Afro-Américain, de ses indignations, de ses colères, de ses espoirs, de ses engagements, et peut-être même de ses égarements. Une histoire qui l'a façonné et qui ne l'a jamais quitté, malgré le long voyage de l'exil.

« J'ai grandi dans les années 1960. J'ai grandi avec le meurtre de Malcolm X, avec les meurtres des Cheney, Schreyer et Goodman, ces jeunes activistes juifs des droits civiques dans le Sud, avec le meurtre d'Emmett Till, avec le meurtre de Martin Luther King. J'ai grandi avec le meurtre de John F. Kennedy, lequel — c'est évident pour moi — a été le fait même du système américain. Bien sûr, je n'étais pas un admirateur de Monsieur Kennedy, je ne l'ai jamais été. Mais son propre système l'a tué. Ceci reste toujours une histoire inconnue. Je savais tout ça.

« J'ai vu la décapitation du Black Panther Party, le programme Cointelpro [3]. J'étais au courant des atrocités au Vietnam au moment où elles se produisaient, j'ai même perdu un membre de ma famille là-bas. Moi-même, j'ai refusé d'y aller, pour des motifs raciaux et religieux. Donc, j'étais très au fait de la réalité américaine, et, pendant les années 1970, cette conscience-là ne m'a pas quitté. Au contraire. Quand j'ai entendu parler de cette tentative de coup d'État visant à éliminer le Guide suprême de la République islamique d'Iran, je n'ai pas eu d'hésitations morales pour faire ce que j'ai fait. Je veux dire : pourquoi y a-t-il des gens qui supportent et acceptent que d'autres les frappent à la tête ? De quel droit ce sont toujours les mêmes qui te bottent le cul, tandis que toi, tu ne peux pas leur en faire autant ?

---

3. Programme secret d'enlèvements, de meurtres et de « disparitions » géré et exécuté par le FBI.

« L'action contre l'oppression, contre la tyrannie, est un vrai devoir religieux. Et cela implique que dans cette action, on puisse aussi mourir, ce n'est pas un billet gratuit, ça peut faire mal ! Pour moi, ces idées propres à l'islam, c'est le noyau qui, jusque-là, manquait à tous les mouvements noirs aux États-Unis. On nous disait : prenez votre place dans l'autobus, faites de la résistance passive ; si vous vous faites attaquer par des chiens, ne répliquez pas, même chose si vous vous faites arroser ou si vous vous faites tirer dessus. Quel noble martyre ! »

À 18 ans, David Belfield s'inscrit à l'Université Howard, la plus prestigieuse institution noire aux États-Unis. Il la quitte peu après l'assassinat de Martin Luther King le 4 avril 1968. Indigné par la situation des Noirs dans la société américaine et par la difficulté, voire l'impossibilité de se dégager de l'héritage de l'esclavage, il commence à fréquenter des groupes musulmans formés en majorité de jeunes Noirs américains. La lecture du Coran est une révélation, il est frappé par l'actualité de son propos sur la justice et se convertit. Il prend le nom de Daoud Salahuddin. Cet éveil a sur lui un effet de détonateur. Il trouve dans l'islam son identité noire et le sens de son engagement et des luttes à mener.

« Quand vous prenez conscience de votre petite identité dans ce tout beaucoup plus grand, vous prenez des décisions sur ce que vous devez faire ou ne pas faire. C'est sûr, la plupart des gens ne feront rien, ils évitent de voir le problème et continuent leur chemin. Quoi qu'en fût la raison, ce n'est pas ce que j'ai fait. Et ça, je le dois beaucoup à ma conversion à l'islam. L'islam vous enseigne l'action, il n'enseigne pas la prière dans un coin de la mosquée, tout seul. C'est bien aussi, mais il faut avant tout agir. »

Au printemps de 1975, David Belfield devenu Daoud Salahuddin fréquente la mosquée de Washington, où il suit les conférences de Saïd Ramadan qui prêche une conception engagée de l'islam. Daoud se lie d'amitié avec cet homme qui est le représentant en Europe des Frères musulmans égyptiens et le proche collaborateur du docteur Hassan al-Banna, fondateur du mouvement. La devise de Saïd Ramadan devient aussi la sienne, et est restée la sienne : « Tous les musulmans sont frères. »

À la fin des années 1970, les Iraniens se préparaient à se débarrasser du chah Mohammad Reza Pahlavi. Les écrits de l'ayatollah Khomeyni, traduits en anglais, circulaient dans la communauté noire. David Belfield en prend connaissance et entre dans le giron des étudiants révolutionnaires qui fréquentent les universités américaines. Il devient alors un combattant de l'islam et va accepter la mission que ses amis iraniens lui proposent. C'est une mission risquée, il le sait. Il va l'exécuter de sang froid, après une préparation très soignée. Le 22 juillet 1980, dans la proche banlieue de Washington, Daoud, déguisé en facteur, abat à bout portant de trois balles de revolver Ali Akbar Tabatabaï. Il quitte aussitôt les États-Unis, passe par Montréal et fait un arrêt en Suisse. Deux semaines plus tard, il est accueilli en Iran, où il prend le nom de Hassan Abdulrahman.

Avant d'accepter la mission, il avait proposé à ses commanditaires que l'on change de cible. Que ce soit Henry Kissinger ou Kim Roosevelt, celui qui avait joué un rôle prépondérant dans le renversement de Mohammad Mossadeq en 1953, et dans la répression des Frères musulmans en Égypte l'année suivante. Sa suggestion n'a pas été retenue.

« Mon seul regret, avoue-t-il aujourd'hui, c'est d'avoir tué le chien, et non pas le maître. »

Quand nous lui demandons « En tant que Noir et Américain, quand tu as décidé d'accepter d'assassiner cet homme, était-ce pour la Révolution iranienne ou contre les Américains ? », sa réponse est lapidaire :

« C'était contre les Américains. »

Et il s'explique :

« Beaucoup a été dit pendant les 20 dernières années sur le terrorisme iranien, et il y en a certainement eu ; en particulier de nombreux cas où les Iraniens ont tué d'autres Iraniens, et c'était souvent l'œuvre de l'État. Mais pendant ces mêmes 20 ans, on ne nous a pas dit que Jimmy Carter était le créateur de Saddam Hussein ; on ne nous a pas parlé du rôle des Américains et de la terreur qu'ils ont semée dans cette région du monde. Il y a eu l'Iran et puis, depuis dix ans, il y a l'Irak. Selon le pape, plus d'un million d'enfants irakiens sont morts à cause des sanctions américaines. Alors, un million de morts, ça ressemble assez bien à un génocide, si on pense à ce qui s'est passé au Cambodge ou au Rwanda. Mais personne ne semble s'intéresser au terrorisme d'État quand il est pratiqué par les Américains, et on a l'impression que ce qui se passe dans cette partie du monde est un jeu d'enfants. Personne n'en parle. »

Hassan reste un homme libre, dans sa parole comme dans ses actes. Et son franc-parler n'épargne personne. Dans ses interventions, il ne ménage ni l'image de l'imam Khomeyni, ni celle de la Révolution islamique. Il condamne sans appel la violence et les dérives antidémocratiques des Conservateurs. De la même façon, il décortique l'impasse dans laquelle se trouvent les Réformateurs du président Khatami. Aujourd'hui les événements ne font que confirmer la lucidité de son regard. Entre-temps, les Américains ont « gagné » la guerre en Irak, ont dénoncé l'« axe du mal » et ont annoncé par la même occasion que l'Iran faisait partie de leurs cibles à venir.

En Iran, tout est négociable. L'ennemi d'hier peut devenir l'ami d'aujourd'hui, selon la nécessité et les intérêts du moment. Tant à Washington qu'à Téhéran, les artisans d'un certain rapprochement entre les deux pays sont au pouvoir. Aux États-Unis, on retrouve dans l'entourage présidentiel les protagonistes de ce que l'on a appelé « la surprise d'octobre ». Il s'agit en fait des principaux artisans de l'accord secret entre le nouveau régime islamique et le Parti républicain américain qui a permis, en octobre 1980, la libération des otages de l'ambassade américaine, le jour même de l'installation de Ronald Reagan à la présidence. Ce sont les mêmes qui ont été mêlés au scandale « Iran-Contra », où des officines du pouvoir américain ont frayé avec le « terrorisme » iranien pour faire libérer des otages détenus au Liban. Dans ce contexte, de nombreux mollahs du parti conservateur à la tête du régime ont travaillé avec leurs « homologues » américains.

Hassan suit de très près le développement de cette situation, qui le concerne au plus haut point. Depuis 25 ans, il est recherché par le FBI et Interpol. L'un et l'autre savent très bien où il se trouve, ils savent aussi qu'ils ne peuvent pas agir tant qu'il ne sort pas de l'Iran, et qu'ils n'ont pas les moyens de négocier son extradition. Mais il est évident qu'un rapprochement entre les deux pays resserrerait l'étau autour d'Hassan, qui risquerait alors de faire partie de la monnaie d'échange dans le marchandage…

« L'Iran ne représente pas un avenir acceptable pour moi. C'est clair, je le sais depuis plusieurs années déjà. Pas nécessairement pour des considérations politiques. Je n'ai jamais eu l'intention de m'installer en Iran, mais l'appareil d'État, selon ses propres impératifs, a fait en sorte que je reste et que, si je sortais, je devais revenir. D'une certaine façon, je suis moi-même un otage. J'en suis écœuré, franchement. Je cherche une porte de sortie de l'Iran, que ce soit le retour dans mon pays, ou le départ pour un autre pays. Je ne sais pas. Mais je ne pense pas être en Iran pour bien longtemps encore. »

L'histoire d'Hassan est une tragédie, celle d'un homme traqué dont le séjour iranien est sans issue et que la prison attend en Amérique. Il sait qu'il doit faire un choix crucial : croupir « libre » en Iran en attendant de faire les frais d'une éventuelle reprise des relations irano-américaines ou affronter la justice et la prison aux États-Unis. Sa réponse est franche et conséquente.

« À ce moment précis de ma vie, la meilleure porte d'entrée aux États-Unis est peut-être celle de la prison, celle du système carcéral. Si on veut connaître à fond les réalités de l'Amérique noire, il se pourrait bien que la prison soit le meilleur endroit. Après tout, c'est la continuation du système des plantations. Mis à part les athlètes et les vedettes de la chanson — je ne veux pas déprécier leurs réalisations, bien sûr —, l'Amérique noire réelle se trouve soit en prison, soit sur le point d'y aller ou d'en sortir. Pour les hommes noirs au moins. Je pense au système carcéral, non pas que je désire perdre ma liberté — je ne veux pas —, mais j'y pense comme à une éducation. Peut-être y a-t-il là quelque chose que je dois voir et comprendre et peut-être qu'il y a des groupes que je dois rencontrer, avec lesquels je dois parler et partager des expériences. J'ai vécu dans des conditions difficiles, mais je n'ai jamais vécu en prison. Et il se peut que toutes ces années passées à l'étranger ne soient que la préparation de mon retour au Goulag, au Goulag américain. J'irai pour raconter à mes frères, peu importe leur couleur, ce qui se passe dans le grand monde. Ils doivent avoir pas mal d'illusions là-dessus. Puis, je leur dirai à quoi ils font face chez eux, et là-dessus ils auront beaucoup moins d'illusions. »

Qu'attends-tu de la justice là-bas ?

« Parlons de façon réaliste. Nous sommes sous le régime Bush. J'ai commis un meurtre. Ça peut me valoir 15 ou 20 ans de prison et si les prisons sont trop bondées, je pourrais m'en taper dix. Mais, étant donné tout cet affolement là-bas au sujet de l'islam et de l'assassinat politique, je m'attendrais au pire. »

Aujourd'hui, plus de 20 ans après la Révolution, es-tu déçu de l'Iran ? Ressens-tu toujours autant de colère à l'égard des Américains ?

« Bien sûr, la colère que je ressens à l'égard des Américains n'a pas diminué. Mais en même temps, mes idées sur la Révolution islamique ont beaucoup changé. Je ne vois plus de révolution. Je vois une société qui a chassé le roi, mais qui n'a jamais fait la révolution dans sa façon d'agir. Il faut être juste tout de même. Ce pays est arrivé sur la scène mondiale, il y a 2500 ans en tant qu'empire. Les vieilles habitudes sont profondément enracinées.

« Il faut se rappeler que ce n'est qu'en 1963 que le chah a promulgué sa "révolution blanche", un projet compréhensible pour en finir avec le système féodal dans ce pays. Je dirais à quiconque veut comprendre l'Iran d'aujourd'hui : comprenez d'abord son passé féodal. Si vous faites ça, si vous comprenez le rapport entre les Iraniens et le pouvoir, et le concept du féodalisme, alors, vous serez peut-être en mesure de décoder ce qui se passe aujourd'hui dans le pays. Je sais maintenant comment les Iraniens voient l'autorité, c'est le produit de leur passé féodal. Ça ne doit rien aux effets de l'enseignement de l'islam. J'en veux pour preuve un concept comme le *Vélayat-é faqih.* Quand l'imam Khomeiny, que Dieu le protège, a trouvé cette théorie du *Vélayat-é faqih,* qu'il le sache ou non, il venait de transférer le pouvoir du roi au docte. Aujourd'hui, vous avez un type qui prétend être "docte", et qui n'avait même pas cette qualification avant d'accéder à la position qu'il occupe maintenant. C'est l'histoire de l'empereur qui recommence. Personne ne peut le critiquer. Tout ce que les gens peuvent faire, c'est de lui dire à quel point il est remarquable. Ça, c'est du féodalisme. Je ne crois pas avoir tort et je pense même que j'ai peut-être raison. »

Tu as quand même donné 25 ans de ta vie à la Révolution. Quand tu vois le résultat, es-tu déçu ?

« Et comment ! Quiconque connaît un peu l'histoire de l'Iran est déçu, d'une certaine manière. Peut-être les gens les plus déçus de tous sont-ils les Réformateurs. Ils constatent ce qui leur est arrivé, alors que le point de départ du Mouvement de la Réforme n'est que l'application de la Constitution. Ils réclamaient la transparence et la primauté de la loi. Qu'est-ce qu'ils ont en échange ? Ils sont accueillis par la tyrannie qui veut les forcer à s'écraser. Et la tyrannie, ça marche !

« Mais la plus grande tragédie est celle des dirigeants. Ils ne comprennent pas que, en dehors de ce mouvement de réforme, il ne reste plus d'alternative. S'ils ne réussissent pas à s'aligner sur ses objectifs — et je ne pense pas qu'ils puissent le faire —, ce ne sera qu'une question de temps avant que le système de la République islamique tout entier ne disparaisse. C'est une question démographique. Vous avez un pays de 65 millions d'habitants, dont 70 % — je crois que c'est le bon chiffre — ont moins de 30 ans. Ils sont plutôt désenchantés par l'état des choses.

« Pour la première fois dans l'histoire du pays depuis son entrée dans l'islam, les parents sont incapables de transmettre la tradition à leurs enfants.

Ceci pour deux raisons : d'abord, on ne peut pas repousser cette force qu'est l'Occident, cette modernité ; alors, il vous faut apprendre à la maîtriser, et savoir comment l'adapter et l'accompagner.

« Et puis, le portrait des dirigeants n'est pas reluisant. Après 25 ans d'expérience concrète de ce pouvoir, la population est tenue à l'écart de la vraie gestion politique : c'est un problème central en Iran, le pouvoir ne montre pas les livres de comptabilité. Et ça, du point de vue religieux, c'est complètement dément. Le régime veut tout diriger, mais il ne veut pas rendre des comptes. »

L'avenir immédiat de l'Iran est un peu sombre, n'est-ce pas ?

« Comment pourrait-il en être autrement ? Réfléchissons : la Révolution islamique a eu lieu à peu près au même moment que la plus grande révolution dans les technologies de communication. Depuis, bien d'autres révolutions se sont faites dans de nombreux domaines. Dans certains pays, la révolution a été commerciale, mais en Iran, on n'est toujours pas arrivé à l'âge de la carte de crédit ! En conséquence, l'Iran est coupé d'une bonne partie du monde, et particulièrement dans le domaine du développement de la technologie. Les Iraniens restent dans les limbes, et le monde les laisse loin derrière. Les jeunes le savent, tandis que ceux qui sont au pouvoir, parce qu'ils détiennent tous les leviers, se comportent comme si de rien n'était. C'est idiot. »

Peut-il exister un dialogue avec ce régime, avec ce système ? Si jamais l'Occident entamait le dialogue avec l'Orient islamique, par le biais de l'Iran par exemple, quelle sorte de dialogue serait-ce ?

« Quand M. Khatami a lancé son appel en faveur du dialogue entre les civilisations, il était dans une position tout à fait différente de celle dans laquelle il se trouve aujourd'hui. Son appel était d'intérêt universel. Mais nous étions devant un paradoxe : en Iran même, il n'y a pas de dialogue. Je crois qu'il a touché quelque chose qui pourrait être la clé de la paix mondiale. Mais la question demeure : jusqu'à quel point les Occidentaux, à commencer par les Américains, sont-ils prêts à accepter cette idée de dialogue entre les civilisations et à entamer un véritable échange ? Pour eux, la conséquence serait de renoncer à ce qui est en train de devenir le pouvoir d'un monopole dans le monde.

« Ce dialogue est d'une grande importance, mais pour l'establishment américain il n'est qu'un irritant mineur. Il y a un autre paradoxe : les armes employées contre M. Khatami en Iran sont tout le contraire du dialogue. Et là, nous ne sommes pas face à face avec l'Autre, l'étranger, non, nous sommes entre Iraniens. Alors, tant qu'en Iran, dans un monde islamique, les Iraniens ne réussissent pas à se parler, envisager un dialogue avec le reste du monde relève du non-sens. Qui veut-on tromper ? M. Khatami a réussi à donner à l'Iran une respectabilité que le pays n'avait pas auparavant. Ce qui est tout à fait louable. Mais ses ennemis internes s'en sont emparé — et je ne parle pas de ce croque-mort [il désigne ainsi le Guide suprême] dont tout le monde parle. En somme, nous revenons toujours au même vieux problème de fond : ici, tout le monde parle du dialogue des civilisations parce qu'on est en quelque sorte obligé d'en parler, mais, en fait, il est clair qu'en Iran, il n'y a pas de dialogue du tout. »

Il est évident que tant qu'il y aura des journalistes, des intellectuels, des opposants en prison, tant que des gens se feront assassiner, il n'y aura pas de dialogue. Tu parles des Américains et de leur manque flagrant de volonté de dialogue réel avec l'Autre, et tu les décris comme une force qui avance et qui broie tout sur son passage, mais on pourrait dire la même chose en Iran du comportement du pouvoir conservateur à l'égard de ses adversaires.

« C'est vrai. Sauf que les États-Unis sont beaucoup plus sophistiqués dans leur façon de faire régner l'ordre, et même d'exploiter les situations à leurs propres fins, y compris en Iran. Mais dans la société iranienne, cette attitude n'est pas nouvelle : l'histoire de la culture politique nous rappelle que les Iraniens n'ont jamais connu que le pouvoir absolu, et le pouvoir de tyranniser absolument. C'est ça, la culture politique en Iran à travers les siècles. Ou du moins depuis que les Iraniens ont repris possession de leurs terres avec les Safavides. Il n'y a jamais eu de place pour les voix dissidentes. Quand s'élevait une voix dissidente, on coupait la tête, un point c'est tout. Cela est toujours très présent. Peut-être que l'un des facteurs qui allège un peu la situation est que l'Iran n'est plus isolé du reste du monde. À cause des nouvelles technologies de la communication, à cause aussi du fait que beaucoup d'Iraniens ont vécu à l'étranger et sont revenus. Aujourd'hui, trois millions d'Iraniens vivent hors Iran, mais gardent cependant le contact. En somme, cette tyrannie, les Iraniens l'ont toujours connue et ils sont en relation très intime avec elle. Ils la connaissent bien mieux que moi. Aussi ce n'est pas une révélation de dire qu'un vrai dialogue entre les Iraniens serait une révolution beaucoup plus grande que celle de 1979. »

Ce dialogue, dont Hassan Abdulrahman, réaliste, a fait son deuil, existe toujours entre lui et son pays natal. Il n'a même jamais vraiment cessé. En 1996, le réseau ABC a diffusé un entretien avec lui, tourné en lieu sûr à Istanbul, dans lequel il admettait être l'assassin d'Ali Akbar Tabatabaï. Plus étonnant encore, Carl Shoffler, le policier chargé de l'enquête, s'était montré plutôt compréhensif à l'égard de l'auteur du meurtre.

Au fil des ans, Hassan avait noué avec lui, par téléphone, une relation de respect mutuel, sinon de complicité. Shoffler avait reconnu les qualités intellectuelles de son interlocuteur, et sa maîtrise de l'histoire et de la parole le fascinait. Les deux hommes sont même parvenus à discuter des modalités d'un procès. Hassan avait accepté de rentrer aux États-Unis, à condition de faire comparaître, avec lui, l'ancien président Carter et Henry Kissinger. M. Shoffler est mort sans lui répondre sur ce point.

D'ailleurs, le dialogue avec son pays d'origine va prendre une autre tournure en 2002, quand le film Kandahar, du réalisateur iranien Mohsen Makhmalbaf, sort aux États-Unis. Tourné avant que les attentats du 11 septembre 2001 ne jettent une lumière crue sur l'Afghanistan et le régime hyper-intégriste des talibans, le film met en vedette un certain Hassan Tantaï. Ce dernier joue le rôle d'un médecin de campagne d'origine afro-américaine, égaré dans l'arrière-pays afghan, à la recherche de Dieu.

À Washington, le président George W. Bush a demandé une projection privée. Quant aux médias, leur réaction a été à la mesure de la sensibilité américaine après l'effondrement des tours du World Trade Center à New York:

« Il apparaît comme un héros contemporain. Un médecin noir, américain, qui a combattu avec les moudjahiddines contre les Russes, qui retourne soigner les femmes qui souffraient sous les talibans. Sauf que l'acteur qui joue ce rôle dans Kandahar… se fait maintenant accuser d'être un terroriste islamiste qui a assassiné un dissident iranien aux États-Unis [4]. »

Quand la controverse a éclaté, Makhmalbaf a déclaré sèchement: « Je ne demande jamais à ceux qui acceptent de jouer dans mes films ce qu'ils ont fait auparavant. » Mais Doug Gansler, le procureur d'État chargé du dossier lance: « Nous sommes certains que l'homme qui apparaît dans le film est David Belfield. »

---

4. *USA Today*, le 3 janvier 2002.

Le procureur a raison. Hassan Tantaï est effectivement le pseudonyme qu'Hassan Abdulrahman, alias Daoud Salahuddin, né David Belfield, a choisi d'inscrire au générique du film, son nom d'acteur en quelque sorte. C'est aussi un clin d'œil — et sans doute un hommage — à ses antécédents spirituels : la ville égyptienne dans laquelle est né Hassan al-Banna, fondateur des Frères musulmans, a pour nom Tanta.

Le dialogue que poursuit Hassan le situe — peut-être à son insu — à la croisée des chemins entre l'Iran et les États-Unis, entre le monde islamique et l'Occident, entre le « mal » et le « bien », quelque part dans la mire de la « guerre contre le terrorisme ». Position dangereuse pour celui qui s'obstine à vouloir faire entendre sa vérité en Iran et à réclamer aux États-Unis un procès où toute une brochette de hauts responsables de la politique étrangère américaine serait appelée à répondre de leurs actes. À un moment où le retour des négociations secrètes prime sur la transparence du dialogue entre les civilisations, Hassan dérange autant les Iraniens que les Américains.

Quelle réforme ?

QUAND, EN 1997, un groupe d'amis est allé le voir dans son bureau à la Bibliothèque nationale, Seyyed Mohammad Khatami s'est montré plus que réticent. « Vous voulez que je me présente à la présidence ? avait-il dit en substance. Moi, je sais mieux que vous ce qui m'attend ! » Pourtant, les pressions des proches, les promesses de soutien et les arguments politiques ont fini par convaincre cet intellectuel qui, pendant sept ans, avait été ministre de la Culture avant de démissionner.

Au début de la campagne électorale, tous donnaient gagnant le candidat du régime, M. Ali Akbar Nateq Nouri, un mollah qui se voulait l'héritier fidèle et docile du flamboyant Hachemi Rafsandjani, ce « prince des bâtisseurs », ce Potemkine iranien qui inaugurait des chantiers fantômes. M. Nateq Nouri avait même effectué un voyage d'État en Grande-Bretagne, pour offrir des garanties politiques et recevoir la promesse d'investissements. En échange il assurait implicitement que l'Iran suivrait la voie tracée par la doctrine néolibérale.

On peut imaginer la surprise en Iran et une certaine stupéfaction à l'étranger quand M. Khatami a remporté le scrutin avec plus de 65 % des voix exprimées. Le chiffre était plus élevé en réalité, mais le pouvoir en a imposé un plus bas, pour éviter une trop forte humiliation publique à son candidat officiel.

L'élection apportait une confirmation majeure à ce qui était déjà évident pour de nombreux Iraniens : la population ne supportait plus l'état des choses, et le verdict démocratique exprimait la puissance du mécontentement et du ras-le-bol généralisés. C'était un avertissement. L'élection inattendue de Monsieur Khatami était la soupape de sûreté d'une profonde ébullition sociale. L'état-major des Réformateurs, dirigé par Saïd Hadjarian, avait fait des droits sociaux l'enjeu principal du mouvement. Les Réformateurs ne proposaient ni un modèle chilien, ni un modèle chinois, mais un modèle spécifiquement iranien se présentant comme une tentative de fondre la démocratie et l'islam en un système novateur, à la fois libérateur et respectueux de la tradition millénaire du pays. Le pari semblait osé et risqué ; la suite des événements allait prouver qu'il l'était.

Il est toujours difficile de livrer la signification d'un scrutin à partir du seul examen des chiffres et d'en dégager un sens politique précis. De nombreux observateurs ont cependant utilisé rapidement les résultats pour conclure que M. Khatami devait sa victoire aux femmes et aux jeunes qui voyaient en lui l'homme ouvert à la modernité. C'est aller un peu vite et sans doute prendre le risque de ne pas saisir l'ampleur du mouvement. En effet, quand on examine de plus près l'ensemble des suffrages, on constate que les voix qui se sont portées sur la candidature de Mohammad Khatami présentent les mêmes proportions dans toutes les catégories de la population et même chez les *Pasdaran* et les *Bassidji*, militaires et miliciens très proches du régime que l'on considère naturellement comme des inconditionnels.

Jamais, depuis la Révolution, on n'avait vu cela. Était-ce un avertissement, une façon de signifier la fin du régime religieux, le symptôme d'un dysfonctionnement interne à l'appareil politique conservateur ou une revendication déguisée visant l'amélioration de leur niveau de vie ? À coup sûr un peu tout ça, mais surtout une mise en garde au gouvernement du président sortant Rafsandjani, dont la politique avait conduit à la dégringolade du pouvoir d'achat des Iraniens, tout en enrichissant sans vergogne le cercle des privilégiés du pouvoir, dont le clan familial Rafsandjani.

Ainsi est né le mouvement réformateur. Il entrait dans la vie politique iranienne comme y entrait le président Khatami, par surprise, presque par effraction, mais de façon réellement démocratique et sans parti. Trois ans plus tard, les candidats qui se réclament de lui obtiennent une forte majorité des sièges au Parlement. Désormais les partisans du président Khatami contrôlent le pouvoir législatif et l'exécutif. En apparence tout au moins. Car le pouvoir judiciaire et l'autorité occulte mais absolue du régime leur échappent ; ils restent entre les mains du Guide suprême et des instances du pouvoir religieux conservateur. Malgré tout, cette seconde victoire fait lever un immense vent d'espoir sur tout le pays et les Réformateurs sont investis d'une mission aussi lourde que nécessaire pour la société iranienne : traverser la vague, assurer un dialogue entre la tradition et la modernité, garantir la liberté de presse et d'expression, redresser l'économie.

Dans ce contexte, Mohammad Khatami résume son propos et sa morale politique dans un livre intitulé *La peur de la vague,* où il montre l'importance du dialogue social et du dialogue des civilisations, deux appuis essentiels pour éviter le danger de l'enfermement dans la tradition et permettre le passage vers la modernité. Il propose alors à la société iranienne d'affronter avec les Réformateurs cette vague terrifiante selon la belle expression du docteur Sorouch. Le pari était osé, le mouvement réformateur portait peut-être trop d'espoirs et avait sous-évalué les obstacles. En 2004, il s'effondre dans le cynisme et la déception.

Il n'est pas tombé de lui-même. La contre-offensive lancée par le régime avec la fermeture du quotidien *Salam,* en juillet 1999, allait se poursuivre de plus belle. Peu après les législatives, Saïd Hadjarian était abattu en pleine rue. Puis ce fut la grande vague des fermetures de journaux, des arrestations, des emprisonnements des journalistes, la répression sanglante des mouvements étudiants. Très vite, les parlementaires réformateurs fraîchement élus allaient saisir l'étroitesse de leur marge de manœuvre et le lieu et la nature du vrai pouvoir dans le pays. D'abord, toutes les propositions qui dérangent le régime sont rejetées par le Conseil des gardiens qui, dans son mandat, examine les projets de loi proposés par le Parlement et a autorité pour rejeter ceux qu'il considère « contre les principes de l'islam ». Son veto est absolu dans les faits. Seul le Guide suprême peut se poser en arbitre et renverser la décision. En l'occurrence, l'arbitre est aussi partisan et ne peut que faire pencher le balancier du côté du Conseil des gardiens.

Ainsi, au mépris des règles minimales de la démocratie, les actions parlementaires des Réformateurs ont tourné court à de très rares exceptions près. Pourtant ils ont eu quelques bonnes cartes en main, et surtout un immense appui populaire dont ils ne sauront pas utiliser la force et dont ils mettront en péril la confiance par maladresse.

En 2001, pour la première fois dans l'histoire iranienne, des citoyens ont été appelés à élire leurs propres conseils municipaux. Sans obstruction et sans entraves de la part des autorités religieuses, des milliers de candidats et de candidates se réclamant de la Réforme ont été portés au pouvoir dans les villes et villages du pays. Les Réformateurs ont conquis alors l'Hôtel de ville de Téhéran. Ils avaient là une meilleure marge de manœuvre qu'au gouvernement et ils pouvaient montrer à la population ce qu'ils étaient capables de faire. Après tout, prendre en main une ville de 12 millions d'habitants est une belle occasion de donner la preuve de sa compétence et d'en tirer les leçons dans la politique nationale. Mais la belle entente préélectorale s'est vite transformée en foire d'empoigne. Les conseillers municipaux, dont le désastreux Ebrahim Asqarzadeh, l'un des leaders étudiants de la prise de l'ambassade américaine, se sont livrés à des batailles de trafic d'influence et se sont mutuellement accusés de corruption. Les citoyens ont assisté alors à un spectacle dont ils allaient, eux, tirer la leçon. Le maire, M. Morteza Alviri, un proche allié de M. Khatami et fidèle de l'ayatollah Montazeri, est destitué pour avoir tenté de mettre de l'ordre dans la maison. Il est remplacé par un homme de paille qui va laisser libre jeu aux magouilles, aux luttes intestines, aux pots-de-vin versés par les mafieux de la construction et les parrains de la spéculation foncière qui contrôlent les quartiers prospères du nord de la ville.

Pendant ce temps-là, la population du Grand Téhéran est aux prises avec de sérieux problèmes d'inflation, de pollution et de sécurité. Elle va déchanter très vite. Lors des élections municipales de 2002, les gens sont tout simplement restés chez eux. Seuls 12 % des électeurs ont pris la peine d'aller voter. Les Conservateurs ont balayé les Réformateurs et se sont installés à la mairie. Premier coup de semonce pour les Réformateurs, l'avertissement populaire était très net, et il portait un nom, celui du nouveau maire et du futur président : Mahmoud Ahmadinejad. Le Mouvement de la Réforme venait de perdre une partie importante de sa crédibilité. Il n'avait pas les moyens, dans la partie de bras de fer qu'il jouait au niveau national avec les Conservateurs, de se mettre aussi maladroitement en péril lui-même.

En somme, peut-on attribuer — en partie tout au moins — l'échec de la Réforme aux Réformateurs eux-mêmes, et pas seulement à la répression organisée par le régime conservateur ? C'est la question nous avons posée à Ali Arabmazar.

M. Arabmazar a le profil presque classique de la génération des 40-50 ans qui occupe des postes importants autour du pouvoir politique : études universitaires aux États-Unis, puis retour en Iran pour mettre ses compétences au service de son pays. Depuis, il a occupé diverses fonctions au sein de l'État, avant de retourner à l'enseignement de l'économie à l'Université Chahid Behechti. Pendant trois ans, sous-ministre à l'économie nationale, il a été chargé d'élaborer un système d'impôts sur le revenu. Tout un programme, puisque les impôts sur le revenu n'avaient jamais existé en Iran, dans la mesure où la rente pétrolière alimentait traditionnellement la caisse de l'État tout en enrichissant ceux qui la géraient. En ce sens, il y a eu peu de différence entre la gestion monarchique et la gestion «révolutionnaire».

Nommé par le gouvernement réformateur, Ali Arabmazar s'est retrouvé dans l'impossibilité de faire appliquer le programme qu'il avait conçu. Désabusé, il est parti en claquant la porte.

Notre question ne pouvait pas trouver meilleur preneur :

«La société iranienne a voulu établir ses propres formules pour se différencier des autres communautés musulmanes. Cela repose sur deux concepts majeurs : la nation qui choisit le président et l'*oumma* [la communauté des croyants] qui choisit le Guide suprême.

«Quand le président et le Guide sont du même côté, il n'y a pas de problème. Tout va bien. Mais quand ils sont opposés, ce qui est le cas aujourd'hui, rien ne va plus. Quand on essaie de créer une société religieuse, une République islamique, on doit suivre des règles qui ne peuvent pas entrer en conflit avec les règles religieuses. La Révolution a déterminé les règles d'un gouvernement religieux.

«Les Iraniens ont suivi ces règles, comme d'ailleurs, historiquement, ils ont suivi leurs leaders depuis des siècles. Tout comme ils ont suivi la religion. Même autrefois, quand les chefs du Parti communiste discutaient toute une nuit sur l'existence ou la non-existence de Dieu, ils partaient au petit matin en éteignant les lumières et en se souhaitant tous ensemble : "Que Dieu nous protège !"

«La religion est enracinée au cœur de notre société. À l'étranger, on dit que les Iraniens en ont marre du régime, que la Révolution est finie, mais quand c'est l'anniversaire de la Révolution, il y a 10 millions d'Iraniens dans la rue !

«En 1997, Mohammad Khatami a été élu, à la surprise générale. Les candidats réformateurs pensaient tout juste avoir deux millions de voix. Ils ont été les premiers étonnés.

« Il y avait une telle carence de personnalités politiques que la population a voté pour eux. Mais ils n'étaient pas prêts à gouverner. Il y a eu là un véritable malentendu. Ne pas voter pour les politiciens en place ne signifiait pas que les électeurs dans leur majorité avaient tourné le dos à la Révolution ou aux idées de la Révolution. »

Nous faisons remarquer qu'ils ont quand même clairement voté pour la Réforme !

« Ils ont voté pour le changement. Mais ils ne savaient pas quel changement allait venir. Ils ont d'abord voté contre Rafsandjani. Il a commis une faute. C'était une bonne personnalité politique, mais il a fait une faute politique. Il a fait comme Mossadeq dans les années 1950, quand la CIA est venue faire son coup d'État. À ce moment-là, Mossadeq, au lieu de se tourner vers le peuple, s'est tourné vers l'ambassadeur des États-Unis. C'était fini pour lui.

« L'imam Khomeyni avait un grand avantage. Il connaissait le peuple. Un exemple : quand les Soviétiques ont quitté l'Afghanistan, ils ont dit à Khamenei, qui était alors président de la République islamique : "Laissez-nous partir, n'intervenez pas et l'on vous donnera en retour des missiles de longue portée." Khamenei est allé voir le Guide suprême pour insister : nous avons besoin de ces missiles. Mais Khomeyni lui a répondu : "Nous ne pouvons pas coopérer avec une nation non musulmane contre des musulmans." Khomeyni venait de corriger la nation au nom de l'*oumma*. Conclusion : ne prenez pas des décisions que vous ne pouvez pas expliquer et partager avec le peuple. Khomeyni a pris la responsabilité de sa décision devant le peuple. Personne chez les Réformateurs, aujourd'hui, ne vient prendre ses responsabilités devant le peuple. Personne.

« Khatami n'était pas prêt à devenir président. D'un côté, il n'avait pas vraiment de parti, et de l'autre, de quelle "République islamique" parlait-on ? Quant aux Réformateurs qui l'ont rejoint, ils n'avaient aucun programme politique. Devenu soudainement président, il a été incapable de composer et de choisir un gouvernement. Alors, il va perdre son temps sans savoir quoi faire. Le peuple l'a constaté et n'en veut plus.

« Soit, pour son premier gouvernement, il avait beaucoup d'excuses. C'était la première fois ; il n'était pas prêt ; l'opposition était forte et le Parlement lui était hostile. Mais pour son second mandat, il avait la majorité parlementaire pour lui et il avait été élu avec 28 millions de voix. Et avec ça, il n'a rien fait, parce qu'il ne pouvait rien faire. Son gouvernement était très divisé, il était dominé par des personnalités culturelles plus que par les hommes d'État dont il aurait eu grand besoin. M. Khatami voulait tout : il avait le Parlement, l'exécutif. Il voulait aussi le judiciaire ! Pourquoi tout demander ? Parce qu'il n'avait aucune vision de ce qu'il devait faire !

« Dans son premier mandat, comme il était lui-même une personnalité culturelle, il a choisi ses semblables. Il ne connaissait rien à l'économie et pourtant, c'était l'enjeu principal. Pour un gouvernement, il y a deux exigences déterminantes : la ligne politique et l'action économique. Les gens veulent manger, se loger, travailler. Ils veulent que l'on réponde à leurs demandes et ils attendent de voir ce que vous allez faire pour eux.

« La difficulté des Réformateurs réside dans le fait que les réformes qu'ils ont voulu entreprendre étaient surtout politiques. Les gens n'acceptent cela que si on a d'abord satisfait leurs besoins fondamentaux. Si j'ai de quoi me loger, si je peux aller chez le médecin facilement, si j'ai assez d'argent pour vivre, alors je peux accepter que l'on vote pour la mairie, pour la liberté d'expression. Mais si on doit courir toute la journée dans la ville pour gagner de quoi survivre, on n'est pas vraiment intéressé par ce débat politique, les gens veulent avant tout des garanties pour leur pain quotidien. On a actuellement une inflation de 20 % et ce sera pire l'année prochaine. Pendant ce temps, les salaires ont augmenté seulement de 6 %.

« Les masses ne sont pas intéressées par la forme du discours réformateur. Ils ne débattent qu'entre eux, Hadjarian, son groupe, Kadivar et ses semblables. Ils ont créé une espèce de casse-tête, mais ont été incapables de construire une image. Khatami a laissé entrer un peu tout le monde dans son gouvernement, il a même gardé l'équipe de Rafsandjani. Ces gens ont continué à travailler pour Rafsandjani et non pas pour le président en exercice ! Ils se fichaient éperdument de ce que disait Khatami. Par exemple, le ministre du pétrole est un homme de Rafsandjani. Dans ce même ministère, le fils de Rafsandjani occupe un poste-clé. C'est pour cela que les gens qui ont voté pour Khatami ne pouvaient pas comprendre où il voulait en venir.

« D'ailleurs, aucune définition claire de la Réforme n'a jamais été proposée et pourtant, franchement, les gens voulaient un changement, ils en avaient besoin, d'où qu'il vienne. Ils pensaient que ce serait mieux que ce qu'ils avaient. C'était un choix entre le meilleur et le pire. À l'étranger, on attendait aussi une réforme qui n'est jamais venue, parce que Khatami n'avait aucun calendrier politique. Il a lancé le "dialogue des civilisations" et il a fait quelques discours là-dessus. Puis il a mis de l'avant "la liberté de la presse", parce que nombre de ceux qui l'entouraient venaient du milieu journalistique et réclamaient la liberté de la presse. Il a répondu à la demande et beaucoup de choses se sont passées, avec quelques succès. Mais il n'a pas pu en tirer profit. Quand vous gagnez des points, il faut transformer ça en capital politique. Mais voilà, le talon d'Achille du président Khatami, c'est l'économie. Il n'a pas pu résoudre ce problème majeur. Il n'avait pas de plan et il a laissé les choses aller toutes seules. Ce laisser-faire et ce laisser-aller ont conduit la population à se demander : qui dirige le pays ?

« Première conséquence : les élections municipales à Téhéran et sur l'ensemble du pays ont mis son parti à la porte ; la "nouvelle droite" conservatrice a gagné. Et depuis, elle gagne des points en réparant les dégâts de l'ancienne administration municipale et en reprenant les choses en main, comme la lutte contre la pauvreté et la drogue, l'aide aux enfants de la rue. C'est ainsi que la nouvelle droite conservatrice va faire des réformes en roulant tous feux éteints, lentement, et, de la même façon, elle va tenter de pénétrer les consciences.

« Alors, pourquoi la Réforme n'a-t-elle pas pris ? Parce qu'il n'y avait là aucun leadership et que, pour faire des réformes, vous avez besoin d'un leadership pour passer des idées à la parole et de la parole aux actes. »

Que dire alors des Conservateurs qui ont réagi avec tant de violence, avec l'appui du Guide suprême, plus partisan qu'arbitre ? Leur action a consisté à paralyser le Mouvement de la Réforme, à réprimer la liberté d'expression, à user de la violence contre les étudiants et contre toute dissidence.

« Les gens ont voté pour les Réformateurs. Ils savaient tout cela. Une des grandes figures politiques du gouvernement Khatami était Mohadjerani[1]. Or, il était parmi les grands partisans de Rafsandjani avant même que ce dernier ne soit président de la République. Les gens ont désavoué Rafsandjani dans les deux dernières années de sa présidence. Avant, il avait été une figure essentielle pendant et après la Révolution. Mais les deux dernières années, il s'est pris pour celui qui portait le sens de l'histoire. Il est devenu, lui-

---

1. Ataollah Mohadjerani était le ministre de la Culture dans le premier gouvernement Khatami. Membre du groupe des *Kargozaran*, « les Bâtisseurs », proche de M. Rafsandjani, il a été contraint à la démission, son action étant considérée « trop libérale » par le régime.

même, l'Histoire. Cela rappelait le mauvais souvenir du chah, qui avait voulu donner aussi cette image de lui. Rafsandjani est devenu le Pharaon, celui qui seul peut régner sur le monde. La tête lui a tourné : il s'est mis à inaugurer des complexes industriels qui n'étaient pas construits. Il a voulu se transformer en "prince de la construction". Il a perdu la confiance de la population, il était fini !

« Ici, en Iran, il faut de la sincérité pour se maintenir au pouvoir. Les gens ont dit : il est en train de devenir le prochain chah. Il marchait dans les nuages et son ami Mohadjerani voulait justement que l'on change la Constitution pour lui donner tous les pouvoirs. Voilà le genre de personne que Khatami a choisi comme ministre. Abdi et Gandji ont protesté, mais ils ont payé. »

Aujourd'hui, en dehors des Conservateurs et des Réformateurs, y a-t-il une troisième voie ?

« Il y a une force populaire qui n'est pas venue jusqu'au Parlement. La société attend, observe, elle a l'œil ouvert. Tout peut arriver. Si les Iraniens découvrent quelqu'un qui peut les représenter, ils vont voter pour lui. Sinon, ils iront aux urnes mais il n'y aura rien sur le bulletin de vote. La loi religieuse oblige chacun à voter, mais ce devoir religieux n'implique pas que l'on vote pour quelqu'un. Plusieurs petits groupes dans le pays essaient de se rassembler, mais ils ne représentent pas une force concrète. Les partis de droite et de gauche ont essayé de gagner les municipales, ils seront encore présents aux législatives. S'ils gagnent des sièges et s'ils savent s'y prendre ensuite, ce Parlement pourra sans doute travailler mieux que le précédent. Il est sûr, par contre, que la population a besoin de nouvelles personnalités, de nouveaux visages. Quant aux étudiants, ils ne constituent pas encore une vraie force politique représentative. Ils sont jeunes, ils n'ont pas d'expérience et ils essaient de prendre leurs distances vis-à-vis de Khatami. »

Quel est le poids des pressions extérieures, les Américains par exemple, et l'impact des pressions intérieures — pensons à l'importance de l'économie souterraine — sur l'avenir immédiat de la société iranienne ?

« De l'extérieur, rien ne peut faire pression sur l'Iran, que ces pressions soient bonnes ou mauvaises. Alexandre le Grand disait des soldats iraniens qu'ils étaient comme des chiens : ils se battent entre eux mais, dès qu'on les attaque, ils s'unissent contre l'ennemi étranger. Puis ils retournent s'entre-déchirer.

« À l'intérieur, l'économie clandestine représente une réalité très forte et elle est indissociable du développement de la corruption. On fait de l'argent ici et on le place à l'extérieur. Cela est le fait de gens très proches du pouvoir. Trente pour cent des travailleurs font du travail au noir. On trouve des mafias dans l'industrie de l'acier, l'alimentaire et ailleurs.

« Il y a bien des façons de faire fructifier l'argent. Par exemple, je vais à Dubaï, j'emprunte de l'argent à 2 %, je l'apporte ici et le place à 18 % avec la garantie de l'État. L'économie iranienne est déséquilibrée et la dette nationale est énorme. C'est une situation terrible pour un pays qui a fait une révolution avec des promesses de justice et d'éthique sociale ! Malheureusement, des politiciens haut placés sont impliqués dans la corruption.

« Quels services peut-on avoir des ministères, des municipalités, de la sécurité, de la justice quand, dans tous ces domaines, la corruption existe ? Khatami ne dit rien là-dessus et pourtant il pouvait le dénoncer.

« Il est facile de constater que ceux qui occupent des postes dans tous ces services vivent bien au-dessus de leurs moyens et surtout de leurs salaires : ils sont la preuve vivante de la corruption, et tout le monde le sait ! Il y a un très mauvais usage des fonds actuellement dans notre pays et il est clair que le prochain enjeu politique, c'est l'économie. »

Dieu ou la république

PLUS CONTROVERSÉ que le philosophe frondeur Abdolkarim Sorouch, plus tranchant dans ses prises de position, plus radical dans sa critique du régime, Seyyed Djavad Tabatabaï condamne sans appel le système religieux mis en place en 1980. De plus, il vise le cœur en réfutant la légitimité du Guide suprême et l'arbitraire de ses ordonnances. Il a déjà payé le prix de ses prises de position: il est évincé de son poste à l'Université de Téhéran et l'enseignement lui est interdit dans son propre pays. Aujourd'hui, il vit en France pendant qu'une caste de privilégiés du régime mène la belle vie sur la dépouille de la Révolution. Ironie du sort, nous avons rendez-vous avec M. Tabatabaï dans un centre de recherche qui l'accueille pour quelques jours. Ce centre est installé dans une ancienne propriété luxueuse d'un caïd de la drogue de l'ancien régime, et le mur de son parc jouxte celui du palais du chah, devenu un centre culturel.

Esprit brillant, Djavad Tabatabaï est diplômé de la faculté de droit religieux de l'Université de Téhéran, docteur en philosophie sociale, après avoir soutenu à la Sorbonne une thèse sur Hegel. Dans ses nombreux ouvrages de philosophie politique et d'histoire iranienne, il articule de façon originale le rapport Iran-Occident. À l'époque de la Révolution, jeune intellectuel conservateur, il fréquente le cercle du professeur Ahmad Fardid qui l'initie à la réflexion sur le rapport entre le politique et le religieux. Il en fera le centre de sa recherche et le moteur de son propos philosophique.

Dans le régime islamique, le sujet est brûlant et délicat. Tabatabaï navigue dans des eaux dangereuses où il va croiser des personnalités philosophiques comme Daryush Shayegan, qui mettent en cause la légitimité et la fonctionnalité de l'attelage du politique et du religieux, de Dieu et de la République. Rigueur, lucidité et franc-parler constituent d'excellentes références intellectuelles, mais ce sont de bien piètres valeurs devant l'intolérance du régime islamique iranien. Il n'y a pas de place pour la critique, aucun espace pour la controverse quand elles touchent les fondements du pouvoir et la nature du régime. C'est l'exil, le silence ou la mort. Interdit de séjour sous la présidence de Hachemi Rafsandjani, Djavad Tabatabaï, depuis l'élection de Mohammad Khatami, est venu quelques fois à Téhéran pour de très courts séjours, à l'invitation de cercles intellectuels proches des Réformateurs.

Grand, mince, très animé, il apporte une bouffée d'oxygène dans un pays où il n'est pas facile de penser à voix haute, avec une connaissance maîtrisée des outils conceptuels de l'Occident et une vaste culture musulmane. Il analyse les racines de l'intégrisme islamique pour mieux comprendre les aberrations politiques et sociales qui peuvent en découler. C'est un intellectuel engagé qui appelle à la mobilisation des consciences, au partage des connaissances entre l'Orient et l'Occident, pour récuser l'affrontement et exorciser l'intolérance et la peur. D'entrée de jeu, il affirme que « ce n'est pas parce que l'islam n'est pas une religion parfaite et intégrale qu'elle n'est pas réformable » et il s'applique à nous le démontrer.

« D'un côté il y a la tradition de l'islam, de l'autre il y a la tradition de pensée de l'islam. Ce sont deux points de vue différents. Dans les pays arabes, il existe vraiment une tradition vivante de pensée sur la religion, sur l'islam. Mais elle n'est pas équivalente à la densité de celle que l'on trouve ici.

« Sur ce point, il faut un effort considérable pour pouvoir déconstruire cette tradition et éventuellement arriver à quelques principes de base pour la réformer, c'est-à-dire faire rentrer l'islam, comme disait Kant, dans les limites de la Raison. Ce n'est pas très facile, surtout en Iran. »

À cause de la tradition islamique ?

« Il faut comprendre ce que l'on entend par tradition. En Iran, on ne comprend pas. Nous avons la tradition « sunnite » dans son acception limitée : c'est-à-dire les dits et les faits du Prophète. Mais on emploie aussi tradition dans un sens plus large, équivalent persan de la tradition sociologique : comment on agit, l'étude des comportements. La tradition, dans le christianisme, c'est l'Église, le magistère vivant de l'Église. Dans ce sens, il y a aussi une sorte de tradition en Iran, qu'on n'a pas vraiment réussi à analyser jusqu'à maintenant. À mon avis, c'est là que se situe le problème. En fait, nous avons 1200 ans de tradition de pensée sur le Livre révélé et sur la tradition dans son sens limité.

« Que signifie cette tradition et comment peut-on la comprendre de l'intérieur ?

« En trois siècles, elle s'est sclérosée, elle s'est figée. En somme elle existe, mais elle n'est pas vivante, et à cause de cela, elle empêche de penser, elle nous empêche de sortir de ses propres limites. Sur ce plan, nous avons des problèmes et en particulier des problèmes théologiques graves. »

Vous dites que la tradition n'est pas vivante, mais si l'on comparait l'Iran à l'Arabie Saoudite, la Syrie et d'autres pays arabes, on trouverait sans doute que l'interprétation de la tradition ici est plutôt vivante.

« Un peu avant le Mouvement constitutionnel, on a justement essayé de faire quelque chose, et il y a eu, de l'extérieur de cette tradition, un effort pour réformer la société, une volonté de changer les choses. Les idées occidentales ont circulé par l'entremise des intellectuels occidentalisés. Il y a eu à ce moment-là, et il y a encore, une espèce de transmission du savoir occidental. Ce qui a fait bouger la tradition dans sa position plus ou moins figée.

« Certes, il y a un mouvement d'idées dans ce pays, mais la tradition reste cependant très ancrée dans les esprits. Aujourd'hui, elle a un pouvoir qui empêche le déblocage conceptuel de la pensée. Cela conduit à une partie de bras de fer entre une sorte de modernité et la tradition. Si l'Iran reste le pays le plus avancé, comparé à la plupart des pays musulmans, c'est grâce à ce mouvement-là. Il y a donc à la fois blocage et, en même temps, mouvement. En Arabie Saoudite, c'est le blocage ; dans les autres pays musulmans, ce sont les revendications sociales. Ici, il y a un effort des deux côtés.

« Même à Qom, quand on discute avec les jeunes mollahs, on a l'impression qu'il se passe quelque chose. C'est très difficile, mais en même temps, comme disait Galilée : ça bouge ! »

Mais est-ce que ces forces-là ne risquent pas de s'annuler ?

« Oui. C'est ce qui se passe depuis 10 ou 15 ans.

« Il y a sept mois, j'étais à Téhéran, à la Foire du livre. En discutant avec les étudiants, j'avais l'impression qu'il s'était passé quelque chose. Il y a un mouvement qui s'accélère. Surtout chez les jeunes. C'est encore une minorité, mais qui vit, malgré les difficultés, et qui fait un effort considérable, malgré l'urgence du quotidien.

« Alors, je me suis dit, presque en forme de boutade : peut-être l'Iran est-il le premier pays islamique à devenir véritablement un pays. Un pays, oui, comme on dit la France — on ne dit pas le monde chrétien. Ce n'est pas encore le cas dans l'ensemble du monde musulman : on est d'abord musulman, avant d'être marocain, algérien, en somme, avant d'être citoyen.

« C'est la première fois que je sentais avec autant de force que la principale revendication, surtout dans la jeunesse, c'est d'abord d'être un homme ou une femme, un citoyen iranien tout court. J'ai l'impression qu'on en est là et que l'Iran sera peut-être le premier pays à émerger du monde islamique. »

Quel paradoxe, puisqu'en somme on peut dire que cette émergence sera le fait et l'œuvre de l'islam officiel !

« C'est cela la ruse de la raison. C'est la classe dirigeante, le clergé qui n'a pas pu comprendre, mais nous, nous avions quand même un pressentiment. »

Ils se sont donc privés eux-mêmes des outils pour comprendre ?

« Voilà ! Il fallait qu'ils lisent l'histoire, il fallait avoir quelques notions de l'histoire des idées, de ce qui s'est passé dans le monde. À la lumière de cela, on peut comprendre alors que la République islamique est allée contre l'islam. Tout en pratiquant l'islam, elle serait en fait contre l'islam ! Aujourd'hui, je crois que c'est vraiment le cas. Beaucoup de gens comprennent cela, même dans le clergé. Mais il faut faire quelque chose. L'islam est détruit, oui, ça, c'est déjà fait. Ces choses-là sont toujours inconscientes, on ne peut pas déterminer le mouvement de l'histoire consciemment. On ne peut pas dire : à partir de demain, vous allez tous devenir des musulmans pratiquants. Soit, on peut le dire, mais ça ne se fait pas comme ça ! »

Le clergé au pouvoir a utilisé le dogme, pas la réflexion critique sur l'histoire. N'y a-t-il pas là un péché contre la raison ? Cela n'explique-t-il pas en partie les aspirations de la jeunesse pour un État démocratique ?

« La majorité de la population veut la démocratie, même si on ne sait pas vraiment ce qu'est la démocratie et ce que peuvent être les conséquences d'une démocratie. C'est évident, il n'y a pas de "troisième voie". Avant, il y avait l'illusion du socialisme, aujourd'hui, ce n'est plus le cas : ou bien on est dans une démocratie libérale ou bien dans des pays dictatoriaux, ou islamiques comme nous. »

La Réforme a donc échoué ?

« Oui. Quand il y a une crise, on peut être intelligent et essayer de comprendre la crise. On peut aussi essayer de résoudre le problème. Mais il y a aussi la possibilité de tourner le dos à la crise et de dire : ce n'est rien, on va arranger tout ça, et faire une sorte de coup d'État, faire des coups de force, pour cacher la crise. C'est ce qu'ils sont en train de faire et c'est ce qu'ils ont fait depuis toujours.

« Moi, j'ai été exclu de l'université parce que, depuis déjà longtemps, j'ai essayé de dire qu'il y a des concepts qui nous manquent. On ne peut pas vivre et se gérer dans cette modernité, dans notre temps, sans avoir compris ce qui se passe. Et pour comprendre, il faut reconnaître qu'il y a des concepts-clés.

« Par exemple, un des concepts-clés est celui de l'intérêt général. J'ai beaucoup écrit là-dessus, en montrant que le concept d'intérêt général n'existait pas dans le chiisme. J'ai même écrit un livre sur la transmission de la philosophie politique grecque dans l'islam. Et j'ai étudié pas à pas le cheminement des concepts. Entre les régimes bons et mauvais, le critère, c'est l'intérêt général. J'ai essayé de montrer que ces textes ont été traduits et retravaillés par les philosophes de l'islam, mais que ce concept n'existe pas, il a été évacué. C'est comme cela que l'*Éthique à Nicomaque*[1] a été relue et révisée. »

Est-ce qu'on ne retrouve pas en fait ce concept, mais masqué et récupéré, dans cette notion, centrale pour le pouvoir dans la République Islamique, de *Vélayat-é faqih* ?

« Oui. C'est devenu *la raison d'État* ! En effet, quand on traduit *Vélayat-é faqih*, ça concerne la raison d'État. Même chose, on n'a pas "digéré" le concept de crise, de son acception médicale à son évolution politique. Ainsi la crise devient un concept politique applicable au champ social et économique. Ici, on ne connaît pas ça. Ici, nous avons un équivalent pour le mot crise. Il a été traduit de l'anglais ou du français, c'est un équivalent, mais ce n'est pas une évolution du sens à l'intérieur de ce concept.

« D'où l'idée que la crise est une sorte de maladie pour le régime iranien. Une maladie honteuse, donc on n'en parle pas. Parlons d'autre chose... jusqu'à ce que mort s'ensuive. Ça, c'est intelligent !

---

1. Ouvrage philosophique majeur d'Aristote.

« J'ai participé à un livre sur l'Europe, *A Soul for Europe*. On me demandait de répondre à la question : Quelle vision avez-vous de l'identité européenne, de l'extérieur ? C'est un propos sur l'incompréhension des civilisations. Quels sont les obstacles à la compréhension ? Ma réponse est d'abord : vous parlez de la crise. Nous, jamais. Or qu'est-ce que serait une réforme ? Ce serait prendre conscience que quelque chose ne va pas et qu'il faut changer cela.

« Ici, on ne peut pas dire que ça ne va pas, que l'islam n'avance pas, n'a pas de réponse pour régler la crise. On ne peut pas dire ça. Alors, la Réforme, c'est quoi ? Du bavardage ! On dit : il faut réformer. L'islam avance. C'est du vent. Ça parle et ça n'agit pas ! Aussi, dans le cas du président Khatami, j'ai inventé un mot pour expliquer la situation et sa position : la glissade.

« Pourquoi la glissade ? Parce que nous prenons des concepts qui viennent tous de l'Occident : la crise, la réforme, la démocratie, etc., mais, puisque nous ne comprenons pas ce dont nous parlons, que faisons-nous ? Quand la maîtrise du concept occidental nous échappe, nous trouvons des équivalents. Ainsi l'expression "droits de l'homme" devient "droits de l'homme islamique", "démocratie" devient "démocratie islamique", etc. Chaque fois, on glisse. Ici, je conduis vers la démocratie, mais comme je ne maîtrise pas ma voiture, je glisse de l'autre côté et, en fait, je vais dans le sens contraire. »

À Téhéran et dans la majeure partie de l'Iran, la conduite automobile suit réellement ce modèle : la glissade est une règle, admise, entendue, de « bonne conduite » qui rend très périlleuse la conduite automobile pour un étranger qui se plierait avec discipline et discernement aux indications, aux feux rouges, aux arrêts, aux sens interdits ou obligatoires et autres signes codés qui sont, pour les conducteurs autochtones, autant d'invitations à la glissade et aux glissements de sens. La métaphore exprime, avec une ironie cinglante, les difficultés conceptuelles et pratiques de la Réforme et les raisons de la démarche flottante du président Khatami.

« Qu'a fait le président ? En arrivant au pouvoir, au début, il a dit "société civile". Très bien. Mais quand, en janvier 2000, il y a eu la conférence des États Islamiques, il a dit : "Vous comprenez, Messieurs les chefs d'État des pays islamiques, la société civile n'est rien d'autre que la Médine".

« Pourquoi a-t-il dit cela ? Le mot "civil" se traduit par *madani* — qui signifie relatif à la Médine, relatif à la cité —, mais la référence est la Médine fondée par le Prophète, et cette Médine n'était pas la cité, mais une sorte de mosquée élargie autour du Prophète.

«En clair, le président a dit : "La société civile, c'est la Médine du Prophète." Tout d'un coup, on avait fait un saut de plusieurs siècles. C'est ça, la glissade, un acte conscient et volontaire. Et pour comprendre ce pays-là, pour savoir ce qui s'est passé ici aujourd'hui, pour situer le blabla et le bavardage des musulmans de l'Occident, du Canada, des États-Unis, de l'Europe, il faut analyser cette contrefaçon des concepts et analyser la glissade. Eux sont en retrait, ils réagissent et ne comprennent pas. La glissade les aide à vivre, et les Occidentaux tombent dans ce piège. Il suffit d'entendre le discours sur le voile, sur l'ovale du visage de la femme, sur le refus de la femme-objet. Franchement, s'il faut passer par là pour aller à la mosquée et ne pas être un objet ! »

Est-il possible de dire que la politique s'est emparée de la religion, que la politique a « instrumentalisé » la religion ?

« Aujourd'hui, c'est le cas. C'est la politique qui a instrumentalisé la religion, mais ce n'était pas l'objectif au début. Il y avait en Iran l'illusion depuis quelques décennies que l'on pouvait réactiver l'islam comme religion intégrale pour réformer la société, pour changer les choses. On a donc « idéologisé » la religion pour évacuer la monarchie corrompue. Ça a été inventé trois ou quatre décennies avant la Révolution. C'est cette glissade qui a créé l'illusion. À l'époque, le marxisme était en vogue. On ne mettait pas le concept de lutte des classes en doute. Chariati, qui fut un des philosophes-théoriciens de la Révolution, était marxiste avant d'être islamiste. Il disait : le marxisme, c'est la lutte et dans le Coran, c'est pareil — ça commence avec les deux fils d'Adam, Abel et Caïn, et ça continue jusqu'au Prophète. Chariati a inventé un existentialisme islamique extraordinaire, parce que tout le monde au Quartier latin, à Paris, était existentialiste. »

Les idées de Chariati ont été reprises par la suite. N'ont-elles pas alimenté un courant politique pendant la Révolution ?

« Oui, il y a eu un effet boule de neige au moment où il faisait ses conférences à Téhéran. On était d'accord au moment de la Révolution, marxistes et islamistes, pour détruire ce qui existait.

« Tocqueville a dit, à propos des hommes de lettres, juste avant la Révolution française : "Ils ont inventé dans la littérature une société imaginaire où tout allait à merveille." Dans les livres, il n'y a pas de problème et les intellectuels, surtout francophones, ont fait la même chose en Iran avant la Révolution. Mais la vraie société a toujours des problèmes, et quand

Tocqueville écrit "c'est la société imaginaire qui a pris le pouvoir contre la vraie société", on peut tout à fait appliquer la formule à la Révolution islamique. »

Ça ne s'est pas fait en l'absence de la société réelle ?

« Oui, elle marchait mal, mais elle marchait. Et les hommes de lettres ont aussi été victimes de leurs inventions. Il y a eu les intégristes contre les marxistes, il y a eu ceux qui faisaient la synthèse entre le marxisme et l'islam, et ainsi de suite. »

Où placez-vous les khomeinistes dans ce schéma ?

« Je crois qu'ils étaient aussi dans ce mouvement-là. Ils avaient cette illusion-là, mais ils connaissaient très bien le clergé et ils étaient plus conservateurs que les mouvements plus jeunes et plus dynamiques. Ils sont venus assez tard pour la plupart. »

Et maintenant, qu'est-ce que vous entrevoyez pour la suite ?

« Je crois que je suis un peu pessimiste. Ils vont continuer à bloquer la société jusqu'à ce qu'il y ait une révolte des jeunes. Les gens ne vont pas voter. S'ils y vont, c'est parce qu'on fera tout pour les faire voter, alors ils vont annuler leur bulletin. Cela donnera un Parlement conservateur, sans véritable légitimité, avec à peu près 15 % des électeurs. Ils sont capables de faire quelques réformes, il y en a qui sont plus intelligents que les autres ! »

L'habit ne fait pas l'imam

Vingt-cinq ans après la Révolution, l'Iran vit à l'opposé de son projet politique, celui d'un pouvoir qui prétendait fonder sa légitimité sur des principes religieux.

La présence croissante des enfants de la rue, la prolifération de la drogue, la prostitution flagrante et prospère sont les contradictions les plus visibles de la faillite de cet État religieux. Tout ce que le régime a interdit est disponible. Il suffit d'y mettre le prix ou de connaître la bonne combine. La prohibition a engendré un marché parallèle fort lucratif, et une corruption active à tous les niveaux : ce que les Iraniens appellent en anglais les « Mollah Connections », qui permettent de contourner les règlements et les lois. Les grandes familles du régime ont développé leurs propres réseaux de favoritisme, qui permettent aux *aqazadeh*, aux fils à papa, de s'emparer des postes-clés en particulier dans le milieu des affaires.

Sa propre constitution définit l'Iran comme un État de droit, doté d'un système parlementaire, qui possède la particularité d'être chapeauté par un deuxième palier de pouvoir d'inspiration divine. C'est, en fait, le véritable pouvoir, puisqu'il contrôle les forces de répression, les réseaux de prédication dans les mosquées et la radiotélévision. Sa légitimité repose sur l'institution du *Vélayat-é faqih*, qui attribue au Guide suprême la charge de la gestion des affaires des croyants dans l'attente de la réapparition de l'Imam du Temps, le Douzième Imam de la tradition chiite. L'exercice du *Vélayat-é faqih* doit être confié à un « docteur du dogme, juste, vertueux, au courant de l'évolution de l'époque, courageux, efficace et habile, et qui doit être accepté comme guide par la majorité du peuple[1]. » Le poste de Guide suprême a été clairement créé par et pour l'imam Khomeyni, qui va assurer cette fonction avec la fermeté et le charisme que l'on sait, de 1979 à sa mort, en 1989.

Dix ans après son acceptation par 98,2 % des électeurs, la Constitution a été amendée, sous la présidence d'Hachemi Rafsandjani. Le Parlement, fort d'une majorité conservatrice, a modifié le cinquième article pour conférer le pouvoir absolu au Guide suprême. Cette astuce législative était devenue essentielle. Personne, et surtout pas Monsieur Khamenei, ne possédait l'ascendant de l'imam Khomeyni dans l'esprit des Iraniens.

Ce changement de statut ne relevait pas d'une décision divine, mais d'une intervention très « humaine », sinon politique, de la Chambre des députés. Les observateurs les plus lucides ont fait cette mise en garde : si la voix du peuple se confond avec celle de Dieu, le peuple pourrait bien un jour se prendre pour Dieu en personne et voter une transformation radicale abolissant l'État religieux.

Sans le dire aussi ouvertement, c'était en fait l'objectif du projet de réforme élaboré par Saïd Hadjarian et endossé par Mohammad Khatami. Pour eux, la seule réforme possible exigeait une modification de la Constitution qui limite ou abroge le pouvoir absolu du Guide, donc la mise en question du bien-fondé du *Vélayat-é faqih*.

La mort de l'imam Khomeyni, dans la foulée de l'hécatombe de la guerre Iran-Irak et des magouilles de l'affaire Iran-Contra[2], met en péril l'alliance du religieux et du politique. Ali Khamenei, ancien président de la République islamique, est alors nommé Guide suprême par le Conseil des gardiens dans les heures qui suivent les funérailles de l'imam. Or M. Khamenei

---

1. *Constitution de la République islamique de l'Iran*, Paris, s.d., p. 15.

2. En novembre 1986, un scandale éclate aux États-Unis : l'administration Reagan a fourni depuis janvier des armes à des « représentants israéliens », qui les ont vendues à des « représentants iraniens », lesquels les ont achetées à un prix plus élevé que le prix américain. Par l'entremise de la CIA, les États-Unis ont reçu l'argent qui leur était dû, et la différence entre le prix initial et le fruit de la vente est allée directement dans un compte bancaire suisse ouvert par les rebelles de la « Contra » du Nicaragua. Ces surprenantes transactions porteraient sur des sommes évaluées entre 10 et 30 millions de dollars. Quant à Ronald Reagan, il affirme qu'il n'était pas au courant de ce détournement. Affrontant la presse, il s'est contredit maladroitement face à l'accusation d'avoir échangé les armes contre les otages américains.

n'était même pas un ayatollah et, à l'opposé de son prédécesseur, il n'était surtout pas un *mardja*, c'est-à-dire un modèle, une « source d'émulation » pour les fidèles. De plus, il n'avait jamais publié le recueil d'ordonnances qui permet aux doctes de faire connaître leurs jugements et leurs positions religieuses, pour élargir le cercle de leurs disciples.

Cette nomination a créé un malaise et entraîné une mise en cause du dogme chez plusieurs clercs, comme chez beaucoup d'intellectuels religieux et traditionnels qui acceptaient la prééminence de Khomeyni mais qui ne reconnaissent pas la compétence de son successeur. En fait, la doctrine du *Vélayat-é faqih* n'avait jamais fait l'unanimité chez les juristes chiites. Elle était surtout liée à la personnalité peu commune de Ruhollah Khomeyni, devenu lui-même à la fois la théorie de la Révolution et l'incarnation de la doctrine dont il était l'auteur.

Ainsi, au moment où il disparaît, des voix dissidentes vont mettre en cause l'origine arbitraire du pouvoir absolu du Guide. Parmi elles, celle d'un jeune clerc, l'hodjatoleslam Mohsen Kadivar, qui deviendra vite le critique le plus incisif et le plus radical de l'institution du pouvoir du docte.

Pour le noyau dur du clergé conservateur qui détient le pouvoir politique, la menace est grave ; on ne badine pas avec la remise en question du *Vélayat-é faqih*. Il est donc fort dangereux de toucher à l'image du Guide et quiconque ose en douter et mettre en question le socle idéologique du régime risque sa liberté et même sa tête.

Mohsen Kadivar a été arrêté en 1999. Accusé de complot contre la sécurité de l'État, traduit devant le Tribunal spécial du clergé, dont l'existence n'a aucune légitimité constitutionnelle, il a été condamné à 18 mois de prison [3].

Avant de le rencontrer à Téhéran, nous avions fait sa connaissance à New York, à l'Université Columbia, où il avait été conférencier invité. Ce premier contact avait été très chaleureux et notre échange très stimulant. Jovial, M. Kadivar savait mêler la réflexion et l'humour, et son rire tonitruant était déjà une invitation à le revoir. Avec ce même rire, il nous ouvre la porte de son bureau à Téhéran, quelques mois plus tard.

À New York, il portait un complet-veston de bonne coupe et une chemise blanche à col fermé. À Téhéran, il nous reçoit vêtu de la robe brune

---

3. Farhad Khosrokhavar, « Postrevolutionary Iran and the New Social Movements », in *Twenty Years of Islamic Revolution*, Syracuse, Syracuse University Press, 2002, p. 12.

de l'hodjatoleslam, la tête ceinte d'un turban blanc éclatant qui accentue sa barbe poivre et sel.

En réalité, quel que soit le costume ou le lieu, c'est bien le même homme : un religieux engagé dans l'action, un intellectuel militant, un résistant qui, la veille encore, a reçu des menaces de mort. Malgré cela, il nous accueille avec un réel plaisir, détendu, rieur et blagueur.

Sa présence donne de la couleur dans ce bureau aux murs ternes, dans cet immeuble triste, près de l'autoroute Sud-Nord, à la hauteur de la place Vanak. Le décor est réduit à l'essentiel : une bibliothèque pleine de livres, une grande table inondée de soleil, une théière fumante. On sent chez lui un besoin de parler, une volonté de briser le climat de démission et d'indifférence qui s'abat sur le pays. Le besoin aussi d'exorciser les menaces qui pèsent sur lui.

« Vous savez la situation est très sensible dans mon pays et je dois être prudent. Il y a un mois, après mon discours à l'*Hosseynieh-é Ershad* qui portait essentiellement sur la série de meurtres d'intellectuels commis par les agents des Services secrets, il y a quelques années, j'ai reçu des menaces de mort. Si ça continue, je vais aussi faire partie de la liste des morts. D'ailleurs le tribunal islamique m'a prévenu : si vous continuez dans cette direction, vous allez à nouveau vous retrouver en prison. »

Nous le savions trop bien. Akbar Gandji, que nous avons rencontré quatre ans plus tôt, croupissait toujours dans sa cellule à Évine.

« J'ai déjà montré que la vraie règle du jeu politique en Iran est celle du Guide suprême. Il est à la fois l'auteur et l'acteur principal du drame qui se joue ; ce n'est pas la société qui s'exprime, le pouvoir ne tire pas sa légitimité de la société. Il y a tout juste 10 % à 15 % de la population qui appuie le régime des Conservateurs.

« Quand je dénonce cela en public, les menaces se multiplient contre moi. La semaine dernière, on a appelé plusieurs fois à la maison, trois fois on a parlé à mon fils pour me menacer. Nous avons enregistré la voix. J'ai appelé les Services de sécurité et j'ai dit : "Écoutez cette voix, c'est celle d'un des vôtres. S'il m'arrive quelque chose, ce sera votre responsabilité."

« C'était la même chose pour Hadjarian. Il n'a rien pu faire pour empêcher l'attentat contre lui, mais il en était prévenu.

« Quand j'ai appris qu'il avait été la cible d'un assassin, j'étais en prison. Je pense que ça a été le jour le plus dur de ma vie. J'ai beaucoup pleuré, parce que, là où j'étais, je ne pouvais rien faire. C'était mon meilleur ami et je ne savais pas s'il était mort ou vivant. Je suis resté là, tenant le Coran et j'ai prié pendant des heures. Je ne pouvais rien faire d'autre pour lui. Quand je suis sorti de prison, je suis allé à l'hôpital, il n'était pas vraiment conscient. Je l'appelais, mais il ne me répondait pas. Peut-être qu'il entendait, mais il ne pouvait pas parler. Déjà, en 1981, les Moudjahiddines ont voulu le tuer, il a réussi à leur échapper.

« Maintenant, regardez dans quel état il est. Il survit, c'est tout, il peut à peine marcher, il a besoin de trois personnes pour s'occuper de lui en permanence. Il ne ressent pas la douleur. Son action est limitée, il doit dormir beaucoup et faire de la physiothérapie tous les jours. Il est détruit. À 49 ans, il est fini. Son corps ne répond plus. »

Nous avions rencontré Saïd Hadjarian quelques jours plus tôt. La description qu'en faisait M. Kadivar n'était pas une exagération.

« Il est "l'homme de la Réforme" en Iran. C'est pour cela qu'on a voulu le supprimer. Ce n'est pas uniquement un théoricien excellent, c'est aussi un grand stratège. La Réforme a beaucoup de théoriciens, elle n'avait pas de stratège. C'était le seul grand stratège. Il connaît bien le régime, le système. Il en vient. Il est passé de la Révolution à l'opposition au pouvoir conservateur. Ce n'est pas le seul. Après la Révolution, dans la décennie qui a suivi, d'excellents éléments ont quitté le cœur du système : des gens des Services de sécurité, des *Pasdaran*, des membres de l'appareil révolutionnaire — comme ç'a été le cas du président Khatami. Ces gens-là ont quitté parce qu'ils n'étaient plus d'accord avec ce qui se passait. Aujourd'hui, il y a encore des Gardiens de la Révolution qui sont en désaccord, mais en général, le régime fait tout pour les repérer et pour les éliminer d'une façon ou d'une autre, avant qu'ils ne quittent. Ce fut le cas de l'ayatollah Montazeri qui fut en somme le Trotsky de Khomeiny-Lénine ! »

Quel est donc le parcours d'un jeune homme qui aurait pu faire une carrière confortable dans l'appareil académique ou clérical, mais qui décide de rompre avec le pouvoir à ses risques et périls ?

« J'avais 18 ans au moment de la Révolution. J'étais en première année d'université à Chiraz. J'étudiais pour être ingénieur. Puis j'ai changé. J'ai étudié la sociologie. Après la Révolution, puis la Révolution culturelle, qui fut plutôt une révolution "anti-culturelle", j'ai préféré continuer dans les études islamiques. J'ai choisi le Collège islamique. Puis j'ai étudié en philosophie — où j'ai obtenu un doctorat, et j'ai continué au séminaire de Qom. »

Soudain, il lâche un nom qu'il ne fait pas bon de prononcer publiquement, mais dont l'esprit frondeur se trouve dans les propos de notre interlocuteur.

« Un de mes maîtres fut justement l'ayatollah Montazeri. J'ai eu des maîtres de haut niveau intellectuel. Quand je critique aujourd'hui la nature du pouvoir religieux, je sais ce que je dis, je suis sûr de mes bases et "ils" ne peuvent pas me mettre au défi. J'ai écrit trois livres sur le *Vélayat-é faqih*. Je crois que je sais tout ce que l'on peut savoir sur le *Vélayat-é faqih*.

« On m'a déjà mis en prison. Les trois premiers mois ont été très durs. Je suis resté 18 mois, ce n'est rien comparé aux 28 années de Mandela ! J'ai été incarcéré sous trois accusations, dont la principale était le délit politique : j'ai accusé le Guide suprême d'avoir commandé les meurtres en série de quatre écrivains. J'ai dit à mes juges que j'avais seulement rappelé que l'islam interdisait le meurtre, sauf s'il est autorisé par une *fatwa* de la plus haute autorité religieuse. J'ai affirmé en conséquence que je n'avais jamais accusé le Guide suprême de meurtre. Les juges ont dit : "C'est dans votre tête." J'ai répondu : "Si c'est vrai, comment allez-vous le prouver ?"

« Ils m'ont répondu : "Nous, nous n'avons pas besoin de preuve. Allez en prison."

« Ainsi quand, récemment, après mon discours sur les assassinats des écrivains, il y a eu ces menaces au téléphone, je me suis rappelé ce que je disais, il y a deux ans, sur "l'autorisation de tuer", et j'ai pensé que tout ce que je disais là était vrai. Et que cette fois, c'est de moi qu'il s'agit. Je vais leur redire ça.

« Vous savez, en Iran, il y a deux prisons, la petite et la grande. Quand je suis sortie de la petite — qui s'appelle Évine —, je suis entré aussitôt dans la grande : c'est l'Iran, c'est tout le pays. »

Et il éclate de rire. Nous le quittons en prenant rendez-vous la semaine suivante pour aborder la question du pouvoir du Guide et examiner les rapports entre la politique et la religion. M. Kadivar propose une analyse très fine de l'échec de la République islamique, en mettant au jour les failles qui traversent sa structure même. Il pose des questions fondamentales et y répond : comment desserrer l'étau que le *Vélayat-é faqih* a imposé sur la vie politique et spirituelle du pays ? Quelle est la place du droit canon, du *fiqh*, dans les affaires de l'État ? Quelle est la marge de manœuvre du profane, du laïc si l'on veut, par opposition au religieux, dans la société iranienne ?

« Nous pouvons nommer trois formes de pensée laïque : l'une est radicale, la seconde est modérée et la dernière minimale. Par "radicale", j'entends l'expulsion totale de la religion de la vie, pour laisser la place uniquement au profane. La version modérée vise à extraire la religion du domaine public mais non pas de la vie personnelle. La troisième impose une distinction entre l'institution religieuse et l'État, et, dans ce cas, le clergé, les religieux, ne détiennent aucun droit spécifique.

« Ces trois variations s'affrontent actuellement dans la pensée politique islamique. La première n'a vraiment pas d'appuis en Iran. La deuxième et la troisième ont leurs partisans.

« La troisième, qui privilégie la distinction entre la religion et l'État, jouit d'une large acceptation dans la société islamique. L'expulsion totale du religieux pouvait être admise dans le monde occidental, sous l'influence du christianisme. Dans le monde islamique, c'est une option qui n'a pas beaucoup d'appuis.

« Si on examine ce troisième modèle, on constate que, pour élaborer des politiques dans la sphère du religieux, on peut utiliser et adopter les règles et règlements islamiques. Toutefois, la société doit d'abord se gérer sur la base de l'expérience humaine et de la raison.

« L'élaboration et la formulation de politiques dans le domaine public dépendront à la base de la nature de la société : est-elle islamique ou non ? Ainsi, en appliquant le troisième modèle, nous aurons une société démocratique, mais qui tiendrait compte des règles islamiques, et de la volonté populaire. »

Et là, M. Kadivar enchaîne sur une explication aussi fascinante que complexe. Nous nous trouvons en face de quelqu'un venant du cœur battant du système. Il en connaît tous les rouages, situe toutes les faiblesses et les contradictions.

« Toujours selon le troisième modèle, quand on sépare la religion de la politique, il n'y a de place ni pour le clergé ni pour les doctes. Aucun privilège, aucun statut spécial ne leur sera ni défini ni réservé. Leur participation éventuelle dépendra entièrement de la capacité personnelle de chacun. Quand je parle de ce modèle, celui de la séparation du religieux et du politique, je veux dire par là la séparation entre la mosquée et l'État, entre le séminaire et l'État, entre toutes les institutions religieuses et l'État, mais pas la séparation entre la religion et l'État.

« C'est comme la différence entre l'Église et l'État, sauf que nous n'avons pas exactement la même situation en islam. Il ne faut pas confondre église et mosquée. En Iran, c'est précisément le *Vélayat-é faqih* qui s'oppose à ce troisième modèle. Ce concept est justement un mélange de religion et de politique. Selon cette théorie de la gestion du docteur du dogme, le Guide suprême prend toutes les décisions importantes pour la société ; il est au sommet, responsable de l'application et du respect de tous les règlements qu'il a lui-même formulés.

« Il y a dans ce cas une opposition radicale entre la théorie de la séparation de l'institution religieuse et de l'État, et la théorie du *Vélayat-é faqih*. Pour ce qui est de la séparation entre le religieux et le politique, la société civile composée de croyants est responsable des questions religieuses, et non pas l'autorité de l'État, ni aucun autre pouvoir. »

Voilà donc en quoi l'Iran innove !

« En effet ! Selon la théorie du *Vélayat-é faqih*, c'est le Guide suprême, et lui seul, qui est responsable et qui supervise l'application de tous les règlements. Il y a une différence majeure entre ces deux théories : selon la première, les gens eux-mêmes observent, librement et volontairement, les règlements religieux ; selon la deuxième, c'est l'autorité politique qui s'en charge et qui force les gens à suivre les règlements. Or, il faut convaincre les gens, et non pas les contraindre par la force et le pouvoir ; il faut faire la distinction entre l'autorité et la force.

« Ce que les intellectuels religieux voulaient voir réaliser, c'était la première théorie. Mais après la victoire de la Révolution, la théorie du docteur du dogme l'a emporté. Le premier président du Conseil, le docteur Mehdi Bazargan, et l'ayatollah Taleqani préconisaient la séparation de l'institution religieuse et de l'État. Mais, l'ayatollah Khomeyni préconisait la deuxième théorie.

« Ce que je vous explique n'a pas été clarifié ni expliqué dans la société prise dans son ensemble jusque-là. Il n'y a pas eu de débat sur cette question fondamentale. »

Peut-on dire que, s'il n'y a pas de débat, c'est parce que personne ne veut de ce débat ?

« La question n'est peut-être pas tout à fait mûre. Il faudrait d'abord répondre à une question préalable : comment pratiquer l'islam dans notre société ? L'expérience de ces 25 ans de République islamique a été très significative pour nous, les intellectuels religieux. Sans avoir vécu une telle expérience, il nous aurait été impossible de formuler la nécessité de ce troisième modèle.

« Pendant le dernier quart de siècle, notre société a eu comme slogan : "Notre religion est précisément notre orientation politique, et notre orientation politique est exactement notre religion."

Allons plus loin. Est-ce que la théorie du *Vélayat-é faqih* est fondée sur le droit canon chiite, ou est-ce qu'elle relève de la décision arbitraire de l'autorité ?

« À vrai dire, cette doctrine, le *Vélayat-é faqih*, est plus iranienne qu'elle n'est islamique. En fait, ce n'est que l'islamisation de la théorie monarchique iranienne. Vous pouvez voir cette théorie dans le *Chahnameh*[4], par exemple. Et quand je dis théorie monarchique iranienne, je veux dire celle qui se trouve dans le *Chahnameh*, et non pas dans la société. Là, le roi se doit d'être juste et d'avoir du charisme, qu'il obtient de Dieu.

« Ce que je vais vous dire, ce sont les résultats de mes dix ans d'étude sur ce sujet. La doctrine du *Vélayat-é faqih* est un mélange de quatre composantes : en premier, celle que je viens de vous décrire, que l'on peut appeler aussi la théorie de l'ancien royaume d'Iran. Ce n'est pas la monarchie dans une société réelle ; c'est un royaume très idéalisé. Je ne veux pas laisser entendre que ça peut se comparer à celui des Pahlavi ou des Qadjar. »

C'est donc un royaume idéal ?

« Oui, mais il peut être réel aussi, si l'on croit certains de nos penseurs contemporains. Par exemple, Djavad Tabatabaï défend cette théorie pour l'Iran d'aujourd'hui. Il est hégélien par surcroît, et il interprète cette théorie à la lumière de la pensée hégélienne.

« Cette première théorie puise ses racines dans l'Asie ancienne, non seulement en Iran mais aussi au Japon, en Chine, en Égypte. Je pense que c'est la théorie de l'Asie ancienne et de l'Afrique. Mais cette théorie a atteint son apogée en Iran.

« La deuxième théorie est celle du royaume du philosophe que vous connaissez sans doute, celle de Platon, qui est très proche de celle du *Vélayat-e*

---

4. Voir note 10.

faqih. Cette dernière veut dire le royaume du docteur du dogme. Pour Platon, c'est le royaume du philosophe. La seule différence, c'est la compétence spécifique du roi, et rien d'autre. »

Cette expédition dans l'histoire des idées nous amène à des recoupements inattendus.

« La troisième, c'est la théorie de l'être humain supérieur, fondée par al-Arabi. Un tel être doit diriger la société ; grâce à lui, il peut y avoir des rapports entre les êtres humains et Dieu. C'est la forme la plus évoluée du mysticisme. Vous connaissez Maître Eckhart ? Ibn al-Arabi[5] est dans le monde islamique l'équivalent d'Eckhart en Europe médiévale. Les deux croient que celui qui doit diriger les hommes dans toute société se distingue par ses grandes qualités dans tous les domaines. C'est l'être parfait, le successeur de Dieu sur terre. Le vice-roi de Dieu, si vous préférez.

« L'ayatollah Khomeyni, avant d'étudier le *fiqh*, a étudié et enseigné le mysticisme. Il était plus expert en mysticisme qu'expert en droit. Il a tiré sa théorie du *Vélayat-é faqih* absolu, du mysticisme, pas du droit canon. Cette terminologie n'existe pas dans le droit islamique, mais par contre on la trouve dans le mysticisme : c'est l'autorité absolue conférée à l'être parfait. C'est exactement ce que dit Ibn al-Arabi, dans un sens mystique, mais ni politique ni juridique. Alors, Khomeyni a trouvé cette terminologie dans le mysticisme, et l'a fait glisser dans le champ du politique et du droit.

« C'est un mélange extraordinaire. Je ne veux pas dire que c'est un bon mélange, mais il a été extraordinaire, et il a donné des résultats extraordinaires. »

Ainsi l'imam Khomeyni a réussi, en combinant le mysticisme islamique avec le droit canon chiite, à créer une énergie explosive. La première victime — mais pas forcément la seule — fut le régime impérial du chah, emporté par la fureur de la Révolution propulsée par cette force centrifuge. Cette force avait une troisième composante qui puisait ses origines dans la théorie de l'imam chiite.

« *Imam* est un mot arabe qui désigne le directeur de la prière publique chez les musulmans. Dans la croyance chiite, le titre d'*Imam* est attribué aux

---

5. Né en Espagne en 1165, Muhyi al-Din ibn al-'Arabi fut l'un des grands penseurs du mysticisme islamique, auquel il a apporté une vaste érudition. Après quelques années passées à La Mecque, près du Kaaba, il est allé vivre à Damas, où il meurt en 1240 et où se trouve son tombeau.

12 successeurs du Prophète Mohammad. Ils sont innocents — libres de tout péché — et possèdent le savoir divin. Ainsi le *Vélayat-é faqih* fait sienne l'autorité des Imams innocents pour ce qui est du *Vélayat* — qui veut dire la gestion de la société — mais en laissant de côté l'innocence. L'autorité des Imams innocents est seulement invoquée pour justifier l'exercice de l'autorité politique de l'imam. L'ayatollah Khomeyni était très clair sur ce point : l'autorité du *faqih*, c'est l'autorité des Imams innocents appliquée à la gouvernance de la société. En chiisme, nous croyons effectivement aux droits spéciaux des imams dans le champ spirituel, mais ce n'est pas à ça qu'il fait référence. »

L'ascendant spirituel des Douze Imams, dont un seul — Ali — a exercé le véritable pouvoir d'État, se fonde sur le lien familial avec le Prophète[6]. Cette lignée n'est nullement mentionnée dans le Coran. Elle va se développer au cours des siècles autour de la figure centrale de la Sainte Famille de l'islam : Fatima, son père Mohammad, son époux Ali, et leurs deux fils, Hassan et Hussein. Leur progéniture formera, avec quelques exclusions, la succession des Douze Imams, dont le dernier, le Mahdi — l'imam du Temps — reviendra sur terre pour établir un régime de justice universelle.

Le chiisme regroupa d'abord les « partisans d'Ali », ceux qui considèrent Ali comme le légitime héritier du Prophète. Avec le temps, il devient le refuge de deux types de partisans mécontents : les politiques et les mystiques. Mohsen Kadivar a compris — et son analyse est lumineuse — que les politiques et les mystiques, au moment de la Révolution, vont s'identifier à l'imam Khomeyni et se fondre ainsi en une seule et même figure :

« L'ayatollah Khomeyni renforcera l'idée que, pour les chiites, les Douze Imams sont la source de l'autorité spirituelle et politique. Selon son raisonnement, la société a besoin d'une autorité politique. Il ne revendique même pas l'autorité spirituelle des Imams innocents. Et aujourd'hui, peu importe que l'imam ait la compétence ou l'autorité spirituelle, ce qui importe pour les religieux au pouvoir, c'est qu'il leur assure la latitude de faire ce qu'ils veulent dans le domaine public. »

C'est là, selon Yann Richard, où l'ayatollah Khomeyni innove par rapport à ceux qui avaient créé, au milieu du XVIIIe siècle, le concept du *Vélayat-é*

---

6. Voir Yann Richard, *L'islam chiite.*

faqih, et notamment, le cheikh Morteza Ansari, un éminent théoricien chiite de l'époque. Selon Ansari, le docteur de la loi (*faqih*) peut exercer trois fonctions : la promulgation d'ordonnances religieuses (*fatwa*) sur des problèmes soumis par les fidèles, l'arbitrage de conflits entre individus, et l'administration des biens et des personnes. Mais pour ce même Ansari, seul le Prophète et les imams possédaient la pleine autorité dans les domaines temporel et spirituel. Le *faqih*, lui, peut punir et répondre à la nécessité de situations nouvelles, en somme assurer la gérance du spirituel en attendant la venue du Douzième Imam. Son pouvoir était limité et son emprise sur la communauté n'avait rien de politique, dans le sens où on l'entend aujourd'hui[7].

Khomeyni savait tout cela. Il flairait aussi ce qu'il pourrait faire avec la force mobilisatrice que représentait la collusion du politique et du spirituel. Il avait été l'instigateur de l'insurrection de juin 1963, qui lui avait fourni la preuve que le réveil du sentiment religieux représentait un puissant antidote à l'occidentalisation tous azimuts pratiquée par le régime du chah.

Dès 1971, Khomeyni a fait éditer les conférences transcrites des leçons de droit politique islamique qu'il donnait dans la ville sainte de Nadjaf, en Irak, où il se trouvait en exil. Ces textes, regroupés sous le titre *Le gouvernement islamique*, n'ont pas été diffusés à cette époque-là. Le concept du *Vélayat-é faqih* y était clairement exposé tel qu'il apparaîtra et se développera après la Révolution. Cette immense innovation doctrinale reposait avant tout sur le charisme et l'héroïsation de l'ayatollah. Aujourd'hui, Mohsen Kadivar démonte le mécanisme, expose les pièces à la vue de tous et dévoile la face cachée de la théorie.

« Pour les religieux du parti clérical, la légitimité de cette théorie vient de Dieu. Mais c'est leur thèse, ce n'est pas la mienne.

« En d'autres termes, *Vélayat-é faqih* veut dire : le chah avec un supplément de connaissances en droit religieux. On voit donc que ce n'est que le reflet de la manière dont une société est gouvernée dans l'esprit des clercs dominants. Autrement dit, c'est du despotisme. »

Remontons un peu l'histoire.

Quand, au début du XVIᵉ siècle, Chah Ismaïl, le fondateur de la dynastie des Safavides, a conquis la ville de Tabriz et proclamé le chiisme religion officielle de l'État qu'il venait de fonder, il n'a trouvé qu'un texte

---

7. *Ibid.*, p. 108-109.

théologique dans la ville. D'origine azérie, les rois safavides cherchaient déjà à se démarquer de leurs frères ennemis, les Ottomans, dont l'empire avait commencé à grignoter leurs territoires. Fortement inspirée par les ordres soufis, en rupture avec le sunnisme strict d'Istanbul, la nouvelle dynastie s'est mise à importer non seulement des textes de droit chiite, mais aussi des doctes pour les expliquer, du Djabal Amil, ce coin reculé du Liban où le chiisme a pris racine très tôt.

Pendant les années de gloire de la dynastie des Safavides, et notamment sous Chah Abbas, le bâtisseur d'Ispahan sa capitale, la hiérarchie religieuse mise sur pied par les rois servait tout d'abord de relais, et ensuite, graduellement, de contrepoids. Entre la chute de la première dynastie chiite de l'Iran, en 1722, et l'instauration de celle des Qadjars, fondée à la fin du XVIIIe siècle, les rôles se sont renversés : le pouvoir des *oulémas* avait surclassé celui des rois.

Quand, en 1828 la guerre entre l'Iran et la Russie s'est soldée par le traité désastreux de Tourkmantchaï qui entraîna la perte des provinces du Caucase, le chah avait grand besoin de l'appui de la hiérarchie :

« Et la hiérarchie religieuse a fait du roi son représentant dans la guerre. Ainsi, le chah est devenu le représentant du *faqih*, et non pas le contraire comme c'était le cas pendant les années de la monarchie safavide. Or, la légitimité du chah venait des *ouléma*. Si les *ouléma* étaient d'accord, les fidèles acceptaient de lui obéir. Sinon, le chah n'avait pas de légitimité. La théorie du *Vélayat-é faqih* à cette époque se résume à ça. C'était le reflet du pouvoir considérable des *ouléma*, et de la faiblesse des chahs. On voit bien là que cette théorie n'émane pas de la religion, qu'elle vient d'ailleurs. Sous les Qadjars, les clercs ne voulaient pas assumer un rôle politique. Ils se sont limités à permettre aux rois de faire ceci ou cela.

« Puis, récemment, vinrent l'ayatollah Khomeyni et la Révolution. Là, les clercs se sont dit : "Si nous possédons cette autorité, pourquoi laisser le roi régner ? Nous allons gérer la société nous-mêmes." Avant lui, personne n'avait dit ça, personne ne l'avait prétendu. Là, nous avons un dirigeant qui n'avait pas d'intermédiaire. À l'époque qadjar, les clercs géraient par l'entremise du chah. Mais sous Khomeyni, il gérait le pays lui-même, sans intermédiaire. »

À l'ère des Pahlavi, instaurée par le coup d'État du 21 février 1921, il n'y avait plus de place pour une gestion exercée par la hiérarchie religieuse.

Reza Khan, qui allait se proclamer lui-même chah en 1925, engage l'Iran sur la voie de la modernisation forcée, inspiré par l'exemple de son homologue militaire turc, Mustafa Kemal Atatürk. Il ne pouvait pas y avoir, sous son règne, deux autorités. Le clergé, peu porté à la contestation d'un homme de poigne, a trouvé son compte dans le silence. Le *Vélayat-é faqih*, lui, est mis en veilleuse. Surtout quand le fils de Reza Chah, Mohammad Reza Pahlavi, cherche à faire revivre, dans la consécration de sa personne, la gloire des anciens empires de la Perse et se couronne littéralement à Persépolis. Se doutait-il que ses « successeurs » religieux allaient suivre son exemple et même faire mieux ?

« Le chah a envoyé l'ayatollah Khomeyni en exil, en Irak. Ainsi, le clergé n'avait aucune occasion de se manifester, ni de faire valoir son pouvoir. Nous pouvons dire que le *Vélayat-é faqih* a deux visages : l'un est potentiel, l'autre réel. Si les clercs possèdent le potentiel de prendre la direction de la société, parfois ils ne peuvent réellement pas le faire, comme pendant l'ère du chah. Mais dès qu'ils ont pu réaliser ce potentiel, au moment de la Révolution, ils ont pris le pouvoir.

« Ainsi, vous pouvez voir la différence entre Khomeyni et Khamenei. Le premier fut une "source d'émulation". Mais Khamenei ne l'est pas, il n'est pas ce qu'on appelle un "grand ayatollah". Khomeyni, lui, l'était, pendant que Khamenei n'est que hodjatoleslam, c'est-à-dire quelqu'un qui occupe le troisième rang dans la hiérarchie religieuse : grand ayatollah, ayatollah, hodjatoleslam. »

Comment se fait-il qu'il soit là alors ?

« Le Conseil des experts a statué : il a la compétence. C'est une réalité, ce n'est pas virtuel. Et si nous continuons sur cette lancée, il se peut fort bien que le prochain soit moins qu'un hodjatoleslam, juste quelqu'un qui va garantir la continuité du pouvoir.

« Vous voyez, c'est de la monarchie islamique ! Au moins ils sont honnêtes. "Ça n'a pas d'importance, disent-ils. C'est une monarchie islamique ! Ce n'est pas une mauvaise chose ; c'est vous qui croyez que c'est mauvais. La démocratie, ça vient d'Occident, du diable." Voilà leur façon de penser. Il y a un siècle, un spécialiste a même prouvé que la monarchie était préférable à un État constitutionnel, qu'elle était plus près de l'islam. »

Il y a un siècle en effet, ce spécialiste, le cheikh Fazlollah Nouri, a été, pendant deux ans, de toutes les luttes — et les plus sanglantes — contre les efforts des constitutionnalistes qui voulaient établir un régime parlementaire à Téhéran. Il combattait le mouvement pour la démocratie qui menaçait le trône de Mohammad Ali Chah. L'argument majeur du redoutable cheikh reposait sur l'affirmation qu'une constitution affaiblirait la religion, le rôle du clergé et, en conséquence, nuirait aux affaires de la cité.

Le chah, dans un premier temps, céda du terrain aux forces constitutionnalistes et il signa la Constitution le 9 novembre 1907. Un mois plus tard, avec l'appui de la Russie et de l'Angleterre, et la complicité du cheikh Nouri, Mohammad Ali Chah organisa une tentative de coup d'État qui se heurta à la résistance courageuse des députés au Madjlis, et se solda par un échec.

Le chah récidiva au mois de juin 1908, il réussit cette fois à renverser le régime constitutionnel et gouverna désormais par décrets. Mais il avait sous-estimé l'ardeur et l'ampleur des forces démocratiques qui avaient un soutien décisif des *ouléma* de Nadjaf, en Irak. Les démocrates avaient de leur côté la légitimité constitutionnelle et islamique. Le chah perdait l'appui des grandes puissances, son pouvoir s'effritait à mesure que son isolement augmentait et il a été obligé de restaurer la Constitution, le 10 mai 1909. Il se réfugia en Russie. Le cheikh Nouri refusa de quitter le pays et il « fut jugé sommairement par un tribunal révolutionnaire : sa pendaison sur la place publique en présence d'une grande foule, le 31 juillet 1909, contribua à creuser un peu plus le fossé entre les constitutionnalistes et le clergé [8]. »

« Vous savez, nous avons une autoroute ici à Téhéran qui porte le nom de Cheikh Nouri. Le régime a donné le nom du plus grand ennemi de la démocratie et de la liberté à la plus grande autoroute de la capitale. Tandis que le nom du plus grand théoricien de la Constitution a été attribué à une ruelle, même pas à une rue. Ni Khorassani ni Naïni ne sont honorés ici. Khorassani [9] a été le grand *mardja* de l'époque. C'est grâce à lui que le roi, Mohammad Ali Chah, fut renversé. Mais son nom ne figure nulle part, même pas dans celui

---

8. *L'Iran au XXᵉ siècle*, p. 39-43.

9. Mohammad Kazem Khorassani, même s'il appuya ouvertement l'instauration de la Constitution, se rallia à la demande du cheikh Nouri pour l'ajout d'une clause contre l'hérésie, censée endiguer l'application d'un modèle étranger de justice considéré comme incompatible avec la tradition chiite. Sur ce point, on peut lire Roy Mottahedeh, *The Mantle of the Prophet: Religion and Politics in Iran*, New York, Pantheon, 1985.

d'un cul-de-sac. Même chose pour Naïni [10], le deuxième clerc constitution-naliste de l'époque.

« Nouri fut exécuté par le gouvernement constitutionnel parce qu'il défendait la monarchie. Ainsi, cet État ne fait que perpétuer la voie de Fazlollah Nouri, et non pas celle de Khorassani ou de Naïni. »

En 1989, l'ayatollah Hosseyn-Ali Montazeri, l'un des cinq grands aya-tollahs toujours vivants et successeur désigné de l'imam Khomeyni, a été des-titué. À son propos, Mohsen Kadivar nous dit que dans chaque révolution le fondateur possède une personnalité charismatique, et son successeur hérite de tous les problèmes. Le cas de l'ayatollah Montazeri a été compli-qué par le fait qu'il avait commencé à prendre ses distances non seulement avec la théorie du *Vélayat-é faqih*, mais aussi avec certaines pratiques du régime.

En juillet 1988, après l'acceptation par l'Iran de la Résolution 598 du Conseil de sécurité de l'ONU mettant fin aux hostilités avec l'Irak, Montazeri s'est livré à une critique virulente de la façon dont les autorités avaient jus-tifié la guerre, les slogans vides, les mensonges, les morts et les destruc-tions. Peu après, il dénonça aussi violemment la liquidation de plusieurs milliers de détenus membres du MKO (Moudjahiddines du peuple) par le pouvoir. Dès lors, ses jours à titre de successeur furent comptés. Une décen-nie plus tard, il récidive, en dénonçant le train de vie princier du Guide actuel, Ali Khamenei.

Mais est-ce que l'interprétation de Montazeri du *Vélayat-é faqih* est aussi cinglante aujourd'hui que ses prises de position à l'égard de Khomeyni et de Khamenei ?

« Il y a deux semaines, je lui ai posé quelques questions. Incidemment, la théorie du *Vélayat-é faqih* a été inscrite dans la constitution alors qu'il pré-sidait le Conseil des experts. Son apport était considérable. Je lui ai donc demandé : "Est-ce que vous avez compris ce concept à ce moment-là comme vous le comprenez aujourd'hui ?" Il m'a répondu : "Non, j'étais alors émer-veillé par l'ayatollah Khomeyni." Il faut dire qu'il a été le plus grand étudiant

---

10. En 1909, Mirza Mohammad Hosseyn Naïni donna une justification théologique au rallie-ment des musulmans à la démocratie parlementaire, comparant les mollahs collaborateurs avec le souverain absolutiste Mohammad Ali Chah aux meurtriers de Hussein à Kerbela. En 1955, feu l'ayatollah Mahmoud Taleqani réédite le traité de Naïni sur la justification théologique du consti-tutionnalisme parlementaire. Lire : Yann Richard, *L'islam Chiite*, p. 136-137 ; 217.

de Khomeyni et qu'il a cru sincèrement en lui. Même aujourd'hui, il croit en lui, dans un contexte religieux. À cette époque, il croyait que Khomeyni pouvait aider l'islam, qu'il était le mieux placé pour aider sa religion.

« Quelle est la différence entre Khomeyni et Montazeri, en matière de théorie ? Les deux croient dans le *Vélayat-é faqih*, mais leurs points de vue sont légèrement différents. Montazeri est d'avis que le Guide devrait être élu par le peuple ; il croit donc en un *Vélayat-é faqih* électif, et non désigné par Dieu. Mais celui qui gère la société doit, selon lui, être docte tout en étant élu.

« Quand Khomeyni a rédigé son ouvrage sur le droit, il a totalement évacué la question de l'élection. Dans certains discours, il a admis que oui, peut-être... il n'a pas nié la possibilité de l'élection. Il reste aujourd'hui encore une certaine ambiguïté.

« Les Réformateurs ont tenté de faire dire à Khomeyni qu'il appuyait un *Vélayat-é faqih* électif. Mais les Conservateurs ont répliqué que non. Ainsi les deux se sont référés à Khomeyni, sur un terrain d'opposition totale : élection ou désignation divine. Ainsi, nous avons deux versions du *Vélayat-é faqih*, la première élective et circonscrite, celle de Montazeri, et la deuxième, absolue et non élue, celle de Khomeyni.

« Si nous voulons un État islamique et démocratique, nous ne pouvons pas accepter que le *Vélayat-é faqih* régisse notre société. L'État islamique peut très bien exister sans le *Vélayat-é faqih* et sans le Guide suprême.

« Le régime ne me pardonne pas d'avoir mis cela au grand jour. Je suis, en effet, le premier à démontrer qu'il n'y a aucun lien entre les règles islamiques, l'État islamique, l'islam en tant que religion et le *Vélayat-é faqih*. Nous pouvons être croyants, sans être dans l'obligation de croire au pouvoir du Guide. »

Mohsen Kadivar sort un journal de son sac, l'étale sur la table devant nous et, avec un sourire ironique et bravache, il nous montre la preuve des effets de ses déclarations dans la presse quasi officielle du régime.

« Voilà le quotidien *Resalaat*. Après *Kayhan*, c'est l'un des trois principaux journaux conservateurs. Son éditorial, aujourd'hui, m'est consacré. Il cite trois de mes livres, en mettant de l'avant le fait que je ne crois pas au pouvoir du Guide.

« Les clercs du régime sont très en colère contre moi. J'ai dit en gros que le *Vélayat-é faqih* n'a aucune racine dans le Coran, ni dans la sunna, la tradition du Prophète. J'ai ajouté, c'est une création de votre imaginaire, de votre cerveau, et non la création de Dieu. Eux disent : "Si vous obéissez à Dieu, vous devez nous obéir."

« Je leur réponds que non. Nous obéissons à Dieu, au Saint Coran, à la tradition du Prophète, mais nous ne vous obéissons pas en tant que successeurs de Dieu, du Prophète ou des Imams innocents. »

Quelle est leur réponse ?

« La réponse pour ceux qui défendent la même position que moi, c'est la prison : Aqadjari se trouve en prison, moi j'en suis sorti, Mohsen Rahami est incarcéré et Chirine Ebadi est son avocate. Ce journal veut que le Parlement rejette les candidatures de ces trois mécréants, qui ne croient pas au *Vélayat-é faqih*.

« Ils ont peur. Peur de toute discussion. Il y a quatre ans, j'ai été invité aux archives du Conseil des experts pour discuter de cette question. Je n'ai pu qu'écrire mon opinion. Je n'ai pas eu l'occasion de leur en parler, et surtout pas en public.

« Qu'est-ce qui nous reste ? Bon, nous pouvons publier, parce que le tirage des livres en Iran est très bas, pas plus de 2000-3000 exemplaires pour un titre. Mes livres sont très populaires ; ils ont été réimprimés cinq fois. En tout, la circulation totale de mes ouvrages n'excède pas les 20 000 exemplaires. Ils peuvent accepter que de tels arguments soient publiés, mais les énoncer sur la place publique est plus que dangereux.

« Si on les rapporte dans un journal, ce journal sera fermé. Je préfère écrire, et ne rien dire. Si je dis un traître mot sur ce sujet-là, c'est la fin pour moi. »

Le régime semble faire du surplace. Comment peut-il se maintenir sans majorité effective, quand il est atteint par la critique radicale au cœur même de ses fondements ?

« Par le pouvoir, par la force ; pas par le vote. Le régime peut s'en tirer avec l'apparence d'un vote, mais il ne résisterait pas à un vote réel. Le *Vélayat-é faqih* ne peut pas coexister avec la démocratie. La démocratie exige que, si un citoyen s'oppose au pouvoir et le critique, il puisse tout de même entrer au Parlement. Pour eux, c'est non. C'est notre ligne rouge, disent-ils. Si quelqu'un critique le Guide, il ne peut pas siéger au Parlement. Il n'a pas les qualifications requises.

« Dante a écrit sa *Divine Comédie*, mais ce qui se passe dans ce pays n'est pas une comédie divine ! Notre comédie est tragique. Je suis cependant très content de l'expérience de ces 25 ans. Vous savez, dans les autres pays islamiques, ils n'ont pas eu cette expérience et Oussama Ben Laden arrive en tête du palmarès un peu partout. En Irak et en Égypte, Ben Laden est considéré comme un héros. En Syrie aussi. En Iran, par contre, il ne l'est pas, il a une très faible cote. Je considère cela comme une victoire. Notre peuple a tiré la leçon des limites de la théorie du pouvoir du docte. Pas les autres pays islamiques.

« Les Iraniens disent : "Pas besoin d'un Ben Laden ici, si vous en voulez, on peut vous en exporter un !" »

Au fond, les Conservateurs comprennent-ils vraiment que la société iranienne a déjà profondément changé, qu'ils le veuillent ou non ?

« Je crois qu'ils le comprennent parfaitement. Ils savent que la majorité de la société est en désaccord avec eux. Or, ils ont besoin plus qu'auparavant des forces de répression ; les Gardiens de la Révolution et les *Bassidji* sont plus présents qu'auparavant. Ils peuvent s'abriter derrière ces forces militaires. Avec seulement 15 % d'appuis dans le pays, le régime a besoin d'avoir les forces militaires et judiciaires de son côté. Il les a et, en plus, il a la mainmise sur le pétrole. »

En quittant Mohsen Kadivar, nous sommes rendus à l'évidence : l'habit ne fait pas l'imam.

La parole du corps

DÉBUT FÉVRIER, chaque année, l'Iran fête l'anniversaire de la Révolution de 1979. « *Chah raft, Imam amad,* » titraient à l'époque tous les quotidiens : « Le chah est parti, l'imam est arrivé. »

La commémoration officielle est précédée par trois semaines d'activités culturelles de grande envergure : le Festival de *Fajr*, Festival de « l'Aube ». Place aux spectacles. Un peu partout dans Téhéran, les salles de concert, les théâtres, les parcs et même les trottoirs sont pris d'assaut par des comédiens et des musiciens iraniens et étrangers. Dans le cadre de ce festival qui constitue une sorte de vitrine culturelle pour le pouvoir, on peut prendre le pouls de la vie artistique iranienne, en particulier de la création théâtrale. Le public trouve là l'occasion — souvent pour un soir seulement — de voir aussi ce qui se passe sur les scènes du monde.

Les cinéphiles peuvent découvrir certaines œuvres de cinéastes iraniens que l'on voit plus souvent à l'extérieur du pays que sur les écrans domestiques et quelques films étrangers, plutôt rares dans les salles iraniennes. L'activité est fébrile. Elle est téhéranaise. On croise une bonne partie de la communauté artistique iranienne et une jeunesse avide de découvrir des nouveautés. C'est un lieu-baromètre également qui permet, empiriquement au moins, de saisir les limites de ce qui peut être dit, vu, montré.

Nous y avons rencontré Pari Saberi, metteure en scène de théâtre de la génération du cinéaste Kiarostami et doyenne du théâtre iranien contemporain. Elle qui s'est fait connaître sous la monarchie a dû subir un véritable

examen de passage pour se faire accepter, à la fin des années 1980, dans la République islamique. Son théâtre est très personnel. Il tire son originalité et son style de son parcours atypique.

Ce soir-là, le festival présente sa dernière mise en scène, une pièce en forme de comédie « musicale et dansée ». La proposition est assez inattendue pour piquer notre curiosité. L'alliance entre la musique et la danse, simplement énoncée, constitue déjà une forme de provocation dans ce pays où la représentation du corps humain, du corps de la femme en particulier, est un enjeu politique, idéologique et religieux. La musique et la danse, le rapport homme-femme sur scène, la voix féminine — dont le chant en solo est interdit — se trouvent au cœur des problèmes que le théâtre a dû affronter dans la République islamique au cours des 25 dernières années. En prenant place dans la grande salle du Théâtre municipal — bien remplie au demeurant — nous ne savions pas vraiment à quoi nous attendre.

Mais nous avions des craintes. À la télévision d'État, l'image de la femme est désolante. Sa place est dans la cuisine, auprès des enfants, entre le ménage et la maternité. Les histoires d'amour sont des épreuves infinies et les *happy ends,* quand elles peuvent avoir lieu, sont plus des délivrances que des assomptions. Les mouvements des femmes contestent les effets reproducteurs nocifs de cette représentation qui est à cent lieues de la conscience sociale et politique féminine iranienne. Cependant, c'est cette vision rétrograde qui est renforcée par les us et coutumes et par les règlements islamiques.

Il existe encore dans la vie publique une véritable séparation homme-femme. En privé, elle est allègrement transgressée, mais en public, elle domine les rapports sociaux. Ce n'est pas seulement le vêtement qui distingue et isole, c'est aussi les comportements. Imaginez un vaste parc et une piste cyclable, tentante à travers les arbres : cette piste est interdite aux femmes. Celle qui leur est réservée est un circuit en boucle, dissimulé derrière une longue palissade de pieux verticaux, une sorte de village gaulois, qui isole de toute tentation masculine. Et puis il y a les autobus, un tiers pour les femmes, deux tiers pour les hommes. Les taxis collectifs et les minibus sont peut-être les seuls moyens de transport qui échappent à la ségrégation, par la force des choses. Faire entrer sept personnes des deux sexes dans une Paykan[1] transforme la mixité en nécessité, sinon en fatalité. Et il y a de fortes chances pour qu'une femme soit à demi assise sur les genoux d'un homme — la réciproque est vraie — ou blottie tout contre lui par la force des choses. En dehors de ces contingences de la vie quotidienne, l'expression du désir et les rapports de séduction se fraient des chemins innombrables, parfois innommables, dans la jungle des interdits, et finissent par trouver leur mode d'expression, car, comme le chante Brel, « il faut bien que le corps exulte ».

À ces images, à ces pensées qui nous traversent la tête se superpose le spectacle de Pari Saberi : les musiciens entrent sur scène, un groupe d'instruments traditionnels, un autre plus contemporain. Ils commencent à jouer, en se répondant et s'entremêlant. Puis le récitant apparaît, suivi des comédiens et des comédiennes qui vont tout à tour danser, chanter et parler. Nous sommes déjà bien loin de la télévision d'État. Le chœur des femmes domine,

---

1. La Paykan occupe les routes iraniennes depuis plus de 30 ans. C'est la version persane de la Hillman Hunter, une voiture des années 1960 dont le Chah avait acheté et importé une usine de fabrication afin d'en faire la voiture de tous les Iraniens. Le résultat a été incroyable. La Paykan a incarné le rêve de la petite bourgeoisie des années 1970. Elle représente aujourd'hui encore la majorité du parc automobile et des taxis collectifs en particulier. Terriblement polluante, elle contribue largement à rendre irrespirable l'air de Téhéran.

accompagné en basse continue par les voix masculines. Puis une soliste magnifique répond d'égal à égal au solo masculin. Nous sommes emportés par un véritable tourbillon d'émotions, par un vrai plaisir esthétique. Pour faire du théâtre musical et surtout inclure la danse, dans un pays où les femmes ne peuvent pas danser sur la place publique, il faut un certain culot. Surtout quand les danseuses ont une force d'expression et une présence physique aussi troublantes. Si l'on se réfère aux règlements et à la coutume, la femme doit porter des vêtements sombres et amples, pour ne pas laisser deviner les contours de son corps. Pari Saberi a réussi un doublé : respecter une apparence de la règle et la transgresser dans l'effet produit. Les costumes, les robes, les voiles et les manteaux des danseuses et des comédiennes arborent les couleurs les plus vives, et les tissus sont assez légers pour dévoiler au gré des rythmes les collants noirs des danseuses ou se draper en plis multiples qui découpent leur silhouette.

Cette mise en scène audacieuse joue à repousser les limites, sans ostentation. C'est la beauté qui l'emporte. Celle du texte, celle de la musique. La pièce se déroule sans temps mort, sans relâche, avec l'impulsion de la tragédie et le désir de laisser parler le passé au présent. Triomphe du théâtre, qui force les réticents à ne pas crier au scandale, ou tout simplement qui laisse les barbus chargés de la surveillance des bonnes mœurs à la porte. La beauté gagne le pari du théâtre, et le désir et l'érotisme qui circulent dans le spectacle se jouent des tartuffes dans les virevoltes des voiles et des foulards.

Le spectacle, intitulé *Le sacrifice de Siyavosh*, est adapté du *Chahnameh* — *Le Livre des Rois* —, l'épopée du grand poète Firdousi. Avec Hafiz, le poète de Chiraz, auteur du *Divan*, Firdousi fait partie du patrimoine culturel de chaque Iranien. On le vénère pour la qualité de sa poésie et pour la dimension spirituelle et politique de son œuvre. En quelque sorte, il est le Dante de l'Iran. C'est lui qui, presque seul, a façonné la langue persane contemporaine. Profondément croyant, nationaliste ardent, il s'est mis à « purifier » l'idiome national, en expulsant les mots et les expressions arabes du langage poétique. Le *Livre des Rois* raconte, en fait, les événements fondateurs de l'histoire mythique de l'Iran d'avant la conquête arabe.

Le spectacle de Pari Saberi est construit sur des extraits qui racontent le sacrifice de Siyavosh mais aussi indirectement la mort du poète. En effet, le destin de Firdousi fut presque aussi tragique que celui de son héros. Après avoir consacré plus de dix ans de sa vie à la composition de son chef-d'œuvre,

Firdousi fit le long et pénible voyage jusqu'au palais du sultan Mahmoud, à Ghazni, dans l'Afghanistan actuel. C'était au tout début du second millénaire de l'ère chrétienne. Le sultan était un monarque cruel, un sunnite intégriste avant la lettre. Firdousi venait lui présenter son œuvre, démarche nécessaire pour survivre dans un monde où les poètes devaient souvent étouffer leur orgueil pour courtiser le pouvoir. Le sultan détesta ce que le vieux poète lui proposait. Firdousi passa quelque temps à la cour où il put apprécier la collection de miniatures exceptionnelles du sultan avant que celui-ci le renvoie brutalement chez lui avec une bien maigre récompense. Quelques mois plus tard, le sultan se ravisa. La caravane royale chargée de cadeaux et de pièces d'or arriva aux portes de Tous, la ville natale du poète, au moment même où le cortège funèbre emportait Firdousi vers sa dernière demeure.

Siyavoch est une figure de la vraie noblesse de l'âme, l'incarnation de la perfection, de la pureté et de la bravoure. Il résiste à toutes les tentations. Il fuit les avances amoureuses de la femme de son père, le roi. Il s'engage courageusement dans une brillante expédition militaire et noue une alliance avec les ennemis vaincus de son père. Trahi, renié par les siens, il périt décapité, victime innocente de la haine des hommes [2].

C'est ce drame millénaire que Pari Saberi met en scène. Cette tragédie a une forte résonance dans l'histoire et la culture iranienne. Le martyre de Siyavosh fait écho au supplice de l'imam Hussein dans le désert de Kerbela. Ainsi, dans le *Chahnameh*, le prince sentant sa fin approcher en fait un symbole de la lutte entre le bien et le mal, entre la justice et l'injustice, un thème récurrent dans la vision chiite du martyre:

> Il ne se passera pas beaucoup de temps avant que ce roi méchant et soupçonneux ne me fasse mourir cruellement, malgré mon innocence. [...] C'est ainsi que Dieu l'a écrit au firmament et tout ce qu'il sème porte du fruit, comme il l'ordonne...
>
> Puis, dans un cauchemar Siyavosh voit sa mort, qu'il décrit à sa femme:
>
> «On coupera cette tête innocente et le sang de mon cœur en formera le diadème, on ne me donnera ni une bière, ni un tombeau, ni un linceul et personne parmi cette foule ne pleurera sur moi; je reposerai sous la terre comme un étranger, la tête séparée du corps par l'épée.» [3]

---

2. Voir Yann Richard, *L'islam chiite*, p. 132.

3. Firdousi, *Le Livre des Rois*, trad. J. Mohl, Paris, 1842 (réimpression 1976), II, p. 347, 391, cité dans Yann Richard, *L'islam chiite*, p. 133.

Et quand il meurt, point culminant du drame, les huit jeunes femmes du chœur s'agenouillent et se frappent la poitrine selon le rituel de l'Achoura. Puis elles balancent leurs torses de droite à gauche, expression suprême de la douleur de l'âme.

* * *

Nous retrouvons Pari Saberi dans une loge du théâtre. Quelques comédiens et comédiennes nous entourent. Ils sont très jeunes, très dynamiques et très heureux de leur performance. Il y a là un vrai travail d'équipe. Celui qui joue Siyavosh est en même temps assistant metteur en scène. C'est lui qui coordonne les séances quotidiennes de travail corporel, tant pour les danseuses que pour les combats qui sont représentés sur scène de façon très stylisée, comme des chorégraphies. En fait, toutes les danseuses ont été formées dans l'action, pour les besoins du spectacle, et la danseuse principale enseigne la gymnastique aérobique dans un centre pour femmes.

Pari Saberi est une vieille routière du théâtre. Elle a fait ses classes en France dans les années 1960. Sa carrière a commencé en Iran sous le chah. Elle traduisait, adaptait, mettait en scène des auteurs du théâtre occidental, très en vogue auprès du public iranien à cette époque-là : Tchekhov, Pirandello, Sartre, Ionesco.

« Ma préoccupation était toujours la mise en scène. C'était l'apprentissage de mon métier. Je faisais les décors, je jouais aussi et je faisais beaucoup de traduction d'auteurs européens. En faisant de la traduction, j'ai appris à écrire pour le théâtre.

« Après la Révolution, il y a eu un moment de silence pour moi. Le théâtre a été réduit au minimum. Il n'y avait plus d'activités culturelles pendant quelques années. À ce moment-là, je me suis mise à réfléchir : qu'est-ce qui me manque au théâtre ? Je n'étais ni tout à fait contente, ni vraiment satisfaite de ce que je faisais, parce que quelque chose m'échappait. Je n'arrivais pas à nommer ce manque.

« J'ai pensé que la culture et les racines de mon propre pays me poursuivaient, mais je n'avais jamais donné une réponse positive à cela, parce que je pensais que nous n'avions pas de théâtre. On était tellement influencé par le théâtre occidental qu'on n'imaginait pas faire du théâtre par nous-mêmes.

« J'ai vécu alors à Paris et aussi à Los Angeles, et je me retrouvais entre Iraniens dans des soirées de poésie et de musique. C'est là que mes yeux se sont ouverts à la culture iranienne. Je ne pouvais pas exercer ici, parce qu'il n'y avait pas de théâtre. Ça a été une période de recueillement. J'ai réfléchi et j'ai vu que la poésie en Iran, c'est le reflet de l'âme iranienne. Tout est dans la poésie.

« Chaque nation possède un moyen privilégié par lequel elle s'exprime : le roman et la peinture pour les Français, la musique pour les Allemands. Pour les Iraniens, c'est vraiment la poésie qui est la vraie force de frappe. Et quand j'ai commencé à étudier de plus près les poèmes, je me suis rendu compte qu'ils dégageaient une grande puissance dramatique. Ce n'était pas seulement des poèmes à lire le soir dans son lit, comme n'importe quel bouquin. Non ! Et pour moi, la poésie iranienne est devenue ma raison de vivre. J'ai commencé à écrire des pièces sur les poèmes, sur des poètes aussi. J'avais très peur, parce que le public de théâtre a plutôt été habitué à voir des pièces à partir de traductions étrangères. Comme il était convaincu qu'il n'y avait pas de théâtre en Iran, je ne savais absolument pas s'il allait accepter mes propositions.

« J'ai commencé à monter une première pièce dans cette veine, à Téhéran, il y a 15 ans, à la fin des années 1980, sur un texte d'un de nos grands poètes. Le public a très bien réagi. Ce fut même un coup de foudre entre le public et moi. Mais pas avec les gens du métier, ni avec la critique. Ce n'était pas là les standards auxquels ils étaient habitués. Pour eux, ce n'était pas du théâtre et ils continuent à penser que ce n'est pas du théâtre. Ils jugent mes pièces parfois avec mépris, parfois avec arrogance. Mais j'ai le public avec moi et c'est ce qui m'importe. Alors j'ai continué et je continue encore aujourd'hui avec ma septième pièce, *Siyavosh*, que vous avez pu voir. Et jusque-là, ça toujours été des succès incroyables.

« Le théâtre a repris en Iran. Il y a ceux qui suivent la tradition, ceux qui suivent l'étranger, les Brecht, Ionesco et autres. Chaque période réclame sa propre liberté d'expression. J'ai commencé sans trop de difficultés. Je n'ai pas tout à fait été mise à l'écart par ceux qui avaient pris notre place après la révolution, ceux qui, avant, nous avaient peut-être regardés avec admiration ou jalousie et qui pensaient que nous étions des usurpateurs. Après, ils ont essayé de nous éliminer, mais, une fois que la situation a été plus calme, on a reconnu la valeur des gens qui avaient travaillé pendant le régime du chah. On a compris, par exemple, que le cinéaste Kiarostami n'est pas un produit de la Révolution, et que son œuvre a plus de 40 ans.

Petit à petit, ils ont constaté que nous pourrions travailler et apporter quelque chose, alors, ils nous ont ouvert les portes.

« Personnellement, je n'ai pas eu de difficultés à présenter les pièces que j'ai proposées. Je ne travaille plus que sur des sujets concernant notre culture. Et cette culture, ce n'est pas la mienne, c'est celle de tous les Iraniens.

« Par exemple, *Siyavosh* est un mythe qui est au cœur de tous les Iraniens. Même chose pour mon autre pièce sur Roumi, que nous allons jouer bientôt à Paris[4]. C'est une rencontre amoureuse entre un jeune homme et la poésie qui est le reflet de l'âme collective iranienne. Depuis 15 ans, je travaille dans cette direction : autour de la culture et de la poésie contemporaine ou ancienne. C'est une mémoire subconsciente de l'Iran, et la poésie ancienne est liée à la poésie contemporaine parce qu'elle incarne les mêmes valeurs. C'est comme Shakespeare, on touche là au profond de l'âme humaine. »

Dans votre travail, vous accordez beaucoup d'attention aux acteurs, à la présence des corps et à leur mise en relation. N'êtes-vous pas gênée par les contraintes actuelles ?

« Ce n'est pas très gênant que les acteurs hommes et femmes ne puissent pas se toucher. On peut créer une relation amoureuse entre un homme et une femme sans qu'ils se touchent. C'est d'autant plus puissant. Il suffit de créer la situation et les gens la ressentent très bien. La simple présence des corps crée une réalité érotique. On ne peut pas empêcher l'expression de la relation entre un homme et une femme. C'est la force de la création, on ne peut pas y échapper. »

À l'opposé des relations hommes-femmes représentées dans les téléromans à la télévision d'État, n'est-ce pas ?

« Bien sûr, dans ce genre de production télévisuelle, on respecte l'interdit, soit, mais il n'y a aucun sentiment dans les relations que l'on montre. Il faut créer l'intensité de la relation, de la présence. Même si le toucher corporel était permis, je n'aurais peut-être pas plus *montré* les choses. J'aime que

---

4. Il s'agit de Djellaladdine Roumi, l'auteur du *Mathnawi*, l'un des grands textes de la poésie mystique islamique, réclamé tant par les Iraniens que par les Turcs. En 1244, dans le marché de Konya, il fait la connaissance d'un certain Chams Tabrizi et tombe amoureusement foudroyé, sous son influence. Toute l'œuvre poétique de Roumi est consacrée à la recherche de cette relation perdue.

l'imagination du spectateur travaille ; aussi, je tente de créer le maximum de situations d'attirance entre un homme et une femme.

« Évidemment il est interdit de se toucher sur scène, tout comme il est interdit de se produire en public sans voile. Mais, vous savez, il y a voile... et voile. Vous pouvez résoudre ce problème dans l'esthétique et le voile devient ainsi un costume, ce n'est plus le voile imposé. Il faut en faire un mystère et un enchantement.

« Tous les matins, les acteurs travaillent et se préparent. Ils répètent tous leurs mouvements. La préparation corporelle est essentielle dans le théâtre que je fais. On travaille sur les rapports entre les corps, sur ce que le corps veut dire. »

Cela ne crée-t-il pas une tension face à la règle sociale de comportement et d'habillement dans la République islamique ?

« Si vous respectez les règles imposées par la loi islamique, les femmes ne peuvent pas être vues avec leurs propres cheveux, les hommes et les femmes ne peuvent pas se toucher et, bien sûr, les scènes "porno" sont interdites.

« À part ça, on peut être libre. Par exemple, on pense qu'on ne peut pas utiliser des couleurs ; moi, j'utilise beaucoup de couleurs, les femmes sont très bien habillées, elles dansent, elles chantent, et je joue avec les drapés et les mouvements du corps. Soit, il n'y a pas de seins nus, mais vous savez, la beauté n'est pas seulement la nudité. La nudité cachée est parfois plus attirante...

« Jusqu'à maintenant, je n'ai eu aucun problème avec la censure, que ce soit dans le choix des sujets ou dans la mise en scène. Touchons du bois, je n'ai jamais eu de problèmes avec ce genre de spectacles. Mais je ne sais pas jusqu'où je peux aller. J'ai même réussi à jouer Hafiz sur la tombe du poète à Chiraz. »

Votre pièce, *Le sacrifice de Siyavosh*, peut être lue de façon très contemporaine.

« Oui. On touche le spectateur par la sincérité et l'émotion. Moi, je suis un peu mystique, je pense que nous sommes tous issus de la même souche. Si quelqu'un est touché par un malheur, tout le monde est touché. Regardez le séisme de Bam et tout ce courant de solidarité. Bien sûr, après les gens redeviennent égocentriques. Mais le théâtre peut rappeler cette solidarité. La pièce *Siyavosh* est un cri de révolte contre l'injustice, contre l'abus et la force, contre ce qui s'oppose aux valeurs fondamentales. C'est ça la pièce.

Siyavosh en meurt, mais là où son sang a coulé, là où il a sacrifié sa vie pour le bonheur de l'humanité, un arbre est planté qui poussera plus grand, un arbre d'abondance. »

On retrouve là un thème récurrent dans la représentation du Tazieh[5].

« Je suis en effet très impressionné par le Tazieh. C'est un théâtre du passé qui utilise des moyens très modernes. D'ailleurs, dans *Siyavosh*, le récitant, dont la puissance vocale est extraordinaire, vient réellement d'une troupe de Tazieh.

« La pièce elle-même a été mise en scène tandis que les musiciens sur le plateau élaboraient la musique. On peut dire que tout cela s'est construit sur la musique, en intégrant les danses, les chants, la voix de l'homme et la voix de la femme. »

Est-ce que la politique a quelque importance pour vous, dans votre œuvre ?

« La politique ne m'intéresse pas. Je n'appartiens à aucun parti. Les artistes ont un sens politique, bien sûr, on vit dans cette société. Mais moi, aujourd'hui, je cherche la sincérité. Et la justice, la liberté, ce sont mes causes, comme celles de tous les êtres humains. J'utilise tous les moyens qui sont les miens au théâtre pour le dire. Je monte mes pièces sans hypocrisie. Si c'est accepté, c'est bien. Jusqu'à maintenant, c'est accepté.

« Des gens me disent : on ne peut pas monter des pièces comme ça en Iran. Je réponds oui, je fais ça, comme ça. Je ne peux pas dire que je suis censurée.

« C'est vrai, dans mes pièces, j'ai fait venir les femmes sur scène à côté des hommes. Elles chantent, elles s'expriment. Ça fait bouger la société. Je le sais. Ça fait même bouger des gens très intégristes. Ils viennent voir le spectacle, ils aiment ce qu'ils ont vu, ils changent comme ça petit à petit leur façon de voir le monde.

« C'est un combat de femmes. Et partout dans le monde les femmes sont terribles ! »

---

5. Représentation dramatique traditionnelle du martyr de l'imam Hussein, jouée pendant le mois de Moharram, la plupart du temps dans la rue, ou dans les *hosseynieh*.

Les vents du destin

« JE ME SUIS LAISSÉ PORTER par les vents du destin. » C'est ce que nous déclare Mehdi Jafari [1] lorsqu'il nous accueille dans le bureau de l'organisme paragouvernemental qu'il dirige. Après avoir vécu huit ans à l'étranger, il est revenu pour occuper un poste d'analyste économique : position délicate d'observation et de prospective, entre l'arbre et l'écorce, entre le gouvernement et le régime. C'est un vieil ami, et notre conversation s'inscrit dans un dialogue commencé il y a plusieurs années. Il a envie de parler, de faire le point, et nous sommes aussi en quelque sorte des interlocuteurs portés par les vents du destin.

Depuis son retour, il occupe ce poste de témoin privilégié des remous et des courants de fond qui agitent la société iranienne. Nous sommes à la veille d'une élection dont il connaît déjà l'issue. Il a vu venir l'échec du processus de réforme et, surtout, il en a saisi les causes, la nature et les conséquences. Il peut nous dire si cet échec est, en grande partie, le résultat de la reprise en main de la société par le régime. La violence exercée envers les intellectuels qui mettent en cause ses fondements, les étudiants tabassés, emprisonnés, les menaces de mort, les fermetures de journaux, les femmes harcelées, tout cela crée un climat de peur et d'intimidation.

« Ici, si vous voulez vous battre contre le système, vous devez savoir dans quelle direction vous allez.

---

1. Le nom est fictif. Notre interlocuteur et ami a souhaité garder l'anonymat.

« Qui que l'on soit, quand on lance un défi au pouvoir, il faut accepter les conséquences. Ici, c'est la prison, et même la mort : c'est un cas de sur-punition. Mais en ce moment, en comparaison avec le régime précédent, la société est plus ouverte, malgré le prix, trop élevé, que nous devons payer. Mais ainsi va la vie dans cette partie du monde. »

Lucide, cynique, fataliste, Mehdi Jafari est aussi difficile à saisir que les vents du destin qu'il invoque. Veut-il seulement nous provoquer, remettre nos pendules occidentales à l'heure persane, nous faire comprendre que notre façon de voir le monde et nos outils d'analyse sont pris en flagrant délit d'impuissance ? Son opinion nous déconcerte. Il nous fixe un instant, sourit et reprend de plus belle. Quoi dire ?

« Ici, les intellectuels doivent savoir où ils s'en vont. Ici, la vie est plus dure, la lutte plus éprouvante. C'est pour cela que le prix de la liberté est si élevé. Mais nous menons cette lutte non pas pour nous, mais pour les généra-tions à venir. Chez nous, toutefois, faire partie de l'opposition n'est pas qu'une entreprise coûteuse ; il y a aussi des bénéfices. Et certains opposants demandent beaucoup à la société. Si j'avais à leur donner un conseil, je dirais : "À votre place, je n'irais pas si loin." »

On a déjà entendu cette remarque de la bouche des compagnons de route des Réformateurs. Certains pensent en effet que l'audace des intellec-tuels militants contre le régime et leur excès de confiance, tout en étant courageux et risqué, peuvent nuire au développement d'une stratégie à long terme. Ils accusent même cette attitude d'être contre-productive en braquant les forces conservatrices, sans grignoter leurs assises, et même de leur faire gagner des partisans.

« Des intellectuels, que je ne nommerai pas, ont même agi de façon très opportuniste. Quand ils se sont aperçus que les autorités religieuses étaient sur le déclin, ils ont flairé le problème et ils ont craint pour leur propre avenir. Alors ils se sont lancés dans la critique extrême pour donner le change et éloigner les soupçons. À tel point qu'il est devenu relativement facile, et même bien vu, de pourfendre le pouvoir. »

Nous hasardons une remarque : ont-ils cru, un instant, que l'on pouvait changer le régime de l'intérieur, en infiltrant le régime en quelque sorte ?

« Vous êtes naïfs ! Personne dans cette génération-là ne possédait l'expé-rience du combat contre les structures du pouvoir. Notre seule expérience de la tyrannie passait par notre approche prérévolutionnaire, très marquée

par le marxisme. Plusieurs intellectuels se sont battus contre l'ancien régime à partir de leur conception de l'islam, mais pour la plupart, ils ont été influencés par l'idéologie conventionnelle et dominante, le marxisme. »

Mais pour ceux qui se réclamaient de l'islam, la voie à suivre était claire.

« Oui. Le Coran est très explicite sur ce point : nous devons combattre la tyrannie. Tous les musulmans sont appelés au combat en faveur des opprimés. En majorité, les jeunes révolutionnaires croyaient que leur combat était façonné par l'islam. D'ailleurs, à cette époque, il y avait des mouvements islamiques militants, comme les Frères musulmans en Égypte. L'Iran possédait sa propre tradition de violence sacrée et d'assassinats au nom de Dieu. Finalement, le marxisme, en tant qu'idéologie de combat, avait un impact certain sur notre lutte contre la tyrannie. »

En fait, l'horizon politique des jeunes militants de la Révolution islamique se limitait à une lecture du Coran, aux écrits de l'imam Ali et au marxisme. Mais tout cela s'inscrivait dans un contexte historique inédit, souligne Mehdi Jafari :

« Au même moment, le nouvel ordre mondial émergeait et nous ne savions pas ce qui se passait ! Il y avait aussi une "révolution" technoscientifique, qui a eu des effets profonds sur les structures du pouvoir un peu partout dans le monde, et qui a notamment accéléré l'effondrement de l'URSS. Ce sont ces forces-là qui émergeaient au moment même où nous avons pris le pouvoir sur la base de notre naïve compréhension, persuadés que ce n'était pas trop difficile de gouverner un pays. »

Pour transformer et améliorer la société, pour créer le prototype d'un monde meilleur, suffit-il d'appliquer les préceptes de l'islam ?

« Nous croyons toujours que l'islam possède cette qualité. L'islam n'est pas la création des hommes mais de Dieu, et peut donc se transmettre à toutes les nations et à toutes les races. Il y a un vrai terrain commun entre les trois religions monothéistes : elles sont presque identiques et véhiculent un message commun, celui de l'humanité. »

La Révolution islamique a été la seule révolution religieuse du XXe siècle. Elle s'est ajoutée à la Révolution russe, à la chinoise, à la cubaine. Elle a été aussi un grand moment d'espoir et, aujourd'hui, elle fait partie des déceptions du XXe siècle. Le marxisme n'a pas réussi à sauver les premières, l'islam n'a pas assuré la réussite de l'iranienne. Ni Marx ni Khomeyni. Ce siècle a été une déconfiture pour les deux. Alors, qu'est-ce qui s'est passé avec la Révolution iranienne, entre la belle naïveté des intentions et la réalité glauque du régime actuel ? La même question pourrait être posée à Fidel Castro. Est-ce que le Guide était innocent ou naïf, ou ni l'un ni l'autre ? S'agit-il d'un déclin ou d'un échec ?

« Le message de la Révolution faisait peur au monde occidental. Nos dirigeants ont dû faire face à de nombreuses crises, notamment la guerre imposée avec l'Irak. Cela a déterminé le présent et l'avenir de la Révolution.

« En effet, le néolibéralisme était en train d'émerger en Occident, surtout aux États-Unis et en Grande-Bretagne, deux pays qui ont appuyé Saddam Hussein contre l'Iran et ont contribué à coller à l'Iran une étiquette qui allait servir les intentions des grands pouvoirs occidentaux. L'Iran est ainsi devenu une menace pour la région tout entière et pour le monde. Il fallait l'affaiblir et tous les moyens ont été bons.

« En politique intérieure, le pouvoir n'était pas innocent. Il n'a surtout pas compris les conséquences des slogans qu'il a utilisés. Avec un peu d'expérience, on mesure les effets de telles prises de position extrémistes. Les slogans de la Révolution sont vite devenus obsolètes, car ils ne tenaient pas compte des réalités émergentes en Occident. Voulions-nous vraiment changer le système mondial tout entier ? Lorsque le système mondial est en train de se consolider, et trouve devant lui une force naissante, on sait ce qu'il fait.

« La Révolution en Iran aurait dû être adaptée aux temps modernes, mais ce ne fut pas le cas, elle n'a rien appris de l'histoire. Les partis et les factions politiques doivent accepter une part de la responsabilité de cet échec. La gauche, elle, a vu l'Iran comme partie intégrante du bloc soviétique. Mais, dans leur grande majorité, les Iraniens ne pouvaient pas accepter cela. Ils voulaient être libres vis-à-vis de l'Ouest comme de l'Est.

« Les Moudjahiddines du peuple ont une énorme responsabilité. Leurs actions violentes ont poussé la société vers des positions extrêmes.

« La prise de l'ambassade américaine fut d'abord une réaction à la situation domestique. Les étudiants musulmans voulaient montrer qu'ils n'étaient pas moins révolutionnaires que les gauchistes. C'est une des principales raisons de leur geste. Ils voulaient dire par là : "Nous pouvons porter les armes et nous battre contre l'impérialisme aussi bien sinon mieux que vous !"

« En même temps, le Pouvoir a ouvert de nouveaux fronts, au mépris de l'islam. Notre manque d'expérience nous a conduits à affronter tout le monde. Nous avions l'appui des populations arabes, mais elles n'ont pas pu s'exprimer. Celui des Africains peut-être, mais ils n'ont pas pu nous aider. Et pendant tout ce temps-là, le système mondial s'est mis à changer, sans qu'on s'en rende compte, et on a eu tout le monde contre nous !

« L'imam Khomeyni, quant à lui, fut une grande personnalité. À la fois nationaliste et internationaliste, mais il avait de médiocres conseillers. De plus, il n'était pas infaillible. Il a écarté des cercles du pouvoir l'ayatollah Taleqani qui, lui, s'opposait à chaque forme de tyrannie. Il disait souvent : "Dans chacun d'entre nous se cache un petit roi, et ce petit roi dans chacun de nous veut devenir un grand roi." Et dans les dernières années de la vie du Guide, c'est la ruée vers le pouvoir qui a commencé, et toute la société s'est retrouvée perdante lorsqu'il est mort. »

Mais pour comprendre le déclin de la Révolution et son échec, ne faut-il pas, au-delà des hommes, interroger la démarche et les obstacles ?

« Oui, il faut en particulier enquêter sur le rôle des sionistes qui ont travaillé contre nous ; sur le néolibéralisme émergeant qui nous a perçus comme une menace à ses intérêts. Et puis, il faut dire que notre gouvernance était inexpérimentée ; notre histoire politique souffrait, et souffre encore, d'une longue tradition de tyrannie, ce qui en a gâché des pans entiers. Et aujourd'hui, nous vivons avec les conséquences de la guerre, et nous faisons face à de nouveaux adversaires. Bref, nous sommes démoralisés. »

Comment faire évoluer un régime qui méprise et menace la liberté d'expression, ferme des journaux et détient le monopole de la télévision publique ?

« Il faut d'abord analyser les structures du pouvoir. Peu importe où nous vivons, nous subissons l'impact des médias, et ce, de façon très négative, qu'il s'agisse d'une manipulation subtile ou du gros bâton.

« Chez nous, le pouvoir se sent menacé. À cause de ses échecs, et du déclin de l'appui populaire, il est devenu plus conservateur, moins tolérant. S'il se sent affaibli ou menacé, il deviendra alors encore plus conservateur. »

Quand on parle d'une déjà longue intolérance dans ce régime et qu'on rappelle que l'espace de liberté s'est très vite rétréci après la Révolution, M. Jafari répond que, même aux États-Unis, aujourd'hui, des professeurs ont perdu leur emploi ou des journalistes sont menacés à cause de leurs opinions. C'est vrai. Mais par contre, nous lui rappelons qu'ils n'ont pas été mis en prison, qu'ils n'ont pas été torturés et qu'ils ne sont pas morts. Le régime iranien est plus expéditif.

« C'est vrai. En Iran, ceux qui sont trop critiques sont dangereux. Et cette façon de s'opposer par la critique radicale rend l'opposition suspecte de chercher elle aussi le pouvoir. Alors, le jeu est faussé et c'est à qui tranchera la main de son prochain. »

Tente-t-il de nous faire admettre que, de quelque côté que l'on se tourne, seul le désir de pouvoir mène le jeu politique en Iran ?

N'est-ce pas une façon un peu rapide de justifier un état de choses en le plaçant sous le signe de l'Histoire et de la tradition despotique ? N'est-ce pas une façon un peu simple de s'en remettre aux vents du destin, comme s'il y avait une fatalité de la violence qui accompagne toute exigence de liberté ?

« L'Iran a connu plusieurs étapes de développement. Les premières années après la Révolution donnaient le reflet d'une société dynamique, féconde, mais hautement instable. La guerre a suivi. Pendant cette période, l'extrême gauche a trahi la nation, fournissant une justification à ceux qui voulaient instaurer une mentalité totalitaire pour exploiter la situation.

« À la même époque, la faction de "gauche" du pouvoir a été mise de côté de façon systématique, tout en continuant de planifier un éventuel retour au pouvoir. L'imam Khomeyni cherchait alors à établir un équilibre. La "supposée Révolution culturelle" faisait partie de cette lutte, en soulignant la faiblesse de la structure politique.

« Il n'était pas facile de contrôler les universités. Une fois la liberté d'expression et le droit de former des partis politiques perdus, seuls les étudiants pouvaient continuer à exercer, tant bien que mal, ces fonctions. Ainsi les universités se sont transformées en espace ouvert aux débats d'idées et aux programmes politiques. »

Mais la Révolution culturelle avait-elle un autre sens que d'être une purge sanglante exercée par un régime qui excluait toute forme d'opposition ou de critique ? La guerre n'a-t-elle pas aussi servi cette cause sinistre ?

« Les autorités voulaient un prétexte pour fermer les universités. Car si les étudiants avaient pu changer le régime précédent, ils pouvaient le faire encore une fois. Cette période a été celle de la consolidation du pouvoir. »

Le régime a profité de l'invasion irakienne et de la guerre pour accroître sa domination sur la société. Et certains n'ont-ils pas trouvé là l'occasion de se construire un pouvoir presque total, sur mesure ?

« On peut dire qu'ils ont réussi. Avec la disparition de l'imam Khomeyni, en 1989, nous avons vu l'émergence d'un nouveau discours. Auparavant, la justice sociale était le thème principal. Maintenant, ça se résume à la protection du capital. »

Il semble que les têtes du régime n'ont pas changé à ce point-là entre les discours ?

« Vous ne pouvez pas être héros des deux discours. En devenant président, sous une constitution réécrite pour lui, M. Hachemi Rafsandjani a voulu présenter un visage néolibéral — "nous sommes en train de changer" — et réduire les hostilités au sein de la société. Mais il a utilisé des tactiques et préconisé des politiques contradictoires.

« Ses "nouvelles idées" ont conduit à dilapider le capital social. Elles prétendaient naïvement qu'elles pourraient faire dévier l'hostilité dont l'Iran souffrait à l'étranger. Pendant huit ans, l'ONU a dénoncé la "loi de la jungle". Et soudain, nous serions devenus des "bons garçons" ! »

Il est clair que la justice sociale n'a pas été réalisée. Pourquoi ?

« Le nouveau discours avait besoin d'hommes nouveaux, et surtout pas de ceux qui sont là depuis le début. Leur crédibilité est morte depuis long-temps aux yeux des révolutionnaires et de la jeunesse musulmane. En privi-légiant ce nouveau discours, ils ont définitivement perdu ce soutien-là et ça représente une fraction très importante de la population.

« Les nouveaux slogans ont succédé aux vieux slogans : la sécurité du capital a remplacé la sécurité des citoyens. Voilà pourquoi nous sommes dans un tel pétrin aujourd'hui. Une fois l'appui populaire perdu — et ils savent qu'ils l'ont perdu —, les Conservateurs sont devenus plus rigides et plus craintifs.

« Aujourd'hui, ils doivent vivre avec les puissances mondiales ; ils doi-vent échanger de plus en plus avec les étrangers. Ils deviennent ainsi de plus en plus étrangers à leur propre peuple. Telle est la nature de la dicta-ture. Ce que nous avons maintenant, c'est un échange boursier, il n'y a pas d'échange culturel. Le fossé entre les autorités et la population s'agrandit. Et l'équation inégale s'établit au profit du pouvoir et aux dépens de la légitimité.

« Maintenant, le pouvoir veut se servir des propositions de M. Khatami. L'Iran et les États-Unis rétabliront des rapports, mais ce sera sous un gou-vernement conservateur. Et c'est toute la société qui en sortira perdante. Puisque ce sont des ignorants, ils vont vendre le pays aux États-Unis. Ils perdront encore de la légitimité, et ils tomberont.

« Finalement, ce que nous avons, c'est la confusion entre le marché libre et la liberté. »

La pluie qui est tombée toute la journée s'est arrêtée, et des hauteurs de Niavaran nous pouvions voir, en bas, les lumières de Téhéran. À la sortie du bureau de Mehdi Jafari, sa dernière petite phrase résonne étrangement à nos oreilles. Et si le dilemme de l'Iran d'aujourd'hui était aussi le nôtre ?

Le philosophe et le futur

MIDI, À L'ANGLE DE L'AVENUE DE LA RÉVOLUTION et de la rue Palestine. La foule est très dense dans ce quartier du centre-sud de la ville, où se trouvent des bureaux, de multiples commerces et même une université. Au septième étage d'un immeuble banal et poussiéreux, nous avons rendez-vous à l'Institut pour l'Étude de l'Avenir, l'une de ces boîtes à penser créées, il y a quelques années, dans le sillage de l'élection de Mohammad Khatami à la présidence. Nous sommes très loin des anciennes villas monarchiques du Nord où sont installés plusieurs instituts proches du gouvernement — ou du régime — et de l'ambiance feutrée de leurs cabinets d'étude. Ici, au moins, dans ce Sud grouillant de vie et de bruit, on peut dire que « l'Étude de l'Avenir » est implantée au cœur de l'Iran d'aujourd'hui, dans son rythme effréné, avec sa pollution intense et l'énergie débordante d'un monde vibrant, presque terrifiant. Ali Paya nous reçoit dans un bureau fort simple. L'homme est chaleureux, il fait oublier les murs d'un beige douteux et le mobilier tristement disparate. Le thé nous attend déjà sur la vieille table de chêne, chargée de papiers et de bouquins. Notre hôte nous invite à prendre place devant la fenêtre. Le soleil est déjà haut dans le ciel.

Ali Paya est docteur en philosophie, il appartient à une petite frange de l'intelligentsia iranienne chargée de jeter les bases théoriques d'une modification profonde et pacifique des structures de l'État. Il s'agit en fait de redonner un souffle nouveau à la République islamique, d'agir sur l'imaginaire de la société iranienne et de concevoir un nouveau rapport avec l'autorité.

Rien ne peut garantir que la vision proposée par Ali Paya et ses collègues de l'Institut réponde aux aspirations du pays dans son évolution incertaine.

Le groupe est composé d'intellectuels et de chercheurs formés à l'occidentale et à l'iranienne. Chacun possède une solide connaissance du savoir traditionnel, tout en manipulant les concepts de la recherche contemporaine en économie et en sciences politiques. L'institut est chargé de forger, à l'abri du quotidien politique, des outils qui devraient permettre à l'Iran de se dégager de l'emprise de la caste cléricale pour établir un État moderne. L'expérience occidentale de ses membres a été acquise au cours de longues périodes d'études à l'étranger, en particulier en Europe, au Canada et aux États-Unis. Ce parcours de formation n'est pas innocent. Il doit permettre aux chercheurs de connaître l'idéologie de l'Occident, pour mieux l'analyser, de façon à acquérir une certaine immunité contre ses influences néfastes. Il faut dire que, dans la société iranienne contemporaine, l'antiaméricanisme et le rejet propagandiste de l'Occident par le régime islamique n'ont pas produit les effets escomptés. Au contraire, la jeunesse est, plus que jamais, fascinée par l'Occident et par l'Amérique en particulier. L'Institut a donc fort à faire pour dégager un modèle original de société, qui puisse répondre aux aspirations de la jeunesse sans trahir les idéaux de la Révolution et du pays qu'elle a créé.

La quarantaine, parlant un excellent anglais, Ali Paya est très représentatif de ces intellectuels « guetteurs » postés en Occident pendant une partie de l'année, puis enseignant et dirigeant le reste du temps des recherches en Iran. Évidemment, un penseur qui vit entre deux cultures s'expose au danger d'être absorbé par l'une au détriment de l'autre, et de perdre en conséquence les liens avec la réalité très mouvante de la société iranienne.

« Depuis 1995, j'enseigne en Grande-Bretagne et en Iran. J'ai été formé dans la tradition de la philosophie analytique, mais la philosophie occidentale a toujours été forte en Iran et nous y étions exposés très tôt.

« Dans la civilisation iranienne, la philosophie a des racines profondes. Quand l'imam Ghazali[1], un éminent docte musulman du IVe siècle du calendrier islamique (XIe siècle de l'ère chrétienne), a émis une ordonnance décla-

---

1. Abu Hamid al-Ghazali, né dans la ville de Tous, dans l'est de l'Iran, en 1058, se voulait le défenseur de la tradition et le pourfendeur de l'« innovation ». Tout en acceptant qu'il y ait beaucoup de vérité dans l'œuvre des philosophes grecs, il considérait que tout ce qui contredisait les enseignements islamiques relevait plutôt de l'incroyance. Ses plus grands adversaires furent les néoplatoniciens musulmans, notamment al-Farabi et Ibn Sina (Avicenne). Son chef-d'œuvre

rant tous les philosophes blasphémateurs, il a rendu presque impossible la survie de la philosophie dans les pays de la tradition sunnite. Mais, en Iran, des écoles de pensée se sont développées et ont engendré une philosophie persane distincte. »

La nuance est capitale, souligne Ali Paya. La spécificité de l'expérience iranienne passe aussi par la reconnaissance de cette philosophie persane distincte :

« Ceci a eu un effet civilisateur sur la psyché sociale des Iraniens qui sont, par leur nature, non agressifs. Par exemple, on n'a qu'à comparer ce qui s'est passé pendant la Révolution islamique avec tous les supposés changements de régime dans la région. Le nôtre fut le moins violent.

« Cet amour pour la philosophie s'est aussi démontré dans la façon dont les Iraniens conçoivent le pouvoir. Dans la tradition chiite, toute autorité temporelle est illégitime si elle n'est pas nommée par les Imams authentiques. Dans l'absence du Douzième Imam, toute autorité temporelle ne peut être que tolérée, mais jamais approuvée. Cette tradition philosophique, de pair avec l'enseignement du chiisme, leur a donné un état d'esprit tout particulier. Ils doutent du pouvoir et en même temps ils se soucient sans cesse de rendre la gestion des affaires de l'État la plus efficace possible. »

Pour de nombreux philosophes, la question de la légitimité de ceux qui dirigent la société est capitale. Afin d'éviter des heurts entre l'intérêt public et les classes dirigeantes, historiquement non cléricales, ils avaient par le passé cherché la meilleure façon jeter des ponts entre les deux.

« Quand j'étais jeune, j'étais fasciné par l'idée d'un système de gouvernement complètement légitime, à la tête duquel se trouverait un membre du clergé directement nommé par le représentant de Dieu, et qu'ainsi s'étende la chaîne du haut jusqu'en bas. Mais avec le temps, nous nous sommes mis à vouloir approfondir ces questions délicates. On a commencé à douter et à mettre en cause le système.

« Quand vous affrontez un système de pensée, il existe plusieurs façons de l'évaluer d'un point de vue critique. Vous pouvez vous concentrer sur les

---

polémique, *Tahafut al-falasifa* (Incohérence des philosophes), réaffirmait l'hostilité des sunnites au rationalisme philosophique. Ce même Ghazali fut, par sa profonde religiosité et son autorité intellectuelle, à l'origine de nombreuses sectes soufies. Son œuvre intègre le cadre « extérieur » de l'observance des règles et la qualité « intérieure » de l'expérience mystique. Sur le sujet, on peut lire : Malise Ruthven, *Islam in the World*, New York, Oxford University Press, 1984, p. 237-242.

prémisses fondamentales, vous pouvez scruter ses rapports internes pour voir si ce système est cohérent, ou bien vous pouvez examiner les produits du système, ses aspects pratiques, ce que vous pouvez tirer du système.»

Après avoir passé au crible de l'examen critique, les philosophes en sont venus à la conclusion que le système était indéfendable, et ce, aux trois niveaux. De plus, ajoute M. Paya, il n'existe aucune évidence dans l'histoire du chiisme pour soutenir l'existence d'un tel régime.

«Il faut introduire un autre modèle, plus approprié et plus efficace. L'arrivée du président Khatami au pouvoir a été une espèce de miracle. Il a créé un nouvel espace de liberté pour développer de nouveaux talents qui vont aborder ces questions d'un autre point de vue. Des idées nouvelles ont fait leur apparition et elles ont pris de l'importance : la démocratie, les droits de la personne, la primauté de la loi, les droits de la femme.

«S'ouvre alors une période d'activité intellectuelle intense. Les chercheurs, les universitaires se sont mis à produire de nombreux modèles. Si l'on regarde ce qui a été produit depuis les premiers jours de la Révolution, on constate une évolution graduelle d'une adhésion stricte aux enseignements, d'une interprétation très littérale des textes, vers une interprétation plus rationnelle, plus libérale de la foi islamique.»

C'est qu'avant la Révolution, le mouvement des intellectuels religieux a été fortement marqué par l'idéologie. Pour ces intellectuels, l'idéologie était ce qu'ils avaient de plus précieux : elle devait être maintenue coûte que coûte et réclamait une obéissance totale. Le prix à payer n'était-il pas très lourd ?

«En effet. Quand vous suivez aveuglément une idéologie, vous renoncez à votre statut d'intellectuel.

«Mais la situation s'est renversée après la Révolution. Les valeurs et les normes des classes moyennes sont devenues le modèle. Les intellectuels, débarrassés des idéologies des années 1970, se sont mis à évoluer vers une pensée plus critique.

«On peut diviser les courants intellectuels en Iran en quatre tendances : celle des gauchistes, celle des intellectuels non religieux, celle des intellectuels religieux, celle des nationalistes. Quand je dis intellectuels, j'entends ceux qui possèdent une conception moderne du monde, à l'opposé des traditionalistes, que j'exclus de cette division. Il existe une continuité d'idées entre ces quatre groupes : on peut trouver des intellectuels qui sont des laïcs, au sens où ils ne croient pas à la religion, et on peut trouver en même temps, parmi eux, des nationalistes et des religieux. Certains intellectuels de gauche sont proches des courants religieux, d'autres en sont plus éloignés. C'est une situation qui a donné une nouvelle définition de la laïcité en Iran.

« Pour moi, laïcité, laïque ou séculier signifient rationalité, rationnel, rationalisme. Ainsi, je ne vois pas de désaccord entre une prise de position laïque et le fait d'avoir des sentiments religieux. D'autres définiront la laïcité comme antireligieuse. Mais la plupart des intellectuels religieux acceptent l'idée que la laïcité n'exclut pas les sentiments religieux.

« Les intellectuels islamiques qui acceptent cette définition affirment qu'elle représente notre seule façon d'approcher le fait religieux. Quand on examine le rôle de la raison par rapport à la révélation, on comprend que la raison doit être libre d'interroger la révélation, car c'est la raison qui tranche. Ils ont soulevé une question critique concernant la nature même de la révélation : s'agit-il vraiment de la parole de Dieu ? Que veut dire « être religieux » ? Quel choix cela suppose-t-il ? Ma réponse est claire, et je l'ai exposée et défendue à plusieurs reprises : notre seul guide, c'est notre raison. »

Cela nous amène à la situation d'aujourd'hui, où domine une grande incertitude. Quel est le travail philosophique qui doit être accompli dans la situation actuelle de la religion en Iran et des clivages qu'elle suscite entre la tradition et la modernité, car la religion participe aussi de la "peur de la vague" ?

« Il existe dans notre société des groupes que l'on peut, en simplifiant, appeler "purs et durs". Ils ne sont pas prêts à bouger d'un centimètre. Entre nous, je ne suis pas tout à fait sûr qu'ils soient eux-mêmes véritablement convaincus de leurs arguments. Ils semblent beaucoup plus intéressés par le pouvoir que par la tradition, la piété ou l'amour de Dieu, même si on peut trouver dans leurs rangs de véritables croyants. Ce sont les opposants les plus farouches à toute forme de changement. Ils sont même prêts à faire marche arrière, à faire reculer l'horloge. Entre les deux, il y a un grand nombre d'indécis, ceux qui ont des doutes, qui hésitent sur la direction à prendre. Une bonne partie de notre jeunesse se trouve dans cette situation. C'est l'un de nos principaux soucis. La jeune génération est en proie à la confusion ; elle ne sait pas où donner de la tête.

« Mais former l'élite reste assurément la tâche la plus ardue. Nous vivons actuellement ce que j'appelle la "confusion épistémologique". Les philosophes iraniens ne sont pas des philosophes au sens classique du mot ; après tout, les philosophes sont ceux qui donnent libre cours à la raison, et advienne que pourra. Or, nos philosophes s'imposent des limites, des lignes rouges, qu'ils ne franchissent pas. Ils définissent ainsi le bon usage et les buts de la philosophie, tout en réduisant singulièrement l'exercice de la pensée critique. »

Vous combattez sur plusieurs fronts en même temps, puisque, dans votre camp, vous devez affronter et cette confusion épistémologique et le mysticisme. L'analyse des idées et le développement de la raison en harmonie avec la tradition ne constituent pas qu'une tâche philosophique : c'est aussi un travail social et politique. S'il n'est pas fait, la confusion et la violence risquent d'occuper le terrain d'une tout autre manière que les philosophes. Mais, en le faisant, vous risquez aussi de subir la violence faite aux philosophes quand ils affrontent la société en marche et la politique. Comment voyez-vous votre démarche dans ces zones de turbulences ?

« Vous avez entendu parler des bateaux de Neurath[2] ? C'est l'histoire de ces navigateurs qui sont en bateau sur l'océan au milieu de la tempête, et aucun port à l'horizon. Ils doivent donc réparer le bateau tout en naviguant. C'est ce que nous faisons. Nous devons garder le cap, réparer les dégâts, tout en combattant sur plusieurs fronts en pleine tempête.

« Par contre, il existe des situations dont nous pouvons profiter. Elles apparaissent souvent comme des menaces, mais en fait, elles peuvent être de bonnes occasions. Par exemple : les grandes vagues de la mondialisation et les pressions venant de l'extérieur ont un fort impact à l'intérieur de notre société. Devant cela, même les ultratraditionalistes en viennent à la conclusion que le changement est inévitable. La pression est telle qu'ils ne peuvent pas rester là, à ne rien faire. Ils doivent s'ajuster. Ils n'ont pas le choix.

« Une des bonnes actions du président Khatami et de son entourage intellectuel est d'avoir réussi à modifier le discours de ces gens-là. Ils sont parvenus à les obliger à utiliser les concepts, les termes et les idées en usage dans la pensée moderne. À tel point qu'ils acceptent maintenant des mots comme la sphère publique, les droits de la personne, la primauté de la loi, la démocratie... »

---

2. Otto Neurath (1882-1945), sociologue et antiphilosophe autrichien. « Nous sommes des marins en haute mer qui doivent reconstruire leur propre bateau, mais ne pourront jamais recommencer de la quille. »

Mais ne peut-on pas imaginer que les ultraconservateurs utilisent les termes et les concepts du camp opposé pour mieux les critiquer, en contrepartie, et finalement leur tordre le cou ?

« C'est exactement ce qu'ils tentent de faire. Ils ont leurs propres philosophes qui les alimentent en théories, dont certains sont mes amis ou mes collègues. Par exemple, pour la notion de démocratie : en persan, on a développé une traduction qui est *mardomsalari-yé dini*. Cela veut dire à peu près « démocratie » puisque *mardom* veut dire *dêmos ; salari, kratie*. Mais à cela s'ajoute *yé dini* et ça devient en réalité « démocratie islamique ou religieuse ». Et le sens réel renvoie en fait à l'idée d'un pouvoir, d'un gouvernement ou d'un État dont la légitimité n'est pas issue du peuple, mais de Dieu. »

Est-ce à dire que la Réforme, après sept ans de gouvernement réformateur, a manqué son but, qu'elle a fait trop peu, qu'elle n'aura pas le temps de faire plus avant de perdre le pouvoir ?

« À première vue, je crois que vous avez pleinement raison. Les Réformateurs n'ont pas produit des résultats tangibles qui pourraient indiquer nettement les progrès accomplis. Mais en regardant de plus près, vous pouvez constater que M. Khatami, avec son projet de réforme, a réussi à effectuer un nombre de percées importantes. Il a créé une nouvelle façon de voir la société iranienne, il a transformé les mentalités de la jeune génération. Même les ultraconservateurs n'ont pas échappé à ce cycle de changements. C'est vrai, les Réformateurs ont été incapables de tenir leurs promesses d'instaurer la justice sociale, de lutter contre la corruption économique, de restreindre le comportement dominateur du pouvoir ; cependant, ils ont réussi, jusqu'à un certain point, à aider les gens à comprendre qu'ils possèdent des droits et qu'ils ne sont plus les sujets de la classe dirigeante. Ce sont des citoyens. La citoyenneté n'existait pas jusque-là, c'est une conquête récente.

« Aujourd'hui, même les ultraconservateurs ont compris que le *dêmos*, le public, possède un pouvoir à la fois considérable et non réalisé, que l'on doit actualiser, que l'on doit utiliser. Ainsi nous voyons qu'il existe une tendance très saine qui favorise la création d'ONG, d'assemblées dans lesquelles la société civile peut exercer son pouvoir. »

Nous devons prendre congé d'Ali Paya et replonger dans la cohue de la rue. L'heure du bilan — et des questions — est arrivée.

Il nous paraît évident que les intellectuels réformateurs ont réussi à ouvrir un dialogue critique portant sur la nature même du pouvoir. Compte tenu du caractère autoritaire du régime, les limites sont réelles et le recours aux moyens de coercition est toujours possible. L'exercice de la critique n'est pas sans danger. Peut-on imaginer que, dans une situation sociale bloquée, où les réformes ne pourraient plus progresser, la moindre étincelle pourrait créer une conflagration difficile à maîtriser?

« Ce que vous évoquez est possible, mais peu probable en ce moment. Les forces armées maîtrisent plutôt bien la situation. À cause des difficultés économiques, les gens pensent d'abord à leur survie, plus qu'à un changement de régime. L'incertitude devant l'avenir rend la population plus prudente et peu portée à assumer les conséquences d'une action radicale. »

Jusqu'où peut aller la dissidence, qu'elle soit politique ou religieuse, ou les deux à la fois?

« La dissidence politique n'est pas tolérée, mais il y a de plus en plus de voix d'intellectuels dissidents qui se font entendre. Le journaliste Gandji est en prison parce qu'il a franchi les limites acceptables. Il a dénoncé des personnalités, il a donné des noms, mais les mêmes opinions exprimées abstraitement auraient pu être tolérées. L'appareil religieux est en train de se fracturer. D'un côté, il y a ceux qui ont une orientation plus pragmatique et, de l'autre, les traditionalistes. On assiste à l'apparition d'une nouvelle génération de clercs, assez proches, en fait, des intellectuels non religieux. Ils tentent de transformer les mentalités de l'intérieur et de convertir leurs collègues à une plus grande ouverture d'esprit. L'appareil religieux se trouve de plus en plus isolé et figé dans ses positions hyperconservatrices.

« Nombreux sont les ayatollahs qui soutiennent, explicitement ou implicitement, le projet de réforme. Ce sont des bonnes nouvelles pour la Réforme, et des mauvaises pour les ultraconservateurs. Mais, vous savez, le clergé, ici comme ailleurs, saisit très vite d'où vient le vent, et il s'adapte rapidement aux changements de situation. Ce que les ultraconservateurs ne veulent absolument pas, c'est que des changements positifs soient portés au crédit du Mouvement de la Réforme.

« M. Khatami a dit que des idées comme la liberté de la personne, le respect des droits de l'individu, l'égalité des chances, la justice sociale, ont plus d'importance que le fait d'usurper le pouvoir, ou bien de se maintenir au pouvoir. Il voulait que la société entière en prenne conscience.

« Malheureusement, en Iran, nous avons une longue tradition de despotisme. Transformer ce comportement despotique à l'égard des femmes, des enfants et des amis nous prendra du temps. Nous avons aussi l'habitude d'attendre l'arrivée d'un héros pour nous sauver. M. Khatami et le Mouvement de la Réforme ont essayé de dire au peuple : vous êtes vous-même le héros.

« Il y a une histoire que l'on trouve dans l'œuvre du poète mystique Attar. L'histoire du Symorgh [3]. Les Réformateurs essaient de convaincre le peuple qu'il est comme le Symorgh : "Dans votre multitude, vous êtes le héros. Vous n'avez besoin de personne." Ainsi, le peuple s'est férocement opposé aux manœuvres de M. Rafsandjani. Il se comportait dangereusement et il mettait la République en danger. Les Réformateurs ont tenté de lui barrer la route. Aujourd'hui, nous disons ceci au peuple : notre système est républicain. Jusque-là, les Conservateurs ont mis l'accent sur le côté islamique. Maintenant, l'important, c'est la République. Il faut convaincre les gens de participer à la chose publique et de s'y impliquer. Dans le contexte iranien, c'est un message capital. »

En cas de succès, la Réforme pourrait devenir un modèle pour les autres régimes sociaux-démocrates, surtout dans le monde islamique. Et pourquoi pas en Occident !

Ali Paya éclate de rire avant de reprendre :

« Je reste beaucoup plus modeste. Mais je ne suis pas insensible à ce que vous dites. Oui, ce serait possible, à condition que les intellectuels iraniens se prennent beaucoup plus au sérieux et assurent une vraie présence sur la scène internationale. Mais nous avons d'abord une bataille à gagner à l'intérieur de notre pays. Et ce n'est pas simple.

« Il faut constituer un vrai front regroupant tous les mouvements, mesurer la réalité de notre base et évaluer le rapport possible avec le pouvoir. Comme un boxeur, on doit connaître son poids réel avant de combattre. »

---

3. Farid al-Din Attar est l'un des grands poètes mystiques iraniens du XIIIᵉ siècle. Son chef-d'œuvre, *Nartia ut-Tayr* (*L'assemblée des oiseaux*), raconte le voyage périlleux que les oiseaux entreprennent pour aller à la recherche du Symorgh, un oiseau fabuleux qu'ils veulent prendre pour roi. Trente seulement survivent au voyage. Lorsqu'ils se présentent devant le Symorgh, ils se voient en lui : ils sont le Symorgh, et le Symorgh est 30 oiseaux (*symorgh* en farsi veut dire « 30 oiseaux »).

« Trop tard »

FÉVRIER 2004. Plus les élections législatives approchent, plus la défaite du Mouvement de la Réforme semble inéluctable [1]. Les candidats députés réformateurs disqualifiés par le Conseil des gardiens occupent le Madjlis depuis plusieurs semaines dans l'indifférence de la population. C'est déjà un signe de désaveu et l'indication d'une perte de confiance à l'égard des représentants du Mouvement de la Réforme. C'est aussi un rappel à l'ordre lancé au président Khatami et à sa faible combativité. Plusieurs de ses ministres et collaborateurs réagissent en offrant leur démission, que le Guide suprême refuse aussitôt. L'occupation s'enlise pour se terminer en queue de poisson. Un compromis entre le président Khatami, le Guide et le Conseil des gardiens débouche sur un accord de dernière minute : les élections auront lieu pour le bien ultime de la République islamique. Aucun report de date ne sera toléré. L'autorité suprême a tranché.

À quelques jours du scrutin qui va bouleverser, une fois de plus, le paysage politique iranien, la désillusion s'exprime non seulement à l'égard du régime, mais aussi à l'égard de ceux qui ont cru — et qui croient encore — pouvoir le réformer et le façonner de l'intérieur.

---

1. Aux législatives du 20 février, 50,6 % des électeurs inscrits sont allés voter à l'échelle nationale, comparé à 28 % dans à la capitale. Le 7e Madjlis sera composé d'une forte majorité conservatrice, et le gouvernement de M. Khatami devra supporter la « cohabitation » avec une Chambre qui, d'emblée, lui sera sinon hostile, du moins loin d'être acquise.

On constate que la première victime politique de la prise de conscience populaire inaugurée il y a sept ans par le Mouvement de la Réforme est précisément ce même mouvement. Le regroupement qui se réclame de la Réforme s'est fait des illusions en croyant que les électeurs qui avaient voté pour ses candidats en 2000, ou bien pour Mohammad Khatami en 2001, représentaient en quelque sorte sa « base ».

Nous ne sommes pas surpris. Quelques jours auparavant, nous nous étions rendus au Madjlis pour rencontrer Fatima Haqihadjou, l'une des députés les plus téméraires de la faction réformatrice. Elle faisait partie des 80 parlementaires réformateurs qui occupaient le bâtiment en marbre blanc, communément appelé la « Maison de la nation », qui donne sur l'avenue Imam Khomeyni, dans le sud du centre-ville. Cette occupation doublée d'une grève de la faim était très bien couverte par la radio et la presse réformatrices. La télévision d'État n'en parlait pas. Ce qui est plutôt bon signe dans un pays où le téléspectateur averti n'a aucune illusion sur l'objectivité de l'information : elle est contrôlée à 100 % par le régime des mollahs. La force symbolique de l'événement avait été ternie le jour où un quotidien réformateur avait publié la photo des grévistes de la faim en train de déguster des kébabs dans un restaurant du quartier.

Le Parlement se trouve au centre d'un secteur sous haute surveillance policière et militaire. Les rues d'accès sont fermées et les postes de contrôle multiples. Lorsque nous sommes arrivés au poste d'entrée qui nous avait été assigné, nous avons été aussitôt dirigés vers une autre entrée, complètement à l'opposé. C'était l'entrée principale, celle où nous pouvions espérer rencontrer la foule des partisans ou simplement des curieux venus apporter leur soutien aux députés en grève. Il n'y avait personne. Des militaires armés gardaient l'entrée sans attention particulière. Nous nous sommes présentés au guichet de presse, en précisant que nous avions rendez-vous avec Haqihadjou.

« Avez-vous une lettre ? »

Nous n'avions pas de lettre, mais une carte de presse et un rendez-vous pris au téléphone. Il suffisait pour vérifier que le préposé appelle Haqihadjou, députée et gréviste. Elle nous attendait à l'intérieur du Parlement.

« Vous n'avez pas de lettre. Vous ne pouvez pas entrer. »

Nous reprenons notre histoire.

«Nous n'avons pas de lettre, mais Madame Haqihadjou nous attend, appelez et vérifiez…»

«Il faut une lettre.»

Devant l'absurdité de la situation, nous n'avons pas voulu battre en retraite tout de suite, par dignité. Au bout de 45 minutes que nous considérions comme une preuve suffisante de notre bonne volonté et gage de notre bonne foi, nous avons à nouveau essayé de convaincre le fonctionnaire zélé. Peine perdue.

En sortant, juste devant l'entrée principale, il y avait un attroupement et la police. Nous nous sommes approchés, heureux de pouvoir au moins témoigner d'un mouvement de soutien populaire : un marchand ambulant venait de se faire renverser par un minibus.

Deux jours plus tard, nous rencontrons Saïd Hadjarian au quartier général du Mouvement pour la participation, noyau dur de la Réforme, rue Sommayieh, en plein cœur de Téhéran.

Nous nous attendons à trouver une agitation préélectorale d'autant plus fébrile que le mouvement de grève des députés concerne directement les membres de cette faction politique de la Réforme. Au contraire, le bâtiment est silencieux, les couloirs et les bureaux sont vides ; même pas une sonnerie de téléphone pour rappeler l'urgence de la situation. Le concierge nous accompagne jusqu'au premier étage. Nous pénétrons dans une petite pièce qui doit servir de salle de réunion à l'état-major du parti. Une lumière blafarde éclaire deux canapés et quelques chaises, aux couleurs délavées. Saïd Hadjarian nous attend en compagnie du thérapeute qui continue de guider ses pas et ses mouvements.

Nous n'avons pas vu Saïd Hadjarian depuis deux ans, quelques mois après l'attentat qui a endommagé son cerveau, détruit une partie de sa motricité et de son élocution. Que peut ressentir aujourd'hui celui qui a représenté si fortement le mouvement réformateur et qui en est devenu le symbole dans la douleur, dans la résistance et dans son refus de la mort ? Lui qui nous disait, deux ans auparavant :

«On a voulu me tuer. On m'a laissé pour mort. Dieu m'a donné une deuxième vie, je vais la consacrer au progrès de mon pays.»

Aujourd'hui, compte tenu de la conjoncture politique, nous imaginons un homme au bord de l'abattement et de la dépression. Les circonstances démentent ses pronostics ; ne remettent-elles pas en cause le sens de son combat qui est son unique raison de survivre ? Nous nous retrouvons avec un plaisir réciproque. Mais nous sommes presque gênés de lui dire le fonds de notre pensée, même si, d'emblée, nous avons retrouvé la complicité chaleureuse de nos premières rencontres.

Alors, comme s'il avait tout compris, M. Hadjarian éclate d'un rire qui emplit la petite pièce, tandis que, d'un geste saccadé de la main, il décrit une sorte de cercle :

« Voyez-vous du monde tout autour ? Nous sommes donc le plus grand parti au Parlement, nous formons deux grandes factions, nous avons la majorité des ministres du gouvernement, nous menons cette grève, nous nous trouvons dans une situation très critique, et il n'y a personne ici, dans notre quartier général. »

Il fait une pause. Il a besoin d'un temps après chaque intervention, pour récupérer. Car si son intelligence, son sens de la réplique, de la formule lapidaire, ont échappé à la balle meurtrière, il doit ménager ses forces pour réussir à parler, pour arracher chaque mot au silence. On sent son corps paralysé entièrement mobilisé au service des mots qu'il faut former, articuler, projeter. On n'oserait pas comparer son rétablissement à la santé politique du Mouvement dont il est le stratège, mais on ne peut s'empêcher de penser, en le regardant, que la Réforme, elle aussi, aura besoin de rassembler toutes ses forces pour retrouver son dynamisme et sa capacité de parler haut et fort.

« Si on regarde les deux dernières années, il y a eu un effet de balancier. Nous avons connu quelques progrès et quelques reculs. Le mouvement des étudiants a même régressé. Il est presque démoli. Les mouvements de la société civile ont aussi rencontré des difficultés ; non seulement ils n'ont pas eu de succès, mais ils ont reculé. Les élections municipales ont confirmé ces tendances et une sorte de cynisme s'est emparé de la population.

« Et là, nos députés sont "en grève" depuis plus de 15 jours, des membres du Conseil des ministres de Khatami ont remis leur démission, et le public reste indifférent.

« En deux ans, nous constatons notre isolement et même une régression sur le plan politique. On peut croire que c'est le calme avant la tempête. Mais il faut être conscient que les gens sont retournés à la vie privée et qu'ils ont abandonné la vie publique. On a l'impression que les Iraniens aujourd'hui se sont "privatisés" !

« On privilégie les réunions de famille, c'est chaud ; les manifestations artistiques qui se réchauffent de plus en plus. Regardez le phénomène de Mohammad Chadjarian. C'est *le* chanteur traditionnel le plus populaire. Il a donné un concert, il y a quelques jours devant 4000 personnes. Bientôt, il se produira dans un centre sportif devant 15 000 personnes, puis il projette de monter son spectacle dans un stade à ciel ouvert pouvant accueillir 100 000 personnes ! Les gens sont tout à fait prêts à payer pour aller entendre leur chanteur préféré. Mais si M. Khatami voulait s'adresser à la nation, sans prix d'entrée, il ne réussirait même pas à attirer une telle foule !

« Est-ce que vous avez cela, des dizaines de milliers de gens qui viennent entendre des chanteurs à ciel ouvert ? Cent mille ? Non pas des vedettes de musique pop, mais de chant traditionnel ! »

Quelques groupes de musique traditionnelle peuvent encore attirer de grandes foules, mais ça devient rare. Mais quand le sentiment de la nation y est, comme dans le passé récent au Québec, ça peut marcher.

« Ici en Iran, ce n'est pas exactement pareil. Nous avons comme voisins l'Irak et l'Afghanistan. Nous sommes un pays du Tiers-Monde ; il est assez cocasse que 100 000 personnes puissent se rassembler dans le même lieu pour entendre un concert d'un chanteur traditionnel, même très prisé. Les gens sont très à l'écoute de leur cœur en ce moment ; ils désirent ce que leur cœur désire ! Ils ne prêtent guère attention à autre chose.

« En Iran, il y a tout un marché pour le roman, pour le cinéma, pour le théâtre ; c'est très *hot*, tout ça. Mais pour le parti de la Réforme, il n'y a rien, zéro. Notre parti est le plus important en Iran, et vous voyez ce que ça donne ! »

Il reprend une pause, tandis qu'il décrit lentement le vide autour de lui. Nous lui demandons :

« Tout le monde s'en fout, quoi ? Personne ne s'en soucie ? »

Il acquiesce.

« Les gens s'en soucient très peu. »

Puis il éclate de rire.

« Même si je suis membre de ce parti, je préférerais aller entendre Chadjarian en concert que d'assister à une de nos réunions ! Comme je suis un membre du parti, je resterai par discipline, je ne quitterai pas la réunion, d'autant plus que nous avons des élections dans quelques jours. Mais je vous dis la vérité ; c'est ça, la réalité.

« Quand vous voulez construire une maison, et qu'elle se fait démolir régulièrement par les autres, peu à peu vous perdez votre motivation et vous perdez l'envie de rebâtir, de reconstruire, quand vous savez qu'elle sera détruite dix fois. Pendant les six dernières années, depuis l'élection de M. Khatami, nous avons construit cette maison, et elle a été détruite des dizaines de fois, encore et encore. La motivation fout le camp ! »

Est-ce là le résultat des faiblesses de votre stratégie ? Pourtant, vous connaissiez bien les forces de votre adversaire, vous l'avez fréquenté de près dans le passé. Est-ce que vous avez sous-estimé ses forces ?

« Vous voulez dire que nous avons sous-estimé la droite, les Conservateurs ? »

Précisément.

« Peut-être étions-nous trop fiers des 22 millions de votes pour le président Khatami. La droite en a profité pour réviser sa stratégie. Elle est devenue plus forte, plus violente aussi. Elle a utilisé la terreur, elle a adapté sa stratégie à la situation. Voilà pourquoi et comment nous les avons sous-estimés. Ils ont commis des meurtres en série. Et, sur ce point, nous les avons sous-estimés.

« La succession politique dans les pays du Tiers-Monde est absolument différente de celle des pays développés. Par exemple, quand le mandat de Clinton a pris fin, il s'est retiré pour vaquer à ses occupations. De même pour Al Gore, qui retourne à son cabinet de juriste. Mais ici, dans un pays du Tiers-Monde, c'est différent. Les hommes politiques n'acceptent pas la défaite ; ils deviennent violents, ils tuent. Ce n'est pas du tout la même chose que chez vous.

« La succession pacifique est l'indice du développement. Si vous voyez qu'elle se fait sans violence, vous pouvez conclure que ce pays-là est vraiment développé. Sinon, le pays appartient au Tiers-Monde. Ceci est notre problème. »

N'y a-t-il pas un problème lié à la nature de l'État ? Compte tenu de cette nature spécifique de l'État islamique, comment le Mouvement de la Réforme peut-il espérer progresser ? L'État n'a pas seulement le monopole de la violence, il a aussi celui de la religion.

« La religion ne domine pas à la tête de l'État. Religion et État se situent au même niveau. L'Iran, après la mort de l'imam Khomeyni, est devenu comme la Russie des tsars. La religion est devenue une composante de la bureaucratie de l'État. Elle n'est pas une institution coopérative ; elle est une institution coercitive. »

Mais, pour qu'un mouvement de réforme se développe, ne faut-il pas d'abord transformer cette situation ?

« Sorouch, Kadivar et Chabastari s'en occupent. »

Oui. Mais ils travaillent sur deux plans : le politique et la vérité rationnelle. Quand vous dites que cela ressemble au système russe, peut-on dire alors que le système est très sombre à l'extérieur, mais qu'il est pourri dedans ? Dans ce cas, il pourrait tomber de lui-même. Malgré le tragique de la violence actuelle, n'y a-t-il pas là un peu d'espoir ?

« Nous sommes des réformateurs, et non pas des révolutionnaires. C'est pour cela que nous ne voulons pas que ce soit pourri en dedans et que ça s'effondre. Nous voulions réformer graduellement le système, de façon pacifique. Nous avons eu une révolution ; nous n'en voulons pas une autre. Plus jamais ! »

Mais comment voulez-vous ramener les citoyens à prendre part à la vie politique ?

« La sphère publique n'est jamais vide. Elle est occupée par une oligarchie, par une démocratie ou par une autocratie, mais elle ne reste jamais vide. L'Iran possède une longue histoire de luttes pour la démocratie. Notre révolution constitutionnelle a eu lieu en 1906. La même révolution a eu lieu en Russie en 1905 et en Turquie en 1908. Aucun pays dans la région n'a une telle tradition. L'Irak et la Syrie n'étaient même pas indépendants à la même époque.

« Mais laissons de côté le passé et concentrons-nous sur le présent. Prenons le cas de la nationalisation du pétrole. Nous avons été les premiers. L'Égypte nous a suivis en nationalisant le canal de Suez. Nasser lui-même a reconnu qu'il avait emprunté l'approche de l'Iran. Considérons l'exemple plus récent de la Révolution en Iran. Le chah était un grand ami des États-Unis, il était en fait le gendarme américain de la région. Il y a 25 ans, Carter est venu visiter l'Iran, qu'il a décrit comme une "île de stabilité". La révolution a éclaté presque aussitôt. Dix jours plus tard, le chah est parti.

« On prétend que l'Iran a des liens avec al-Qaïda, c'est faux. Il n'y a jamais eu de lien. La mobilisation publique qui a porté le président Khatami au pouvoir est la preuve d'un mouvement social puissant. En Iran, le peuple est un acteur politique essentiel depuis longtemps. Aujourd'hui, on assiste à un repli sur la famille, à une certaine désaffection du politique. Mais je suis sûr que c'est momentané, que ça ne va pas durer. »

Qu'est-ce qui peut contrer cette tendance croissante au rejet du politique ?

« La confiance. Uniquement le retour de la confiance. Pendant les dernières années, le peuple a perdu confiance en nous et en Khatami. Les gens s'attendaient à ce que nous bougions beaucoup plus vite. Nous sommes allés très lentement. »

On entend sonner un téléphone dans le bureau voisin ; personne ne répond.

« En allant plus vite, nous aurions dû composer avec la violence. Il y aurait eu des meurtres probablement, nous aurions eu à affronter les conséquences d'une autre révolution. La réforme, qui se voulait *évolution*, pouvait très vite devenir une *révolution*. Nous ne voulions pas nous engager sur cette voie. »

Nous avons rencontré beaucoup de gens, que ce soit dans les couches les plus modestes de la population ou dans la classe moyenne qui nous ont dit à quel point ils étaient frustrés par la lenteur de la Réforme, de l'« évolution » comme vous l'appelez. Ils étaient prêts à descendre dans la rue pacifiquement si le président les avait appelés. Ils voulaient simplement dire « oui » au gouvernement, appuyer le président et s'affirmer à la face du régime. C'était une façon démocratique très convaincante de montrer la cohésion de la société autour de cette revendication. Pourquoi le président Khatami est-il resté aussi prudent ? Certains ont même dénoncé sa « mollesse » devant les mollahs !

« Je sais que c'est ce qu'il aurait fallu faire, mais le président ne pouvait pas lancer cet appel sans faire courir un grand danger au pays. Un tel appel risquait d'enflammer la situation. On aurait pu assister à des tueries semblables à celles qui ont entaché le début de la Révolution. Des agents provocateurs se seraient infiltrés parmi nous pour fracasser les vitrines des banques et s'en seraient pris aux forces de l'ordre pour montrer comment se comportent les partisans de la Réforme. C'est l'unique raison qui a rendu impossible la tenue d'une grande manifestation populaire de soutien, au cours des sept dernières années. »

Mais si demain, le gouvernement, en entier, remet sa démission, qu'est-ce qui va se passer ?

« Il ne se passera rien. »

Est-ce trop tard?

« C'est trop tard.

« Six ans plus tôt, oui, il y aurait eu peut-être une mobilisation populaire. Aujourd'hui, il n'y aura rien. Vous en avez la preuve : au cours des deux dernières semaines, personne n'est allé soutenir les députés en grève. Vous l'avez constaté vous-mêmes, il n'y a personne au Parlement. »

Et que vont faire les leaders du Mouvement de la Réforme dans cette situation ? Où allez-vous maintenant, dans quelle direction ?

« Nous allons en prison ! »

Le rire de Saïd Hadjarian est plus nerveux, cette fois-ci, et son regard, dans le silence qui suit, trahit sa tristesse et son inquiétude. Il murmure :

« C'est trop tard. »

Puis il se tait. Il se tasse sur le canapé, haletant, comme s'il tentait de reprendre son souffle. Nous sommes prêts à mettre fin à notre entretien pour ne pas abuser des forces de notre interlocuteur, quand lentement, à voix basse, Hadjarian murmure :

« Quand allez-vous revenir ? »

« Dans quelques mois, peut-être. »

« Nous nous reverrons, si Dieu le veut ! »

Il se tait à nouveau sans nous quitter des yeux. Derrière sa voix brisée, ses gestes saccadés, l'inclinaison figée de sa tête, on ne peut s'empêcher de penser que cet homme, bâti en athlète et brillant orateur, fut l'instigateur, la force motrice, de ce mouvement de réforme pacifique. Il voulait l'évolution face à un régime sclérosé, à un pouvoir déterminé à éliminer tout ce qui menace sa pérennité et sa mainmise sur les richesses.

Aujourd'hui, le combat des Réformateurs est dans l'impasse, mais la vague de fond de la Réforme a marqué profondément la société iranienne. La « peur de la vague » est beaucoup moins grande qu'il y a sept ans. Le régime ne pourra pas ignorer cette réalité. Le chemin qui reste à parcourir est long et semé d'embûches. La situation internationale et surtout le jeu du pouvoir américain au Moyen-Orient vont influencer la suite des événements. Quand George W. Bush a inclus l'Iran dans l'« axe du mal », il visait à liquider toute velléité d'évolution démocratique autonome.

En 2000, les « maîtres des ténèbres » du régime conservateur savaient ce qu'ils faisaient en abattant Saïd Hadjarian. Ils venaient de neutraliser l'homme, peut-être le seul, qui possédait la capacité de donner à ce mouvement hétéroclite de la Réforme la cohésion et la force d'un authentique parti de gouvernement susceptible de mener à terme ce que nous pourrions appeler une « Révolution tranquille ».

Le chauffeur et le thérapeute sont venus chercher Saïd Hadjarian selon le rituel que nous connaissions déjà. Chacun d'un côté, ils le saisissent sous l'aisselle pour l'aider à se lever, puis lui tiennent le bras pour marcher. Il s'en va ainsi, prisonnier à vie de la violence qu'il a voulu éviter pour son pays, avec comme seule arme, son grand rire.

Ce rire qu'il laisse résonner une dernière fois en nous quittant, n'est-il pas une façon de nous dire son secret espoir ?

Épilogue

ESPOIR DÉÇU quand, en juin 2005, Mahmoud Ahmadinejad, partisan de la ligne dure chez les Conservateurs, est élu président à la faveur d'un programme de lutte contre la pauvreté et de chasse à la corruption. Le nouveau chef de gouvernement passe très vite de la parole aux actes. Ce militant de la première heure qui prône le retour à la pureté révolutionnaire n'y va pas de main morte : il limoge plusieurs diplomates chevronnés et congédie un bon nombre de hauts fonctionnaires soupçonnés d'appartenir aux sphères d'influence.

Puis, dans un élan rhétorique réjouissant les plus intégristes, il cite l'imam Khomeyni, appelant à « faire disparaître Israël des pages de l'histoire ». Il défie du même coup les États-Unis et fait monter la tension. Mieux, il surenchérit en remettant en question l'Holocauste et en dénonçant la façon dont l'Europe a réussi, selon lui, à faire porter sa propre responsabilité sur les épaules des Palestiniens :

« Écoutez, mes positions sont très claires. Nous disons ceci : si l'Holocauste a eu lieu, alors l'Europe doit en tirer les conséquences ; ce n'est pas la Palestine qui devrait en payer le prix. S'il n'a pas eu lieu, les Juifs se doivent alors de retourner là d'où ils sont venus[1]. »

---

1. Stefan Aust, Gerhard Spörl et Dieter Bednarz, « We are determined », entrevue avec Mahmoud Ahmadinejad, *Der Spiegel*, le 31 mai 2006.

Autant de propos difficiles à soutenir et qui ont été immédiatement condamnés pour antisémitisme un peu partout dans le monde occidental.

Mais il faut aller plus loin que l'offense des mots. En fait, les formules provocantes et souvent caricaturales du président relèvent sans doute beaucoup plus d'un calcul froidement politique que d'une profonde conviction. Son prédécesseur, le président Khatami, prônait le « dialogue des civilisations », celui de l'ouverture à l'Autre, incluant évidemment les États-Unis. Un dialogue qui a échoué et qui s'est soldé par l'inscription de l'Iran dans l'« axe du Mal ». À cela s'est ajoutée la menace américaine de guerre « préventive » pour reprendre le contrôle du pétrole iranien. C'est sur cette scène qu'est entré M. Ahmadinejad, affirmant de fait que l'Iran n'avait plus rien à gagner à jouer les enfants sages. Il a alors adopté une tout autre stratégie, implicitement soutenue par le Guide suprême, qui consiste à exploiter le ressentiment qu'une partie de l'opinion publique iranienne, et aussi arabo-musulmane, entretient envers l'Occident en général et les Américains en particulier. Il a trouvé là des partisans qui apprécient et appuient son refus de plier l'échine devant la menace nucléaire américano-israélienne.

Mahmoud Ahmadinejad n'est pas un nouveau venu dans le paysage politique iranien. Son passé en témoigne : tout comme ses adversaires réformateurs et démocrates les plus radicaux, Saïd Hadjarian et Akbar Gandji, c'est un ancien cadre des Services de renseignement. Comme eux, il fait partie de la génération révolutionnaire qui avait 20 ans au moment de la chute du chah et qui, aujourd'hui, constate l'échec de la Révolution islamique dont ils furent les ardents défenseurs.

Mais, s'ils partagent la même conclusion, ces anciens révolutionnaires ne se rejoignent pas sur la solution. Saïd Hadjarian — nous l'avons vu — met de l'avant la nécessité d'une profonde démocratisation de la société iranienne, qui passe par une réforme des institutions. Il renoue ainsi avec l'une des principales revendications de 1979, qui voulait mettre fin à l'héritage monarchiste et rompre avec des décennies de pouvoir absolu. De son côté, le président Ahmadinejad invoque la pureté révolutionnaire. Il fait appel au pays profond et privilégie la voie plus rigide, plus autoritaire aussi, du retour aux sources religieuses qui, à ses yeux, sont les seuls véritables fondements de la Révolution islamique.

L'arrivée au pouvoir du nouveau président est un coup sévère pour le courant réformateur, qui, en désespoir de cause et de candidat, avait appelé à voter pour « le moindre mal » en la personne d'Ali Akbar Hachemi Rafsandjani. Difficile, pourtant, d'accorder sa confiance à ce personnage trouble qui traverse les 25 dernières années de la République islamique dans les sphères du pouvoir occulte des ayatollahs affairistes et qui a déjà occupé la présidence pendant huit années de plomb. Massivement rejeté par les électeurs pour la troisième fois, Hachemi Rafsandjani est humilié — tandis que le Mouvement de la Réforme qui l'a soutenu ressort affaibli sinon écrasé.

L'élection à la présidence de Mahmoud Ahmadinejad consacre le triomphe d'un homme à l'apparence modeste, un laïc, un croyant qui en réalité confirme l'émergence du puissant mouvement dont il est membre fondateur, l'A*badgaran-é Iran-é Islami* (les Développeurs d'un Iran islamique). Souvent qualifié de « droite », même d'extrême droite, l'Abadgaran tient un discours populiste et anticapitaliste qui affiche un souci de justice sociale nettement « de gauche ». Au cours de sa campagne victorieuse, M. Ahmadinejad a accusé la caste religieuse de profiter d'un système qui a ruiné le peuple, qui a enrichi la classe des nouveaux possédants et trahi l'engagement social d'une Révolution qui promettait de favoriser les dépossédés.

Les Réformateurs exprimaient les espoirs de nombreux Iraniens qui souhaitaient enfin jouir des libertés politiques et individuelles ; l'Abadgaran, au contraire, privilégie une vision technocratique et religieuse. Les gouvernements de MM. Rafsandjani et Khatami ont appliqué à la lettre les programmes d'ajustement structurel préconisés conjointement par la Banque mondiale et le Fonds monétaire international ; à l'opposé, les stratèges du président offrent aujourd'hui aux citoyens les plus pauvres du pays de devenir actionnaires des entreprises publiques [2].

Les Réformateurs parlaient une langue que le visiteur occidental pouvait facilement comprendre ; les hommes du nouveau gouvernement risquent d'être mal compris sinon incompris en Occident, ce dont ils semblent se moquer éperdument. Les Réformateurs s'étaient engagés à gouverner dans le respect de la Constitution et de la primauté de la loi ; les Développeurs d'un Iran islamique, eux, promettent de revenir au point de départ et de faire de l'islam, selon leur interprétation, la référence dominante dans la vie de la cité.

---

2. William O. Beeman, *The Revolution Begins Anew in Iran*, le 8 novembre 2005.

Mohammad Khatami, ce philosophe en robe de clerc, avait lancé le « dialogue des civilisations ». Mahmoud Ahmadinejad, homme reconnu pour son efficacité et son effacement, parle plutôt du Mahdi, l'Imam caché dont le retour imminent se trouve au cœur de la doctrine millénariste chiite[3].

Fait nouveau et surprenant : ces néoconservateurs sont majoritairement des laïcs et, qui plus est, ils critiquent la caste cléricale qui a jusque-là monopolisé le pouvoir. Même la légitimité du Guide suprême n'échappe pas à leur mise en accusation globale des mollahs. Loin de posséder l'ascendant politique, religieux et moral de l'imam Khomeyni, Ali Khamenei est perçu comme celui qui a permis l'éclosion de la corruption et du népotisme. Sous son règne, l'Iran « islamique » serait devenu la république des parvenus, nourris aux pétrodollars.

L'État iranien qui se voulait guidé par la religion est aujourd'hui aux prises avec de grands fléaux sociaux : drogue, prostitution, trafic d'influence, violence urbaine, pollution, inégalités. La campagne victorieuse de M. Ahmadinejad a posé clairement cette question : comment un régime qui se voulait islamique a-t-il pu tolérer tout cela ?

M. Khatami ne possédait que l'arme de la persuasion pour tout argument. Mahmoud Ahmadinejad peut compter sur la fidélité du Corps des Gardiens de la Révolution (les *Pasdaran*) et sur la détermination des jeunes miliciens du Corps des *Bassidji*, deux forces politiques et militaires formidables qui constituent presque un État dans l'État. Il peut aussi compter sur le poids, toujours considérable, de la tradition, véhiculée à travers des réseaux influents dans les mosquées. Les appuis du nouveau président sont loin des cercles occidentalisés des quartiers bourgeois du nord de Téhéran.

Mais à la longue, la pureté peut être difficile à vivre et, à plus forte raison, à imposer. M. Ahmadinejad, qui a fait campagne contre le favoritisme

---

3. Né en 869 du calendrier grégorien, soit 255 du calendrier hégirien (ou 255 A.H.), Abu al-Qazim Mohammad, le Douzième et dernier Imam de la lignée des Saints Imams chiites, disparaît miraculeusement à l'âge de huit ans. Il a communiqué depuis avec le monde par l'intermédiaire de quatre représentants. À la mort du dernier, en 941, commence ce qui en chiisme s'appelle la Grande Occultation, qui se terminera à la fin des temps, ce qui le rapproche de Jésus dans le christianisme. Ainsi, l'imam est vivant, mais invisible. (Voir Yann Richard, *L'islam chiite*, p. 59-61.) Le gouvernement de M. Ahmadinejad donne foi à la tradition en situant l'endroit précis de l'Occultation dans un puits près de la ville sainte de Qom. Là, les autorités entreprendront des travaux d'infrastructure afin de favoriser le pèlerinage et peut-être même la réapparition du Saint Imam.

et le népotisme, a fait de son propre frère son chef de cabinet. Nombre de ses partisans, souvent rattachés aux Gardiens de la Révolution sans qualification particulière, se voient confier des postes importants. Un autre motif d'inquiétude pour ceux qui l'ont élu pourrait naître de ses liens avec l'ayatollah Mesbah-Yazdi qui, selon la rumeur, convoite la place du Guide.

Le point faible des Réformateurs résidait dans l'absence de bases populaires. La personnalité de Mohammad Khatami et la pensée stratégique de Saïd Hadjarian n'ont pu compenser cette faiblesse mortelle. En Iran aujourd'hui, dans ce pays complexe, il y a un gouffre entre les promesses et leur réalisation. Un gouffre que le président Khatami a pu mesurer. Son successeur, avec l'appui de la majorité de l'électorat, celui des forces de l'ordre et du renseignement, possède un pouvoir beaucoup plus réel pour parvenir à ses fins : faire reculer la misère, privilégier la justice sociale, éradiquer la corruption. Le fera-t-il ? Le veut-il vraiment ? Le peut-il ?

Assistera-t-on à une profonde remise en cause du système par lui-même ? Verra-t-on l'éviction de la caste religieuse ? Tout, depuis mai 2005, laisse croire que de profonds bouleversements attendent le régime de Téhéran.

Personnages cités

Al-é Ahmad, Djalal (1923-1969). Idéologue nationaliste ; auteur de l'essai *L'occidentalite*.

Ali ibn Abu Talib (m. 661). Quatrième calife, Premier Imam ; cousin du Prophète, père des imams Hassan et Hussein. Ali est la référence symbolique du chiisme. Les chiites sont littéralement les « partisans d'Ali », le digne successeur de Mohammad, selon eux, injustement évincé.

Al-Banna, Hassan. Né à Tanta, en Égypte, mort assassiné au Caire en 1949 ; fondateur des Frères musulmans, organisation qui s'opposait à la tendance des régimes politiques des pays musulmans à se séculariser et qui menait une résistance farouche contre l'occupant anglais.

Chariati, Ali (1933-1977). Né dans un milieu clérical, marqué par la lutte nationaliste au début des années 1950 ; études « modernes » en Iran, puis doctorat à Paris. Influencé par la lutte de libération algérienne, se lie d'amitié avec Frantz Fanon. De retour en Iran, il crée en 1964 l'*Hosseynieh-é Ershad*, institution religieuse, d'où il attaque le clergé traditionnel (« chiisme noir ») et érige le modèle du « chiisme rouge » en se référant aux imams Ali et Hussein. La police ferme l'Hosseynieh-é Ershad en 1972. Emprisonné, puis exilé, il meurt à Londres en 1977 ; sa mort est souvent attribuée à la SAVAK, la police secrète du chah. Devenu une référence pour la jeunesse révolutionnaire, son influence rivalise avec celle de l'ayatollah Khomeyni.

Chariatmadari, Hussein. Directeur du quotidien *Kayhan*, représentant officiel du Guide suprême. Résistant, il fut torturé sous le régime du chah. Dans le régime islamique, il a été le spécialiste de l'« interrogatoire » des intellectuels.

Ebadi, Chirine. Juge sous le régime du chah, elle est, dans la République islamique, avocate et défenseur des droits humains ; elle a reçu le prix Nobel de la paix en 2003.

Ebtekar, Massoumeh. Vice-présidente de la République islamique et ministre de l'Environnement dans le gouvernement Khatami. Elle dirige aussi la revue féministe *Farzaneh*. En 1979, elle avait 18 ans et faisait partie des étudiants qui ont occupé l'ambassade américaine à Téhéran. À l'époque, porte-parole du groupe, elle était devenue célèbre dans les médias internationaux sous le nom de « Mary ».

Erdogan, Recep Tayyip. Premier ministre de la Turquie et chef du Parti de la justice et du développement (AK Parti). Ancien maire d'Istanbul, islamiste modéré, emprisonné après le coup d'État « postmoderne » en 1997.

Fallahian, Ali. Ministre de l'Information dans le gouvernement du président Hachemi Rafsandjani.

Gandji, Akbar. Journaliste d'enquête, emprisonné pour avoir dénoncé publiquement M. Hachemi Rafsandjani. Anciennement membre du Service des renseignements des Gardiens de la Révolution, il est devenu un des piliers du Mouvement de la Réforme.

Hadjarian, Saïd. D'abord disciple de l'ayatollah Khomeyni, il fonde les Gardiens de la Révolution, met au point les Services de renseignement, puis occupe quelque temps le poste de vice-ministre de l'Information. Il va rompre avec le pouvoir conservateur et deviendra le « cerveau » du Mouvement de la réforme et le principal artisan de l'élection de M. Khatami à la présidence en 1997. Le 12 mars 2000, il est victime d'un attentat qui le laisse paraplégique.

Hafiz (Shams od-Din Muhammad, m. 1391). Grand poète mystique de Chiraz dont le chef d'œuvre, le *Divan*, est très prisé des Iraniens.

Hussein ibn Ali (620-689). Fils d'Ali, Quatrième Imam, mort à la bataille de Kerbela en Irak, le 10 du mois de Moharram (le 10 octobre 680). Son martyre allait devenir le symbole fondateur de l'islam chiite.

Ismaïl, Chah. Fondateur de la dynastie des Safavides ; en 1501, il instaure le premier État chiite et fait du chiisme la religion d'État.

Kadivar, Mohsen. Intellectuel religieux, compagnon de route de Saïd Hadjarian, Abdolkarim Sorouch et autres intellectuels réformateurs ; il a procédé à une déconstruction radicale des fondements idéologiques du *Vélayat-é faqih*.

Karbaschtschi, Qolem-Hussein. Ancien maire de Téhéran, proche allié de Hachemi Rafsandjani, il est destitué puis emprisonné en 1998.

Karoubi, Mehdi. Président du 6e Madjlis, on le soupçonne fortement d'avoir été impliqué dans la négociation de la « surprise d'octobre », qui, en octobre 1980, mettra fin à l'occupation de l'ambassade américaine par les étudiants.

Kazemi, Zahra. Photographe et journaliste canadienne d'origine iranienne, morte aux mains des Services de renseignement iraniens en 2003.

Kiarostami, Abbas. Cinéaste, auteur, notamment, du *Goût de la cerise*.

Khamenei, Ali. Guide suprême, autrefois allié de l'ayatollah Khomeyni ; troisième président de la République islamique (1981-1989).

Khatami, Mohammad. Cinquième président de la République islamique (1997-2005).

Khoeyniha, Mousavi. Ayatollah, directeur du quotidien *Salam,* conseiller des étudiants lors de la prise de l'ambassade américaine en 1980-1981.

Khomeyni, ayatollah Ruhollah. Père fondateur de la République islamique. Au début des années 1960, il prend la tête de la contestation religieuse du régime impérial et de ses liens avec les États-Unis et Israël. Exilé en Turquie en 1964 après les soulèvements populaires de 1963, il gagne l'Irak, puis la France. Installé en banlieue parisienne, à Neuphle-le-Château, il dirige la phase finale de la Révolution islamique. Khomeyni est aussi le concepteur du *Vélayat-é faqih*, doctrine qui permet désormais au docte (*vali*) d'exercer le pouvoir en tant que représentant des Saints Imams du chiisme. À son retour en Iran, il est accueilli en tant qu'« imam » et vénéré par une grande partie de la population. Plus de 10 millions d'Iraniens assistent à ses obsèques en 1989, au cimetière Behecht-é Zahra, où est érigé son mausolée.

Makhmalbaf, Mohsen. Cinéaste, auteur en particulier de *Kandahar* (2002).

Montazeri, Hussein-Ali. Grand ayatollah actuellement en résidence surveillée à la ville de Qom. Successeur désigné de l'ayatollah Khomeyni, il est destitué en 1988 après avoir condamné l'exécution de plusieurs milliers de prisonniers appartenant aux Moudjahiddines du peuple, et mis en cause la conduite de la guerre Iran-Irak. Critique acerbe de la façon dont M. Ali Khamenei gère les affaires de l'État, il récuse le pouvoir absolu du *Vélayat-é faqih* qu'il veut soumettre à la voie électorale.

Mortazavi, Saïd. Procureur révolutionnaire, «bourreau de la presse»: aurait été impliqué de près dans la mort de Zahra Kazemi.

Mossadeq, Mohammad. Premier ministre sous le chah, il présida à la nationalisation du pétrole. Il a été renversé par un Coup d'État soutenu par la CIA en 1953.

Nouri, Fazlollah. Ayatollah anticonstitutionnaliste, exécuté le 31 juillet 1909.

Pahlavi, Mohammad Reza Chah. Fils de Reza Chah, remplace son père en 1941 à la suite de pressions anglo-américaines. Renversé par la Révolution islamique en 1979, il meurt en Égypte le 27 juillet 1980.

Rafsandjani, Ali Akbar Hachemi. Quatrième président (1981-1989) de la République islamique, c'est un des principaux hommes forts du régime. Sa présidence est celle des «années de plomb» qui ont vu s'installer les programmes de libéralisation et de privatisation de l'économie.

Reza Khan. Fondateur de la dynastie des Pahlavi. Chef de la Brigade cosaque de Perse, il s'empare du pouvoir avec l'appui des Anglais en 1921, et se déclare Reza Chah en 1925, mettant fin à la dynastie des Qadjars. Il cherche à moderniser l'Iran, à l'instar d'Atatürk en Turquie. Soupçonné de sympathies envers le nazisme, il est remplacé par son fils, Mohammad Reza, en 1941.

Sorouch, Abdolkarim. Philosophe contestataire. Après des études en pharmacologie et en histoire de la philosophie en Angleterre, il regagne l'Iran juste avant la Révolution. Il part en guerre contre le marxisme dans les universités. Il est alors nommé au Conseil de la «Révolution culturelle» qui est chargé des purges. Il démissionnera bientôt pour passer à l'opposition. Il devient l'inspiration d'une génération éprise de la liberté de pensée qu'il prône dans ses écrits critiques sur la nature de l'État religieux et sur l'interprétation des textes sacrés. Depuis, il est souvent menacé de mort et privé du droit d'enseigner.

Tabatabaï Djavad. Diplômé de la faculté de droit religieux de l'Université de Téhéran, docteur en philosophie sociale, après avoir soutenu à la Sorbonne une thèse sur Hegel. Dans ses nombreux ouvrages de philosophie politique et d'histoire iranienne, il articule de façon originale le rapport Iran-Occident et critique le régime en place en Iran. Interdit d'enseignement dans son propre pays, il vit en France.

Taleqani, Mahmoud. Figure majeure de la lutte contre le régime impérial, l'ayatollah Taleqani passe plusieurs années en prison, où il côtoie de jeunes gauchistes. Tout en respectant l'ayatollah Khomeyni, il ne partage pas ses idées sur l'administration de l'État et s'oppose au *Vélayat-é faqih*. Il meurt le 9 septembre 1979.

Yazid ibn Mu'awiyya. Deuxième calife omeyade (680-683), fils de Mu'awiyya (661-680), ordonna la mise à mort de Hussein. Figure d'opprobre chez les chiites.

Repères chronologiques

622	L'Hégire (*Hijra*) : Le prophète Muhammed émigre de La Mecque à Médine et fonde un État ; début du calendrier islamique.
637	Conquête islamo-arabe de l'Iran et effondrement de l'Empire sassanide.
680	Mort de l'imam Hussein à Kerbela, en Irak : Hussein deviendra le symbole du chiisme.
1501	Fondation de la dynastie des Safavides ; création de l'État chiite en Iran.
1732	Chute de la dynastie des Safavides.
1794	Fondation de la dynastie des Qadjars.
1906	Promulgation de la Constitution ; début de la période constitutionnelle.
1921	Coup d'État de Reza Khan ; fin de la période constitutionnelle.
1924	Fin de la dynastie des Qadjars.
1925	Reza Khan s'autoproclame chah et inaugure la dynastie des Pahlavi.
1941	Reza Khan, proallemand, évincé par les Alliés, est remplacé par son fils Mohammad Reza.
1953	Coup d'État américano-britannique contre le premier ministre élu Mohammad Mossadeq ; pouvoir absolu du chah, « gendarme du golfe Persique ».
1963	La « Révolution blanche » du chah.

1963 Soulèvements populaires après l'arrestation de l'ayatollah Khomeyni.

1971 Mohammad Reza Pahlavi « s'autocouronne » chah à Persépolis.

1970 ... 1980 Chocs pétroliers.

1977 Visite du chah à Washington : le président Carter qualifie l'Iran d'« îlot de stabilité ».

1978 *Novembre.* Manifestation gigantesque à Téhéran le jour de l'Achoura, malgré la loi martiale.

1979 *Février.* Révolution islamique ; départ du Chah ; l'ayatollah Khomeyni quitte Paris pour Téhéran ; instauration du gouvernement provisoire dirigé par M. Mehdi Bazargan.

Prise de l'ambassade américaine par un groupe d'étudiants ; chute du gouvernement provisoire ; le clergé prend le pouvoir.

1980 Coup d'État militaire en Turquie.

Avril. Incident de Tabas : la mission américaine pour récupérer secrètement les otages échoue dans le désert.

9-10 juillet. Coup d'État raté de Nowjeh.

22 juillet. Assassinat, à Washington, d'Ali Akbar Tabatabaï par David Theodore Belfield, alias Daoud Salahuddin, avant de devenir Hassan Abdulrahman en Iran.

Septembre. Invasion irakienne de l'Iran.

Octobre. Négociations irano-américaines : les otages deviennent une monnaie d'échange ; la « surprise d'octobre » vient dénouer la situation.

1981 Libération des otages américains le jour de l'installation de Ronald Reagan à la présidence des États-Unis.

1986 Scandale Iran-Contra aux États-Unis : des armes sont échangées contre des otages américains détenus au Liban.

1988 Résolution 598 de l'ONU ; fin de la guerre Iran-Irak. L'ayatollah Montazeri est démis de ses fonctions de « successeur désigné ».

1989 *Juin.* Mort de l'ayatollah Khomeyni.

Juillet. Élection d'Ali Akbar Hachemi Rafsandjani à la présidence de la République islamique.

1989 | *Août.* Ali Khamenei est élu Guide suprême par le Conseil des experts.

1995 | *Janvier.* La Russie reprend la construction de la centrale nucléaire de Bouchir.

Avril. Les États-Unis décrètent l'embargo total contre l'Iran, « pays terroriste ».

1997 | Élection de Mohammad Khatami à la présidence avec 70 % des voix : début du Mouvement de la Réforme ; M. Khatami lance le « dialogue des civilisations ».

1998 | Meurtres en série d'intellectuels laïques.

1999 | Fermeture du quotidien *Salam* ; répression contre les étudiants ; émeutes à Téhéran et dans d'autres villes iraniennes.

2000 | *Février.* Élection du 6ᵉ Madjlis, à majorité réformatrice.

Mars. Attentat contre Saïd Hadjarian.

2001 | Réélection de Mohammad Khatami.

2002 | George W. Bush inscrit l'Iran dans l'« axe du mal ».

2003 | Élections municipales ; défaite des réformateurs à Téhéran.

2004 | Élection du 7ᵉ Madjlis, à majorité conservatrice.

2005 | Élection de Mahmoud Ahmadinejad à la présidence avec 60 % des voix.

Table des matières

Des mêmes auteurs

Jean-Daniel Lafond
Livres

Images d'un doux ethnocide
En collaboration avec Arthur Lamothe
Montréal, AAVQ, 1979

Le film sous influence
Paris, Édilig, 1983

Les traces du rêve
Montréal, L'Hexagone, 1989

La Manière Nègre, Aimé Césaire, chemin faisant, récit
Montréal, L'Hexagone, 1993

La liberté en colère, le livre du film
Montréal, L'Hexagone, 1994

«Au matin du sens»
dans *Les tours de Babel, la paix après le 11 septembre*
Collectif sous la direction de Jean Pichette
Montréal, Les 400 coups, 2002

«Écrire avec une caméra»
dans *L'écriture cinéma au Québec*
Collectif sous la direction de S.-A. Boulais
Montréal, Fides, 2006

«Les utopies nécessaires»
dans *Métier réalisation*
Collectif sous la direction de Bruno Carrière
Montréal, Les 400 coups, 2006

Jean-Daniel Lafond
Films

Les traces du rêve
Long métrage
Production Office National du Film (ONF), Canada, 1986

Le voyage au bout de la route ou la Ballade du pays qui attend
Long métrage
Production ONF, Canada, 1987

Le visiteur d'un soir
Moyen métrage
Production ONF, Canada, 1989

La Manière Nègre ou Aimé Césaire, chemin faisant
LONG MÉTRAGE
Coproduction ACPAV (Québec) et RFO (Martinique),
Canada-France, 1991

Tropique Nord
LONG MÉTRAGE
Production ACPAV, Canada, 1994

La liberté en colère
LONG MÉTRAGE
Production ONF, Canada, 1994

Haïti dans tous nos rêves
LONG MÉTRAGE
Production Nathalie Barton, InformAction et Équipage,
Canada-France, 1995

L'heure de Cuba
LONG MÉTRAGE
Production Nathalie Barton, InformAction et ONF, Canada, 1999

Le temps des barbares
LONG MÉTRAGE
Production Alterciné et ONF, Canada, 1999

Salam Iran, une lettre persane
LONG MÉTRAGE
Production Nathalie Barton, InfomAction, Télé-Québec et TV5,
Canada, 2002

Le faiseur de théâtre
MOYEN MÉTRAGE
Production Serge Lalou, les Films d'Ici et INA, France, 2002

Le Cabinet du Docteur Ferron
LONG MÉTRAGE
Production Yves Bisaillon, ONF, Canada, 2003

Le Fugitif ou les vérités d'Hassan
LONG MÉTRAGE
Production Nathalie Barton, Télé-Québec, Radio-Canada
et InformAction, 2006

Folle de Dieu
LONG MÉTRAGE (EN TOURNAGE, SORTIE PRÉVUE EN 2008)
Production Yves Bisaillon, ONF, Canada

Fred A. Reed
Livres

Persian Postcards: Iran after Khomeini
Vancouver, Talonbooks, 1994

Salonica Terminus
Vancouver, Talonbooks, 1996

Anatolia Junction
Vancouver, Talonbooks, 1999

Takeover in Tehran: The Inside Story of the 1979 U.S. Embassy Capture
EN COLLABORATION AVEC MASSOUMEH EBTEKAR
Vancouver, Talonbooks, 2002

Shattered Images
Vancouver, Talonbooks, 2005

Cet ouvrage a été achevé d'imprimer en octobre 2006
sur les presses de l'imprimerie Gauvin.
Les pages de ce livre sont faites de papier recyclé
contenant 100% de fibres postconsommation
et certifié Protégeons nos forêts.